Helmut Hark
Jesus der Heiler

W

Theologisch-tiefenpsychologische Deutungen

herausgegeben von

**Helmut Hark,
Peter Michael Pflüger,
Ingrid Riedel**

Helmut Hark

Jesus der Heiler

Vom Sinn der Krankheit

Walter-Verlag
Olten und Freiburg im Breisgau

ISBN 3-530-32404-3

Inhalt

Einführung und persönliches Wort
an die Leserinnen und Leser

In diesem Buch mit tiefenpsychologischen Deutungen[1] von biblischen Heilungsgeschichten geht es mir vor allem um neue Verstehensmöglichkeiten für die seelischen Hintergründe bei Krankheiten und deren Heilung. Es ist daher weniger wichtig, zu wiederholen, was in der traditionellen theologischen Exegese von zahlreichen Autoren dargelegt wird, ohne daß für den heutigen Leser etwas Neues, geschweige etwas Hilfreiches und Heilendes gesagt wird, sondern mir geht es um das Aufspüren der bewegenden und wirkenden Kräfte in den Handlungen der Menschen sowie bei den Heilungen Jesu und die symbolischen Zusammenhänge[2] in den verschiedenen Motiven und Schichten der biblischen Texte.

Die Bildhaftigkeit des Textes (und weniger seine Worthaftigkeit) und die Psychodynamik der bewegenden und motivierenden Kräfte bilden die zwei Säulen meiner tiefenpsychologischen Deutungen. Diese tiefenpsychologische Dynamik wird in einem folgenden Kapitel beschrieben und in ihren vielgestaltigen Wirkungsformen bei den Deutungen der Texte wiederholt angesprochen. Unter der Symbolik wird hier kein einzelnes statisch gesehenes Bild verstanden, sondern die Beziehungen der verschiedensten, aber dennoch zusammengehörigen Motive, welche die Evangelisten Matthäus, Markus, Lukas u. a. Autoren zu bestimmten Symbolsystemen zusammengefügt haben.

Die Tiefenpsychologie hat mir in den beiden letzten Jahrzehnten entscheidend geholfen, die oftmals frustrierende Engführung der traditionellen theologischen Auslegung, insbesondere in Form der historisch-kritischen Exegese, zu überwinden und ein vertieftes Verständnis der Bibel zu finden. Die gewonnenen Einsichten möchte ich hiermit einem größeren Leserkreis zugänglich machen. Dabei habe ich vor allem an Leserinnen und Leser gedacht, die ebenfalls neue Verstehensmöglichkeiten für die biblischen Geschichten, insbesondere für die Heilungsgeschichten, suchen[3]. Um es von vornherein deutlich zu sagen, es geht mir nicht um Exegese im herkömmlichen Sinne, sondern um tiefenpsychologische Deutungen und besonders um die Be-Deutung der therapeutischen Kräfte, die in den biblischen Heilungsgeschichten bezeugt werden, für die heutigen Menschen.

Das Aufregende und die Entdeckung bei meiner tiefenpsychologischen Arbeit an den biblischen Texten ist die Erfahrung, wie stark die Darstellungsweise der biblischen Autoren der heutigen tiefenpsychologischen Betrachtungsweise entspricht. Diese Ähnlichkeit möchte ich etwas verdeutlichen an dem grundlegenden Begriff des jenseitigen Reiches Gottes und der diesseitigen Realität in der sichtbaren Welt. Alles, was hier geschieht, hat dort seinen Ursprung und wird im Reich Gottes angeordnet. Eine Analogie (Entsprechung) dazu bildet die tiefenpsychologische Modellvorstellung vom Unbewußten und vom Bewußtsein des Menschen. Die wesentlichen Beweggründe für unser Denken und Handeln sowie die therapeutischen Kräfte zur Ganzwerdung und Heilung des Menschen befinden sich im persönlichen Unbewußten und im kollektiven Unbewußten (C. G. Jung), dem verborgenen Erfahrungsschatz der gesamten Menschheit, ähnlich wie der Glaube im Reich Gottes wurzelt und von dorther seine Kraft empfängt. Mit Hilfe des analogen Denkens und der tiefenpsychologischen Verstehensmöglichkeiten hat sich für mich und die vielen, die ähnlich denken, der für die Theologie und Exegese «unüberbrückbare Gegensatz» zwischen dem historischen Jesus und dem verkündigten Christus aufgehoben. Dazu trug auch ein neues Verständnis der Archetypen und ihrer Bilderwelt bei.

Die archetypischen Urbilder[4], die Phantasien und Vorstellungen des Menschen, haben in vielfältiger Weise einen Einfluß auf das Leben und vor allem auf das psychische Erleben des Menschen, indem sie in negativer Form sich in unzähligen Krankheiten auswirken und in positiver Gestalt bei den Heilungen mitwirken. Nachdem die Tiefenpsychologie, insbesondere ihre Begründer S. Freud, C. G. Jung und andere, die vielschichtigen Wirkungen der Bilder, Symbole und Träume im Erleben des Menschen für seine Gesundheit und das Glaubensleben neu erkannt haben, verstehen wir auch die biblische Aussage umfassender, daß der Mensch imago Dei, ein Ebenbild oder Abbild Gottes ist[5]. Die Tiefenpsychologie hat entscheidend dazu beigetragen, nicht nur die sprachlichen Ausdrucksformen des Menschen zu untersuchen, sondern vor allem auch die präverbalen (vorsprachlichen) Lebensäußerungen in den Bildern und Symbolen zu beachten.

Jesus und die altgriechischen Priesterärzte wußten um die Wirklichkeit der Bilderwelt und die Wirksamkeit der Symbole und haben sie in ihren Heilmethoden angewendet, indem z. B. durch das Erscheinen des Gottesbildes von dem Heilgott Asklepios im Traum die entscheidende Wende zur Heilung geschah[6]. Beispiele dafür werde ich in dem entsprechenden Kapitel bringen. Auch in dem für Ärzte, Therapeuten und darüber hinaus für jeden auf Heilung bedachten Menschen wichtigen Grimmschen Märchen «Der Gevatter Tod»[7] findet sich jene uralte Weisheit wieder in der Anweisung des therapeutischen Paten: «Wenn du zu einem Kranken gerufen wirst, so will ich dir jedesmal erscheinen: steh ich zu Häupten des Kranken, so kannst du keck sprechen, du wolltest ihn wieder gesund machen, und gibst du ihm dann von jenem Kraut ein, so wird er genesen; steh ich aber zu Füßen des Kranken, so ist er mein, und du mußt sagen, alle Hilfe sei umsonst und kein Arzt in der Welt könne ihn retten. Aber hüte dich, daß du das Kraut nicht gegen meinen Willen gebrauchst, es könnte dir schlimm ergehen.»

Nach meiner Deutung spricht das Märchen die Weisheit aus, daß nicht allein die Verabreichung der Medizin (wie damals das Heilkraut) der entscheidende Heilfaktor ist, sondern das «Sehen» und Wahrnehmen des Erscheinungsbildes. Erst wenn jener Arzt über den Kranken wirklich «im Bilde ist», durfte er die Medizin verabreichen und wirkte diese auch. Das Bild und der Stoff (die Medizin) werden hier noch in einer ganzheitlichen Beziehung gesehen, die durch die «Apparate-Medizin» und durch die von Computern erstellten Diagnosen verlorenzugehen droht.

Der heilende Christus dagegen übte seine therapeutischen Wirkungen durch personale Beziehungen und ganzheitliche Begegnungen aus. Auch die Priesterärzte von Epidauros[8] und deren Nachfolger haben vom vierten Jahrhundert v. Chr. an über 800 Jahre lang erfolgreich überwiegend psychosomatische Leiden geheilt, indem sie sehr stark vom Psychischen ausgingen und in ihren Heilverfahren den Glauben und die Träume der Patienten verwendeten.

Seitdem Freud und C. G. Jung uns den Zugang zur Bilderwelt der Seele wieder eröffnet haben, arbeiten wir mit den Bildern und Symbolen der Träume zur Ganzwerdung der Person und zur Heilung der Patienten. Die Anwendung der Imagination[9] mit der Berücksichtigung der Bildkraft sowie der Einbildungskraft des Menschen hat zahlreiche ähnliche Methoden entstehen lassen[10]. Sie alle beruhen letztlich auf der heilenden Kraft und Wirkung der Bilder. Dies beweisen auch die neuesten wissenschaftlichen Untersuchungen der amerikanischen Ärztin Jean Achterberg, die heilende Wirkungen der Bilder und der imaginativen Techniken auf das Immunsystem nachwies und schreibt: «Erst kürzlich wurde nachgewiesen, daß das Immunsystem direkt der Kontrolle des zentralen Nervensystems unterliegt, und zwar speziell jenen Bereichen des Gehirns, die mit der Übertragung des inneren Bildes auf den Körper in Zusammenhang gebracht werden.»[11] Zu den Erkrankungen des Immunsystems gehören nach der Medizinerin «Krebs, Allergien, Infektionen, autoimmune Störungen wie die multiple Sklerose und rheumatische Arthritis, außerdem gehören dazu auch eine Vielzahl von Zuständen, die Folgeerscheinungen entweder eines faulen oder eines überaktiven Immunsystems sind»[12]. Der Aufzählung füge ich noch AIDS hinzu. Die Krebstherapeuten Care und Stephanie Simonton haben in ihren erprobten Anleitungen zur Aktivierung der Selbstheilungskräfte besonders für Krebspatienten und deren Angehörige gezeigt, welche therapeutischen Energien in den Bildern und Imaginationen enthalten sind[13].

Die Vorstellungskraft des Menschen, seine inneren Bilder und Träume sowie der Glaube sind mächtige Heilfaktoren, die über das Immunsystem einen entscheidenden Einfluß haben auf die Gesundheit des Körpers. Die Heilungserfolge von Jesus und Asklepios, von Hippokrates und seiner nachfolgenden Ärzteschule, von Galen und Paracelsus, von Freud und Jung, um beispielhaft nur einige Namen zu nennen, dürften zum großen Teil darin beruhen, daß sie den Menschen halfen, die neurotischen Verstrickungen aufzulösen, damit sie wieder ihre Selbstheilungskräfte wirksam werden ließen.

Die Vorstellungskraft des Menschen in der Antike und heute und die Psychodynamik der Selbstheilungskräfte bilden die zwei Säulen für die tiefenpsychologischen Deutungen der biblischen Geschichten von der Heilung der Aussätzigen und Blinden, der Besessenen und Gelähmten sowie der an unstillbarem Blutfluß leidenden Frau. Ergänzt werden diese Ausführungen durch einige Gespräche mit Ärzten zu unserem Thema. Zunächst entfaltet Dr. Blome[14] sein Konzept der ärztlichen Ganzheitsmedizin und den Begriff der Lebensgesundheit.

Für Dr. Blome ist es sehr wichtig, im Gespräch mit seinen Patienten(-innen) der scheinbar unsinnigen Krankheit einen Sinn zu geben und die Symptome als Symbole zu deuten. Mit dieser revolutionären ärztlichen Sicht kommt Herr Blome unseren tiefenpsychologischen Verstehensmöglichkeiten sehr nahe, so daß wir in dem folgenden Gespräch eine ganzheitliche Sicht von Krankheit auf dem Weg zur Heilung feststellen konnten. Während sich viele Patienten(-innen) in ihren oftmals leidvollen Erfahrungen mit Ärzten und der traditionellen naturwissenschaftlichen Medizin bestätigt sehen, werden letztere vermutlich an manchen Stellen Widerspruch einlegen wollen. Dies ist beabsichtigt, um neue Erkenntnisse zu gewinnen und neue Erfahrungen zur Sprache zu bringen. Gerade bei einem so existentiellen Thema wie Krankheit und Heilung sollten alle beteiligten Wissenschaften, wie Medizin und Theologie, Tiefenpsychologie und Psychotherapie ins Gespräch kommen. Diesem Anliegen um ganzheitliche Erfahrung des Lebens möchte diese Schrift dienen.

Ganzheitliches Heilen

Interview mit Dr. med. Götz Blome

Hark: Herr Dr. Blome, in Ihrem Buch «Bewährung in der Krankheit», das ich mit großem Interesse und reichem Gewinn gelesen habe, verbinden Sie Ihre Erfahrung mit Krankheit und Heilung auch mit dem «Heil» und dem Glauben. Für viele Mediziner erscheint diese Verbindung nahezu undenkbar. Darf ich Sie fragen, wie Sie zu dieser Auffassung und Sichtweise gelangt sind?

Blome: Das Schlüsselwort liegt bereits in Ihrer Frage, in der Sie von «Medizinern» statt von Ärzten sprechen. Ich persönlich konnte mich mit ihnen nie identifizieren. Der moderne «Mediziner» entspricht häufig dem heutigen Zeitgeist; er ist ein rational und materialistisch ausgerichteter, nüchterner Spezialist, der im Patienten einen wissenschaftlich definierbaren Fall sieht und ihn – etwas kraß formuliert – wie ein Roboter nach bestimmten Programmen und Regeln, die ihm von der jeweils herrschenden Schulmedizin vorgeschrieben werden, behandelt. Eine persönliche Beziehung zum Kranken als subjektiv empfindendem Menschen und der Krankheit als bedeutungsvollem Lebensphänomen ist dabei unmöglich und unerwünscht.

Der Arzt dagegen (von dem glücklicherweise meistens auch im «Mediziner» noch ein bißchen steckt) nimmt an der Krankheit seines Patienten persönlichen Anteil. Er erkennt sich selbst darin und versucht, ihn auf einen Weg zu führen, auf dem seine Krankheit ihren Sinn entwickeln kann. Denn nur so kann sie wirklich geheilt oder, besser gesagt, zum «Heil» werden. Krankheiten sind ja keine Pannen oder Entgleisungen, sondern ein sinnvoller Ausdruck des Lebens. Ein

Arzt, wenn er kein «Mediziner» und Wissenschaftler, sondern ein fühlender und suchender Mensch ist, kann sich nicht mit dem gesenkten Blutdruck, dem normalisierten Blutzucker, dem unterdrückten Asthma, der amputierten Brust oder dem weggeschnittenen Darm zufriedengeben, obwohl auch er selbstverständlich die körperlichen Leiden zu lindern versucht. Er weiß aus seinem eigenen Erleben, daß sich hinter ihnen immer grundsätzliche und schwerwiegende Lebensprobleme verbergen und daß ohne den Versuch, sie zu lösen, sein Einsatz nur oberflächliche Effekthascherei ist.

Dagegen besteht das übliche Vorgehen des «Mediziners» darin, die Ganzheit, mit der der kranke Mensch vor ihm erscheint und die nicht nur in seinem körperlichen, sondern auch in seinem seelischen Zustand besteht, durch den Scheuklappenblick seines angelernten Bücherwissens so weit zu reduzieren, bis am Ende tatsächlich nur noch ein personifiziertes, «objektives» Krankheitsbild übrigbleibt, nicht aber ein einmaliger, subjektiver, an Leib, Seele und Sinn leidender Mensch. Daß daraus nur eine unheilvolle Therapie (auch wenn sie vorübergehend Beschwerden lindert) resultieren kann, liegt auf der Hand.

Sie fragen nach meinem persönlichen Werdegang: Als ich noch getreu meiner schulmedizinischen Ausbildung behandelte, trat mir immer zwingender die Erkenntnis ins Bewußtsein, daß diese Art der Therapie die Patienten nur immer kränker statt gesünder macht. Sie bekommen blockierende und betäubende Medikamente oder werden operiert – natürlich mit entsprechenden, momentanen Besserungseffekten. Nach einiger Zeit aber bricht die vertuschte Krankheit wieder – meist stärker – hervor oder wird von einer noch schwereren abgelöst. Aber nicht nur das – obendrein gehen auch seine eigentlichen, menschlichen Werte, seine Lebensfreude, sein Lebenssinn, sein Seelenreichtum verloren – Kriterien, die in wissenschaftlichen Statistiken natürlich keinen Platz haben –, und übrig bleibt ein trauriges Wrack: der innerlich erstorbene Schatten jenes Menschen, der sich eigentlich hätte entwikkeln sollen. So beschloß ich, die Medizin aufzugeben. Damals sagte ich zu den Patienten: «Wenn Sie zum Arzt gehen, sind Sie selber schuld! Bleiben Sie weg, machen Sie lieber überhaupt nichts – das ist immer noch besser, als in diese Mühle zu geraten.» «Zufällig» bin ich damals auf die natürliche Medizin gestoßen, deren Behandlungsweise ich nicht nur als menschlicher, sondern auch als wesentlich effektiver kennenlernte.

Vom Sinn der Krankheit

Meine Tätigkeit war immer schon von der – ja niemals endenden – Suche nach dem tieferen Sinn in den Erscheinungen des Lebens und damit auch der Krankheit geprägt. Das hat mich in eine immer größere Distanz zur modernen, wissenschaftlichen Medizin geführt, die den Menschen einerseits in seinen Körper und andererseits in seine Seele trennt und obendrein seine Beziehung zum Transzendenten und sein Schicksal als unbedeutende Nebensächlichkeiten abtut. Zugleich aber trat mir die Bedeutung jener Dimension, die wir mit dem Wort «Gott» umschreiben und die unsere ganze Existenz durchzieht, immer stärker ins Bewußtsein. So vertrete ich heute die Überzeugung, daß eine Medizin, die den Kranken auf der Basis einer nur naturwissenschaftlich-materialistischen Betrachtungsweise behandelt, weder als menschenwürdig bezeichnet werden noch ihm wirklich dienen kann. Die jahrelange Arbeit mit Kranken zeigte mir, daß die schematische Wiederherstellung eines früheren Zustandes und die schnelle Beseitigung von Beschwerden – so angenehm sie zugegebenermaßen sind –, mit Heilung im eigentlichen Sinne nur wenig zu tun haben.
Wirkliche Heilung ist viel mehr, nämlich der längst fällige Schritt in der inneren Entwicklung eines Menschen, sie erfaßt

ihn in allen seinen Schichten, verändert ihn von Grund auf und bringt ihn seinem «Heil» näher.

Hark: Sie fragen nach dem Sinn der Krankheit und sind nicht darauf bedacht, mit den raffiniertesten Mitteln der Medizin möglichst schnell den Störfaktor und die Krankheitssymptome zu beseitigen. Was versprechen Sie sich von dieser Sichtweise? Sie haben ja schon auf diese Zusammenhänge aufmerksam gemacht, und ich möchte Sie bitten, dazu noch etwas auszuführen, wie der Sinn der Krankheit zu erfassen und einem Menschen zu helfen ist, diesen Sinn für sich persönlich zu erkennen und damit in einen sinnvolleren und ganzheitlichen Lebensbezug hineinzukommen.

Blome: Die Krankheit ist ein Katalysator im Heilungsvorgang, der sich ja nicht nur auf die körperliche Verfassung, sondern auf den ganzen, beseelten Menschen und sein Leben bezieht. Wer das Gefühl für sich verloren hat, erlebt sie als schmerzliche Korrekturmaßnahme, die ihn daran hindert, seinen falschen Weg weiterzuverfolgen, und zur Änderung seiner Haltung zwingt. Dies kann sich, wenn er sich dagegen sträubt, über viele Jahre, ja bis zum Tod hinziehen. Wer aber nicht ganz verstockt ist, erkennt in ihr ein Signal, das ihn daran erinnert, daß bei ihm etwas nicht in Ordnung ist; und wenn er sich dann zu fragen beginnt, was es ihm mitteilen will, kommt er, angefangen bei den vordergründigen, körperlichen Symptomen, über seinen psychischen Zustand bis in den Kern seines Selbstverständnisses und seines ganzen Lebenssinnes.

Letztlich ist einer der wesentlichen Gründe für unsere Krankheiten die Sinnlosigkeit in unserem Leben oder genauer gesagt: unser Konflikt mit der Lebenswirklichkeit. Man versteht sein Leben, sein Schicksal nicht und sträubt sich dagegen; das führt zur Zerstörung der inneren Harmonie, des Seelenfriedens. Daraus entstehen dann zunächst Frustration und Unzufriedenheit, die sich, wenn wir nicht in bewußter Auseinandersetzung mit unserem Problem zu einer anderen Einstellung finden, zu Depressionen oder anderen psychischen Störungen entwickeln. Diese wiederum werden nach einiger Zeit in den Körper abgeleitet: einerseits um das krankhafte Potential loszuwerden oder zu neutralisieren und andererseits, um uns durch vermehrte Schmerzen und körperliche Defekte endlich zur Umkehr zu zwingen.

Meistens ist ja so: Wenn wir nicht leiden, bewegen wir uns nicht von der Stelle. Dann klären wir nicht unsere schlechte Ehe, bleiben in unserem gehaßten Beruf, beharren in einer unerträglichen oder verlogenen Situation. Manchmal wacht ein Mensch endlich auf, wenn er seinen Herzinfarkt, sein Magengeschwür oder seinen Krebs bekommt – meistens jedoch leider nicht, und meistens werden die Körpersignale dann allopathisch vertuscht, unterdrückt und operiert. Und so nimmt das Unheil (um doch noch zum «Heil» zu führen) seinen Lauf: das krankhafte Potential schlägt vom Körper wieder in die Seele zurück und veranlaßt sie, da keine Hoffnung auf Besserung besteht, die Selbstzerstörung in Form von schweren, unheilbaren Geisteskrankheiten, Unfällen oder tödlichen Krankheiten in Gang zu setzen. Denn dann ist Heilung, das heißt Erlösung, nur noch durch den Tod möglich.

Wenn es einem Menschen aber – unter dem Druck seines Leidens – gelingt, seinen inneren Konflikt zu lösen, sich mit der Lebenswirklichkeit oder «Gott» wieder auszusöhnen und nur das zu wollen, was er bekommen kann, dann kehrt der innere Friede in seine Seele ein und normalisieren sich auch seine körperlichen Funktionen (soweit nicht bereits irreparable Defekte eingetreten sind). Das Wichtigste aber ist, daß dabei wieder sein inneres Wachstum, das ihn zum «Heil» führt, stattfindet.

Hark: Viele Menschen beginnen wieder, mit den Selbstheilungskräften in sich, im Körper, in der Seele und im Geist zu rechnen. Wie sehen und bewerten Sie diese Fähigkeiten zur Selbstheilung als Mediziner? Was Sie zuletzt ausgeführt haben, geht ja schon sehr stark in diese Richtung.

Blome: Ich meine, daß Heilung, egal in welcher Form sie erfolgt, immer Selbstheilung ist. Auch die Medikamente sprechen, wenn sie Heilung (nicht allopathische Unterdrückung) bewirken, immer nur die Tendenz und Kraft zur Selbstheilung an. Wenn es diese nicht gäbe, gäbe es keine Heilung. Das bedeutet: je intensiver und direkter man diese Kraft anregen kann, desto effektiver und schneller kann die Heilung erfolgen. Es gibt viele Möglichkeiten hierzu: zum Beispiel das philosophische Gespräch, die religiöse Meditation, die Psychotherapie, künstlerische, körperbezogene oder energetische Therapie und natürlich auch die Behandlung mit Medikamenten im weitesten Sinne. Die Homöopathie ist hierfür das klassische Beispiel; sie funktioniert nur, weil der Körper immer und unter allen Bedingungen auf Selbstheilung eingestellt ist. Immer will die Kraft, die ihn geschaffen hat und leben läßt, sich verwirklichen, das heißt wachsen, aufbauen, reparieren, heilen.

Daher sind auch alle Krankheiten, die unser Körper entwickelt, Versuche zur Selbstheilung: Entzündungen, Ausflüsse, Reaktionen, Fieber, Eiter, Durchfall und selbst Tumoren. Grundsätzlich wählt er dafür immer den besten unter den noch verbliebenen Wegen. Wenn man ihm aber einen besseren, nämlich den inneren, öffnet, zum Beispiel in Form einer Bewußtwerdung, dann braucht er den äußeren, nämlich die körperliche Krankheit, nicht mehr; dann kann der betreffende Mensch, statt zum Beispiel mit körperlichen Symptomen auf eine bestimmte Lebensproblematik zu reagieren, sich mit dieser auseinandersetzen und sie zu seiner Zufriedenheit lösen.

Hark: Was würden Sie als Arzt jemandem raten, der als Kranker zu Ihnen kommt und in seiner Hilflosigkeit auch den Wunsch hat, sich eine neue Einstellung zu seiner Krankheit zu erarbeiten oder vielleicht sogar seine Krankheit zu akzeptieren?

Blome: Ich meine, daß dieses Akzeptieren der erste und wich-

18

tigste Schritt bei der Heilung einer Krankheit ist. Meiner Meinung nach entsteht, wie schon vorher angedeutet, jede Krankheit aus einem Konflikt mit der Lebenswirklichkeit, daraus, daß wir eine nicht rückgängig zu machende Realität nicht akzeptieren. Haß, Neid, Eifersucht, Verbitterung, Enttäuschung, Schuldgefühle, Selbstmitleid, Depression, Verzweiflung – um nur einige Beispiele zu nennen – entspringen dieser Haltung, und wie krank sie machen können, weiß jeder aus eigener Erfahrung. Wer nun auch die Folgen seiner ablehnenden Haltung, nämlich seine Krankheit (die ja auch Lebenswirklichkeit ist), ablehnt, gerät in einen zusätzlichen Konflikt, das heißt, sein Leiden wird noch schlimmer und schmerzlicher und die Heilung rückt in immer weitere Ferne. Jeder Heilungsversuch sollte damit beginnen, beim Kranken die Bereitschaft – wenigstens nur mal die Bereitschaft – zu wecken, seine nun einmal in diesem Augenblick bestehende Situation als gegeben und sinnvoll anzunehmen. Denn es ist ja so: Nichts kann anders *sein,* als es ist – es kann höchstens anders *werden*. Erst, wenn man seine Panik, seine Angst, seine Horrorvorstellungen und sein Selbstmitleid aufgegeben hat, hat man die Ruhe und Gelassenheit, um nach Wegen aus der Krankheit zu suchen. Solange aber diese Hochrechnungen in die Zukunft laufen, solange man sich ausmalt, was noch alles kommen könnte oder darüber jammert, daß man etwas verloren hat, wird alles nur noch schlimmer.

Hark: Sie haben einmal davon gesprochen und geschrieben, daß die Krankheit die andere Seite unserer Existenz und unserer Gesundheit sei. In diesem Zusammenhang vertreten Sie die Auffassung, daß in der Krankheit auch die Möglichkeit liegt, mit der unbekannten Ewigkeit und dem unendlichen kosmischen Raum um uns und in uns in Berührung zu kommen. Können Sie diese Erfahrung und die dahinterstehende Lebensphilosophie noch etwas näher beschreiben?

Blome: Wenn wir von einer schweren Krankheit überfallen oder einem Schicksalsschlag (also einer Krankheit des Lebens) getroffen werden, können wir erleben, daß unser ganzes Weltbild mit einem Schlag zusammenbricht. Alles, was uns bis dahin wichtig erschien – Besitz, Ehre, Erfolg, Moral oder Ideale – verliert seinen Wert. In diesem Augenblick aber, in dem nichts mehr gilt, beginnen wir nach etwas Unzerstörbarem, Verläßlichem, Ewigem zu suchen, das uns wieder Halt und Hoffnung gibt.

Indem wir unsere kleine Dimension verlieren, bekommen wir die Chance, dafür eine größere zu finden – falls wir nicht gleich in Schicksalshader oder Selbstmitleid versinken. Wenn ein Mensch sich der großen «Leere», die ihn dann plötzlich umgibt, bewußt aussetzt, gibt ihm seine Selbstheil- oder Seelenkraft ein Gefühl dafür, daß dies noch nicht das Ende ist, daß unser irdisches Leben nicht alles ist, sondern daß es da noch etwas Bedeutenderes und Größeres gibt, dem wir uns anvertrauen können.

Dies läßt sich jedoch nicht mitteilen, sondern man muß es erlebt haben. Die Gelegenheit dazu haben wir fast täglich; denn bei jedem Verlust, jeder unerwarteten Schicksalswendung – und wenn es nur eine Autopanne ist – wird uns für einen kurzen Moment klar, wie begrenzt der Bereich unseres bewußten Denkens, Planens und Erkennens ist und welch ungeheure und ungeahnte Möglichkeit das Schicksal für uns bereithält. Indem uns bewußt wird, wie klein und unwissend wir sind, bekommen wir eine Ahnung für das Große und Unendliche.

Hark: In meiner psychotherapeutischen Praxis höre ich gelegentlich von Patienten erschütternde Berichte über seelische Grausamkeiten und Schocks über die unpersönliche Behandlung von Ärzten und von deren mangelnder Anteilnahme und Einfühlsamkeit. Wenn wir von einigen subjektiven Übertreibungen einmal absehen, ist dies doch wohl ein aktuelles Problem. Beeinträchtigt eine derartige seelische Behandlung nicht den gesamten Heilungsprozeß während des Klinikaufenthaltes?

Blome: Die Heilung wird dadurch nicht nur beeinträchtigt, sondern sogar weitgehend verhindert. Viele Patienten erfahren, wenn sie leidend in die Klinik kommen, dort erst richtig, was Leiden heißt. Für äußerlichen Komfort ist zwar hinreichend gesorgt, und es mangelt auch nicht an Hygiene. Aber hinsichtlich der eigentlichen, seelischen Bedürfnisse des kranken Menschen, seiner Suche nach Verständnis, Geborgenheit, seelischer Erbauung, innerem Frieden, dem Schönen, dem Wunderbaren oder Gott (ich benütze dieses Wort nur mit Vorsicht, da es durch Mißbrauch bei vielen Menschen stark tabuisiert ist) herrscht ein ausgesprochener Notstand. Denn der sachliche Geist der allopathischen Unterdrückungstherapie duldet nichts neben sich, was er nicht erklären, beweisen und manipulieren kann; daher ist zum Beispiel auch den natürlichen, subtileren Heilverfahren genauso wie den geistigen Heilern der Zugang zu den Kliniken verwehrt – selbst wenn der Patient sie wünscht.

Statt dessen wird er mit Schmerzmitteln und Psychopharmaka betäubt, durch kalte Maschinerien geschleust und zum hilflosen Objekt unpersönlicher und unverständlicher Prozeduren gemacht. Natürlich gibt es Ausnahmen hiervon: doch im allgemeinen sieht sich der Kranke der Allmacht der Ärzte ausgeliefert und wird quasi entmündigt. Das wirkt sich in seiner Situation, in der ihm sein Leben entglitten und das Verständnis für sich selbst verlorengegangen ist, doppelt verheerend aus. Er braucht jemanden, der ihn in seiner – meist unbewußten – Suche nach Hoffnung, Glauben und Lebenssinn unterstützt. Dies aber kann kein Roboter, und wenn er noch so schwierige Operationstechniken beherrscht oder alle wissenschaftlichen Daten im Kopf hat.

Der Kranke sagt zwar: «Ich habe Magenschmerzen»; doch meistens ist das nur sein Versuch, sich den sachlichen Autoritäten, von denen nun sein Wohl und Wehe abhängt, verständlich zu machen. Er weiß ja, daß sie die Wahrheit nicht hören wollen, weil sie dafür keine Therapie haben. Und so schluckt er weiter seinen inneren Schmerz hinunter und verschweigt, daß sein Leiden einer unglücklichen Liebe oder dem verlorenen Lebenssinn, der Angst vor der Zukunft oder seinen Schuldgefühlen entspringt. Vielleicht spürt er auch, daß die Klinik bei uns oft eine Art Abschiebestation darstellt, wenn der Hausarzt mit ihm nicht mehr weiterkommt oder keine Lust hat, ihn täglich zu besuchen.

Natürlich sind solche Pauschalurteile nicht immer gerecht; es gibt – zum Glück – auch Situationen, in denen sich die Klinikbehandlung segensreich auswirkt, genauso wie es Ärzte gibt, die sich über die sachliche Norm hinaus ihrer Patienten annehmen. Daher müssen die Betroffenen selbst, Patienten wie Ärzte, für sich selbst entscheiden, ob diese Feststellungen auf sie zutreffen. Viele von ihnen sind allerdings durch die ununterbrochene Flucht vor sich selbst, die Oberflächlichkeit ihres Lebens und die Unterdrückung ihrer inneren Stimme so stumpf und unempfindlich geworden, daß sie es richtig finden, betäubt zu werden und zu betäuben, verstümmelt zu werden und zu verstümmeln, wiederbelebt zu werden und wiederzubeleben.

Man muß auch bedenken, daß die Fähigkeit, sich menschlichem Leiden auszusetzen, begrenzt ist und Ärzte und Schwestern sich eine gewisse seelische Hornhaut zulegen müssen, um in der Klinik überleben zu können. Andererseits aber sähe es in vielen Kliniken und Arztpraxen anders aus, wenn die dort arbeitenden Menschen dies nicht täten und in ihrer Tätigkeit mehr suchen würden als Broterwerb, Sozialprestige oder Macht über andere.

Erst vor kurzer Zeit habe ich erlebt, daß eine Krebskranke von zwei renommierten Klinikchefs, weil sie sich nicht der vorgeschlagenen Chemotherapie unterziehen wollte, nicht nur mit massiven Todesdrohungen (die übrigens bis heute nicht eingetroffen sind), sondern auch durch einen «Rausschmiß» aus der Klinik seelisch schwer verletzt wurde. Man erklärte ihr, wenn sie die Anordnungen nicht befolge, habe sie hier nichts mehr zu suchen, weigerte sich, weitere Kontrollen vorzunehmen oder überhaupt noch mit ihr zu sprechen. Man kann zur Entschuldigung der Professoren nur annehmen, daß sie durch ihre Tätigkeit überfordert sind und deshalb die Fähigkeit verloren haben, einen kranken Menschen, auch wenn er sich ihrem Behandlungsdogma nicht unterwirft, wenigstens so freundlich zu behandeln wie ihren Hund. Und wir wollen ihnen nicht wünschen, daß es ihnen eines Tages ebenso geht wie dieser Patientin, der doch mit ein wenig Mitgefühl, Verständnis und menschlichem Respekt in dieser Situation mehr geholfen gewesen wäre als mit allen Chemikalien der Welt. Angesichts solcher Vorkommnisse, die übrigens keineswegs selten sind, stellt sich unausweichlich die Frage, ob in den modernen Klinikstrukturen nicht ein grundsätzlicher Fehler liegt.

Hark: Ein gewisses Zauberwort ist für viele gesundheitsbewußte Menschen der Begriff der Ganzheit bzw. der Ganzwerdung und Selbstverwirklichung geworden, indem der Mensch als ganzer gesehen wird. Wie könnte solche Ganzheitsmedizin aussehen, und was würde sie alles für Sie einschließen?

Blome: Das Wort Ganzheitsmedizin ist heute in vieler Munde, und man versteht gängigerweise darunter eine Medizin, die nicht nur die grobstofflichen, sondern auch die feinstofflichen Gegebenheiten des menschlichen Organismus, also funktionelle und energetische Zusammenhänge, berücksichtigt. Dies bedeutet gegenüber dem eindeutig materialistischen Behandlungskonzept der offiziellen Medizin einen großen Fortschritt, ist aber auch noch keine wirkliche Ganzheitsmedizin. Eine solche würde den Menschen als ein Wesen mit erstens einer Seele und zweitens einem Körper betrachten und behandeln; denn dies ist die Wertigkeit, die in uns herrscht. Aber nicht nur das, sondern sie würde in ihm mehr als einen «Menschen» sehen, nämlich ein Wesen, das in diesem irdischen Leben eine über es hinausreichende Bestimmung und ein einmaliges, hochsinnvolles Schicksal hat, und würde sich stets mit großer Verantwortung fragen, ob und wie weit sie in dieses eingreifen darf. Sie würde sich an den höchstdenkbaren Werten orientieren und sich selbst als Werkzeug der unbegreiflichen, göttlichen Vorsehung verstehen, statt in selbstherrlicher Machermentalität technische Kunstfertigkeiten am leidenden Menschen zu praktizieren.

Die heutige Medizin respektiert viel zuwenig, daß auch die Krankheit des Patienten sein Leben ist, einen Sinn hat und letztlich unter den bestehenden Umständen sein einziger Weg zum «Heil» ist. Es geht für ihn darum, seinen Seelenfrieden wiederzufinden, dessen Verlust ihn krank gemacht hat und der allein es ihm ermöglichen würde, auch eine unheilbare Krankheit zu ertragen.

Das bedeutet natürlich nicht, wie viele mißverstehen, daß sie die körperlichen Beschwerden vernachlässigen soll; im Gegenteil, wenn sie den Kranken nicht nur als Fall und Behandlungsobjekt, sondern als Individuum und Subjekt sieht, kann sie auch – allerdings nicht auf Kosten seines Seelenheils – seinen Körper heilen. Wenn sie aber nur Symptome unterdrückt oder wegschneidet, ohne sich auch seinem eigentlichen, inneren Leiden zuzuwenden, dann tut sie ihm keinen guten Dienst. Denn dann sucht die Heilkraft, die ja zeitlebens in uns wirkt, einen anderen, und zwar den nächstbesten Weg (der allerdings zugleich der nächstschlechteste ist) und produziert ein anderes, aber schwereres Symptom.

Der Therapeut muß sich stets fragen, wie er dem Patienten in der Verwirklichung seiner Bestimmung, in der Suche nach Seelenfrieden und der Entwicklung seiner transzendenten Seite helfen kann. Diesem Gesichtspunkt muß er die körperliche Behandlung unterordnen, und wenn er einem unheilbar Kranken dazu verhilft, daß er in seinen letzten Wochen, Monaten oder Jahren noch ein lebenswertes, vorbildliches Leben führen kann, dann hat er seinen Auftrag erfüllt – was er nicht getan hat, wenn er ihn nur betäubt oder verstümmelt, sein selbstverantwortliches Denken durch Horrorprognosen und Therapiediktate paralysiert, ihm die Bewußtheit für seine Situation genommen und sein Leben mit Gewalt und Tricks künstlich verlängert hat.

Hark: Sie sprechen als Mediziner in Ihren Büchern wiederholt vom Segen der Krankheit und auch vom Kampf um diesen Segen. Als Seelsorger und Seelenarzt beeindruckt mich Ihre Anschauung sehr. Worin sehen Sie den Segen der Krankheit?

Blome: Der Segen der Krankheit besteht darin, daß sie uns demütiger und bewußter macht. Einerseits erfahren wir durch sie am eigenen Leibe, wie wenig wir uns absichern oder unser Schicksal bestimmen können, und andererseits zeigt sie uns, daß irgend etwas in unserem Leben falsch ist und geändert werden muß. Wenn wir daraufhin die bewußte Auseinandersetzung mit uns selbst beginnen, auf die Suche nach unserer persönlichen Wahrheit oder einfacher gesagt, nach dem, was uns guttut, gehen, ist der Segen bereits da. Dann befinden wir uns nämlich wieder auf jenem urpersönlichen Weg, dessen Verlassen der Grund unserer Krankheit war. Dann haben wir wieder ein Ziel, eine Motivation, eine Hoffnung. Dies allein schon bringt uns vorwärts; darüber hinaus aber können wir zum Wichtigsten finden, nämlich der Einsicht, daß alles, was uns begegnet, in seinem eigentlichen Grunde irgendwie stimmt – selbst wenn unsere Krankheit rein äußerlich weiterbesteht.

Was kränkt, macht krank

Hark: In meinem Aufgabenbereich als Psychotherapeut habe ich mit Patienten zu tun, bei denen der Hausarzt oder ein anderer Mediziner mit den dort üblichen Untersuchungsmethoden trotz der subjektiven Beschwerden keinen Befund feststellen kann. Trotzdem fühlen sich diese Patienten krank. In den Gesprächen kommt dann häufig eine vergessene oder unbewußte Kränkung zur Sprache, die sie seelisch und zunehmend auch psychosomatisch krank macht. Wie sehen Sie von medizinischer Seite diese Zusammenhänge, vielleicht unter dem Slogan «Was kränkt, macht krank»?

Blome: Ich bin der Meinung, daß jede Krankheit mit einem seelischen Trauma beginnt. Dieses muß aber nicht immer in einem offensichtlich verletzenden Vorfall bestehen, sondern es kann sich dabei um sehr subtile, innerseelische und zum Teil unbewußte Konflikte handeln, die grundsätzlich in der Weigerung, eine Realität zu akzeptieren, und der Enttäuschung darüber, daß Erwartungen nicht erfüllt werden, bestehen.

Das kann sich auch auf unsere menschliche Umwelt beziehen. Normalerweise suchen wir die Übereinstimmung mit unseren Mitmenschen (die übrigens auch in einem reibungslos funktionierenden Abhängigkeitsverhältnis bestehen kann) und fühlen uns vor den Kopf gestoßen, wenn sich jemand nicht entsprechend unserer Erwartung verhält. Je nach Bewußtseinsstand, Temperament und Situation reagieren wir den Schmerz, den dieses Erlebnis in uns hervorruft, entweder in Aggressionen ab oder setzen ihn in eine befreiende Erkenntnis um; beides pflegt uns den inneren Frieden zurückzugeben. Wenn uns dies aber, aus welchen Gründen auch immer, nicht gelingt, richtet sich das aggressive Potential nach innen, vergiftet uns in Form eines Kränkungsgefühles an Körper und Seele und macht uns tatsächlich krank – beginnend im seelischen und endend im körperlichen Bereich.

Ein Mensch, der unter einer Kränkung leidet, muß erkennen, daß seine eigene, unrealistische Einstellung ihre Ursache ist und daß er, um sie wirklich – nicht nur in äußerlichen Scheineffekten – loszuwerden, seine Haltung ändern muß. Es heißt zu Recht: *Ich* ärgere *mich* – über dies oder das. Ich ärgere mich deshalb, weil meine Erwartung – man könnte sie auch als Forderung an das Schicksal bezeichnen – nicht eingetrof-

fen ist. Wenn mir aber klar wird, daß diese Forderung unsin-
nig war, weil ich zum Beispiel von mir auf andere geschlossen
habe, dann kann ich wieder Frieden mit der Welt oder den
Menschen schließen und meine krankmachende Verbitterung
oder Enttäuschung aufgeben.

Deswegen meine ich, daß solche Kränkungen in Wirklichkeit
etwas sehr Heilsames sind; sie machen uns auf einen wunden
Punkt in unserem Innern, auf etwas Falsches in unserem
Weltbild aufmerksam. Ein seelisches Trauma kann man ja
nur an seinen schwachen Punkten erleiden – dort, wo man
sich seiner nicht genügend bewußt ist, wo man sich etwas
vormacht oder verbirgt. Diese Selbstlügen und Irrtümer sind
die Eiterherde unserer Seele und lassen sich, genau wie die
Eiterherde des Körpers, meistens nur unter Schmerzen entfernen.

Wenn ich zum Beispiel irgendwo eine Eitelkeit habe, dann
wird mich eines Tages genau an diesem, meinem schwachen
Punkt jemand treffen und verletzen. Und eigentlich müßte
ich ihm dafür dankbar sein, denn nur so kann ich erkennen,
daß bei mir etwas nicht mehr stimmt, und daran arbeiten. Es
wäre gut, wenn man sich darüber im klaren wäre, daß man
selber solche Verletzer auf den Plan ruft – unbewußt natürlich, denn bewußt will niemand leiden (doch der Wunsch
nach Befreiung und Heilung ist ja immer in uns wach und
läßt uns nicht ruhen, bis wir – auf welche Weise auch immer –
erlöst sind).

Hark: Sie haben den Satz geprägt: «Unser Leben ist der Weg
zum Heil.» Sie beziehen in Ihr medizinisches Denken auch
den Glauben ein. Daher nehme ich an, daß Sie eine Verbindung sehen zwischen dem Heil und der Heilung. Auch bei
dem, was wir vorhin erörtert haben – der Ganzwerdung und
auch dem Eingebundensein unseres menschlichen Lebens in
eine umfassendere, kosmische Ganzheit oder Einheit –, haben wir diesen Punkt bereits berührt. Können Sie zu diesem
Zusammenhang «Heil und Heilung» noch etwas ausführen?

Blome: Ich würde das «Heil» als die höhere Oktave der Heilung bezeichnen. Heil ist Heilung im höheren, im höchsten Sinne. Unter Heilung versteht man gängigerweise die Beseitigung von Krankheit, von Schmerzen, von Übeln, und so bedeutet das Heil, daß wir frei vom höchsten Übel unseres Lebens werden, nämlich von unserem Zerwürfnis mit der Wirklichkeit, unserem Hader mit dem Schicksal und letztlich unserer Entfremdung von «Gott», die, da «Gott» in uns selbst ist, die Selbstentfremdung bedeutet. Sie ist es, die uns krank macht, uns instinktlos und selbstzerstörerisch fühlen, denken und handeln läßt und uns den Blick für unsere eigentliche, übermenschliche Bestimmung trübt.

Wenn wir dafür wieder ein Gefühl bekommen – und oft benötigen wir dazu ein bestimmtes Leidenserlebnis –, dann offenbart sich uns jene Dimension, die wir vorhin als die kosmische Unendlichkeit bezeichnet haben und die dem Gottesbegriff entspricht. Wenn wir unser Leben, mit allem, was wir darin erleben und erfahren, betrachten, dann bemerken wir, daß alles, was passiert, uns in eine Richtung führt, die man als «besser» bezeichnen kann. Eigentlich wird alles immer besser. (Diese Aussage bezieht sich natürlich nicht auf äußerliche Vorteile und Bequemlichkeiten, sondern auf das Wichtigste an uns: unser inneres Wachstum. Denn jedes Leid macht uns ein bißchen bewußter und weiser.) Deshalb pflege ich zu sagen: Wenn du etwas nicht bekommst oder verlierst, dann ist das ein Zeichen, daß dir etwas Besseres bestimmt ist. Wenn wir dieses «immer besser» so lange weiterdenken, bis wir in einen Bereich kommen, den wir uns nicht mehr konkret vorstellen können, dann kommen wir in jene Dimension, die ich mit dem Begriff «Heil» andeuten möchte.

Wir könnten es auch als die Erlösung von allem, worunter wir zu leiden haben, bezeichnen. Wie das aussieht und was es bedeutet, können wir natürlich nicht wissen, denn wir haben das Heil ja noch nicht. Aber wir können es durch alles hindurchschimmern sehen. Es ist die undefinierbare Sehnsucht nach irgend etwas, das über allem steht und was die Menschen auch als Paradies bezeichnen. Es ist vielleicht ähnlich jener Erlösung, die wir empfinden, wenn wir plötzlich von einem sehr starken Schmerz befreit werden; und wenn man dieses Erlebnis universalisiert und auf die höchste Ebene überträgt, dann hören eben nicht nur die Zahn- oder Magenschmerzen, die Depressionen und Verzweiflungen auf, dann leidet man nicht mehr unter seinem Schicksal, das einem mißratene Kinder oder den Tod der geliebten Frau, den Verlust allen Besitzes oder eine unheilbare Krankheit beschert hat, sondern alles bekommt einen (wenn auch in menschlichen Begriffen nicht erfaßbaren) Sinn und zeigt sich von einer Seite, die uns damit aussöhnt.

Hark: Sie haben von Erlösung und Erlösen gesprochen. Dabei ist vor mir die Idee lebendig geworden, ob es einen Zusammenhang gibt zwischen dem, was wir Analyse nennen, nicht nur im Sinne der Psychoanalyse, sondern überhaupt der Auflösung von krankhaften Lebensmustern, von beeinträchtigenden und blockierenden inneren Erfahrungen, und der Erlösung. Wie sehen Sie diesen Zusammenhang?

Blome: Ja, die Analyse will den Menschen aus dem Dunkel seiner Irrtümer und Mißverständnisse, vom Zwang seiner inneren Verstrickungen befreien. Der Leidende sucht die Erlösung; deshalb unterzieht er sich der Analyse. Er sucht sie aber auch – aus einem unbewußten Antrieb heraus – in Form seiner Krankheit. Denn wenn es ihm nicht gelingt, sein Problem durch Bewußtwerdung zu lösen, dann versucht sein Organismus, es über eine körperliche Krankheit abzuleiten oder durch dessen Auflösung, nämlich den Tod, Erlösung zu finden. Das ist zum Beispiel einer der Hintergründe der Krebserkrankung. Und man kann ja häufig beobachten, daß Menschen gegen jede Vernunft, wie von einer magischen Kraft angezogen, in die Zerstörung, in den Tod streben. Die Analyse kann dies verhindern, wenn es ihr gelingt, die krankhaften

Lebensmuster aufzulösen und die blockierenden (weil blokkierten) Erfahrungen aus der Fessel der Verdrängung zu lösen und damit dem Menschen die Führung seines Lebens wieder in die Hände zu legen.

In diesem Zusammenhang ist die Erkenntnis wichtig, daß wir ja immer nur unter uns selbst leiden, also bis zu einem gewissen Grade dafür verantwortlich sind. Wir pflegen zwar unsere innere Problematik auf die Außenwelt zu projizieren und die Schuld bei anderen Menschen oder widrigen Umständen zu suchen – Bakterien oder Viren, dem Ehepartner oder dem Nachbarn, der Regierung oder den Russen, dem Wetter oder Gott –, in Wirklichkeit aber entsteht unser Leid aus unserem Konflikt mit dem, was ist. Denn dieses – die Lebenswirklichkeit – ist ja in dem Augenblick, in dem wir sie erkennen, geschehen und unabänderlich. Wenn wir dazu den Kontakt verlieren, wenn wir uns in unrealistischen Erwartungen, Wünschen, Vorurteilen, aber auch Idealen und Glaubensthesen verstricken, veranlassen wir jene Kraft, die diese Realität bewirkt hat, uns in Form von Schmerzen auf unseren Irrtum aufmerksam zu machen. Mit anderen Worten: dann werden wir krank. Unsere Erlösung besteht dann – und immer wieder – in einer Aussöhnung, einem Friedensschluß mit ihr.

Allerdings genügt das bloße Aufdecken bestimmter seelischer Traumata, das Aufspüren vermeintlich – und unter bestimmtem Aspekt auch tatsächlich – Schuldiger nicht; der selbstentfremdete Mensch muß gleichzeitig zu seiner inneren Einheit zurückfinden, zu seiner Selbstverantwortung und seinem inneren Frieden. Daher sollte eine Analyse ihm auch die Erkenntnis vermitteln, daß der Friede uns nur dann erfüllen kann, wenn wir ihn in uns hineinlassen, wenn wir uns für das Wunder unserer Existenz öffnen und es in «frommem Erstaunen» auf uns wirken lassen, statt es durch platte Erklärungen, überhebliche Kritik oder dümmliche Besserwisserei seines göttlichen, weil unbegreiflichen Geistes zu berauben.

Heilung durch Begegnung

Hark: Ich möchte noch kurz auf die Heilung durch Berührung und Begegnung zu sprechen kommen. Sie haben vorhin in einem anderen Zusammenhang dieses Stichwort schon gegeben. Mir fiel dazu die Heilungsgeschichte ein, wie eine Frau es wagt, zu Jesus zu gehen und ihn zu berühren, und dadurch von ihrem bisher unheilbaren Blutfluß geheilt wird. Das wird es heute ja wohl auch geben, daß durch die Begegnung zwischen zwei Menschen, zwischen einem ratsuchenden, einem hilfesuchenden, kranken Menschen und einem Arzt eine Heilung eintritt.

Blome: Man könnte das unter verschiedenen Gesichtspunkten betrachten. Es gibt natürlich die Heilung durch Berührung im Sinne eines energetischen Phänomens. Denn wir haben ja ein bestimmtes Energie- oder Strahlungsspektrum, das bei Krankheiten «entartet» ist. Dieses kann durch das sehr harmonische, gesunde Spektrum eines Heilers, dessen Gesundheit gewissermaßen auf den Kranken überfließt, saniert werden. Das gibt es übrigens auch bei Pflanzen. Diese Form der Heilung ist allerdings in der Regel nicht von Dauer, weil die gesunde Energie von dem dabei unverändert gebliebenen Menschen wieder aufgebraucht wird.

Es gibt aber auch Heilungen, die anhalten. Sie lassen sich eher damit erklären, daß der kranke Mensch mit einem Male zu sich selbst zurückfindet und dabei seine innere, krankmachende Kluft schließt; in seinem Heiler begegnet er seiner eigenen heilen Hälfte, zu der er den Kontakt verloren hatte. Er wird ihm zum Symbol, das ihm innerlich etwas zurechtrückt, das ihm wieder Hoffnung gibt und ihm zeigt, daß es das Heil tatsächlich gibt. Eigentlich und unbewußt war er ja immer auf der Suche danach. So kann er diese Heilsbotschaft, die sich in dem Heiler verkörpert hat, seinem eigenen Selbstverständnis eingliedern und selbst heil – oder wenigstens heiler – werden.

Ein Heilungsprozeß muß ja immer etwas Grundsätzliches in uns bewirken, es muß uns ergehen wie Saulus, der zum Paulus wurde. Gewissermaßen ist jeder Kranke ein Saulus und, wenn er geheilt ist, ein Paulus. Er hat etwas erfahren, er hat ein Gefühl für das Heil bekommen, er sieht wieder einen Sinn in seinem Leben, er sucht seine Bestimmung, erfüllt alles mit positiven Gefühlen und Erwartungen und ist durch die Berührung mit dieser gesunden Lichtgestalt, deren Ebenbild er selbst in sich trägt, wieder gesund geworden.

Hark: Es geht also letztlich um die Begegnung mit dem inneren Arzt, der inneren therapeutischen Kraft. Wenn ich es richtig sehe, haben Jesus und andere große Heiler des Ostens und bei uns es immer vermocht, entweder durch ihre Ausstrahlung, durch das Vermitteln dieser Einsicht, auch dieses inneren Lichtes, von dem Sie eben gesprochen haben, daß in dem Gegenüber wieder dieser innere Arzt lebendig wurde und die Heilkraft der Natur wieder zum Fließen kam. Können Sie hierzu noch einige Gedanken sagen?

Blome: Diesen inneren Arzt könnte man auch die Sehnsucht nach dem inneren Frieden, nach der Übereinstimmung mit allem, was man ist, und der Entfaltung dessen, was in einem liegt, nennen. Ein Mensch, in dem diese Kraft wirken kann, ist, wie auch immer seine äußeren Umstände sein mögen, im höchsten Sinne gesund. Diese Form der Gesundheit nenne ich «Lebensgesundheit». Sie bedeutet, daß man ein Leben führen kann, das einen Sinn hat und der Selbstverwirklichung dient. Ein solches Leben ist gesund, selbst wenn eine körperliche Krankheit fortbesteht oder man dem Tode geweiht ist. Ein extremes Beispiel hierfür ist der Märtyrer.

Man muß sich auch klarmachen, daß Leiden nicht identisch ist mit Schmerz. Ein Mensch kann Schmerzen haben und braucht trotzdem nicht wirklich zu leiden. Er kann eine Krankheit haben und zugleich über dieser Krankheit stehen; er kann sie sogar benützen, um zu wichtigen Erkenntnissen zu kommen, um sich weiterzuentwickeln. Das machen viele

Menschen, indem sie sich unbewußt weigern, ihr körperliches Gebrechen aufzugeben, weil sie irgendwie das Gefühl haben, daß dieses für sie ein Motor und eine Motivation ist, um an einer wichtigeren Stelle vorwärtszukommen. Einem solchen Menschen tut zwar etwas weh oder es fehlt ihm ein Bein, aber er leidet nicht darunter.

Ich hatte in dieser Beziehung einmal ein eindrucksvolles Erlebnis mit einer relativ jungen Patientin. Ich war einige Zeit abwesend von der Klinik, in der sie wegen ihres kranken Beines lag, und als ich zurückkam, war es amputiert. Ich nahm an, daß dies sehr hart für sie sei und befürchtete, als ich zu ihr ging, furchtbares Jammern. Doch sie lächelte mich an und sagte: «Das Bein ist weg. Was soll ich mir darüber Gedanken machen? Das ist für mich erledigt und kein Problem mehr. Es gibt Wichtigeres.» Und so war es tatsächlich. Sie war gegenüber vorher, als sie noch um ihr Bein fürchtete, befreit und irgendwie geläutert.

Dieser Geist fehlt der heutigen, materialistischen Medizin, die ihr Augenmerk ausschließlich auf Äußerlichkeiten richtet und dabei das Wichtigste im Menschen ins Abseits drängt. Wenn ein Mensch nur sein krankes Bein behandelt bekommt und im übrigen gewissermaßen nur als dessen Anhängsel betrachtet wird, kommt er nie dazu, sich zu fragen, was seine Krankheit eigentlich für ihn bedeutet, warum er sie bekommen hat, welchen Wert sie für ihn haben oder was er daraus lernen könnte – wozu auch die Fähigkeit gehört, einen Schmerz oder Verlust zu ertragen.

Dazu ein Beispiel. Neulich erinnerte ich eine Patientin daran, daß sie an dem, woran sie am meisten hänge, auch am stärksten zu treffen sei und, wenn sie sich innerlich nicht davon befreie, auch getroffen werde. Weil man nämlich stets nach Freiheit und Stärke sucht, schafft man unbewußt Umstände, die einen zwingen, sich zu befreien. Sie sagte darauf: «Das stimmt. Vor einem Jahr habe ich gesagt, das Wichtigste sind mir meine Augen und meine Beine, die muß ich um alles in der Welt behalten. Und kurze Zeit danach bekam ich eine schwere Thrombose und verlor einen großen Teil meiner Sehkraft.» Es hat sie viel Selbstüberwindung gekostet, um damit fertigzuwerden, aber inzwischen ist sie soweit, daß sie darüber eine andere Haltung zu ihrem Leben bekommen hat.

Hark: Mich erinnert dieses Beispiel mit dem Augenlicht an eine Frau, die ich vor drei Monaten kennengelernt habe. Die hat mir gesagt, sie sei dankbar, daß sie mit Fünfzig ihr Augenlicht verloren und dann angefangen hat, innerlich zu sehen. Sie hat diesen Verlust analytisch aufgearbeitet, indem sie eine Analyse machte. Jetzt macht sie als Siebzigjährige Traumarbeit für ihre Umgebung, und die Leute strömen wie zu einer Wunderheilerin zu ihr und erzählen ihr ihre Träume. Sie hat ein gutes Feeling und eine gute Intuition und macht jetzt eine wunderbare Traumarbeit – besser als mancher angelernte Analytiker. Sie ist froh und dankbar und sagt: «Auf diesen Weg wäre ich niemals gekommen, wenn ich nicht mit Fünfzig erblindet wäre.» Das würde vermutlich in die gleiche Richtung gehen, die Sie meinen?

Blome: Manchmal sehe ich mich veranlaßt, zu Patienten zu sagen: «Es tut Ihnen gut, daß es Ihnen schlecht geht.» Zunächst reagieren sie natürlich empört oder zumindest überrascht, denn sie erwarten ja das, was man üblicherweise unter Mitgefühl und Hilfe versteht. Irgendwo in ihrem Inneren aber wissen sie, daß es stimmt. Wenn man sie daran erinnert, daß sie ihre Migräne, ihr Ekzem oder selbst ihren Krebs benötigen, um eine andere Lebensrichtung finden zu können, beginnen viele, darüber nachzudenken und zu suchen. Und manchmal erkennen sie dann, daß ihre Krankheit nur eine andere Erscheinungsform ihrer Sorgen, ihrer Ängste, ihres Hasses, ihrer Enttäuschung oder ihrer Verbohrtheit ist – kurz, ihrer ganzen verneinenden Lebenshaltung. Damit aber haben sie eine Spur gefunden, auf der sie aktiv weitergehen und wieder zur Lebensgesundheit finden können, statt hilflos in Selbstmitleid oder Anklagen zu versinken.

Hark: Also könnten wir sagen, wenn wir dem Leiden einen Sinn abringen, einen Sinn geben, daß damit das Leiden und manchmal auch der Schmerz verändert wird?

Blome: Ja, ich meine darüber hinaus sogar, daß das Leiden den Sinn hat, das Leiden zu beenden. Es ist ein Phänomen, das im Dienste des Lebens steht. Das Leben – in seinem positiven Sinne – schickt uns das Leiden, damit wir wieder erwachen und zu unserer Selbstverantwortung zurückfinden, zur Bereitschaft, die Ursache unseres Unglücks zuallererst bei uns selbst zu suchen und auszulöschen. Denn wirklich verändern oder verbessern können wir nur uns selbst – unsere Umwelt können wir höchstens vergewaltigen. Nur wenn wir unsere inneren Knoten lösen, wenn wir «ja» statt «nein» sagen (was je nach Situation und Möglichkeit Kampf oder Nachgeben bedeutet), kann unser inneres Wachstum wieder stattfinden. Dann hören wir auf, uns selbst zu schädigen, und weil wir unsere körperlichen Krankheitssymptome nicht mehr als «Denkzettel» benötigen, verschwinden sie wieder. Diesen Vorgang nennt man Spontanheilung; er kann grundsätzlich bei jeder Krankheit, ob Migräne oder Ekzem, Krebs oder Aids, eintreten.

Allerdings sollte man sich bei solchen Überlegungen klar sein, daß es hierfür keine Patentrezepte mit Erfolgsgarantie gibt und wir das Ziel unseres Leidens erst dann erkennen können, wenn wir es erreicht haben. Die meisten jener Menschen, die sich heutzutage der «Esoterik» zuwenden, hoffen ja, auf «spirituellem» Wege das zu erreichen, was ihnen, als sie nur materiell eingestellt waren, nicht gelang: Herr über ihr Schicksal zu werden. Sie meinen, wenn sie ihr Unterbewußtes anzapfen oder ihr Bewußtsein manipulieren, wenn sie sich der Magie oder der Religion verschreiben, ihre «Schwingungen» verbessern oder «positiv» denken, dann könne der erwünschte Erfolg – nämlich Glück, Gesundheit, Erfolg oder Erleuchtung – nicht ausbleiben.

Tatsächlich aber dürfen wir nie vergessen, daß wir nur wenig verstehen und noch weniger tun können. Es geht uns wie dem Seemann, der zwar alle Vorkehrungen für eine sichere Reise treffen, gleichzeitig aber bereit sein muß, sich der unberechenbaren Gewalt des Meeres auf Gedeih und Verderb anzuvertrauen. Trotz abgründiger Angst vor dem Mysterium des Ozeans fühlt er sich unwiderstehlich von seinen Wundern angezogen; er ahnt, daß er nicht nur jenen Hafen ansteuert, der in seiner Karte verzeichnet ist, sondern einen viel wichtigeren, der in seiner Seele liegt. Und auch wir kommen, wenn wir in den Brisen oder Stürmen unseres Lebens das innere Ziel nicht aus den Augen verlieren, dorthin, selbst wenn das Schifflein unseres Lebens dabei untergeht.

Die Symptome als Symbole verstehen

Hark: In dem Zusammenhang würde ich gerne das Stichwort vom Symptom aufgreifen und es mit dem Symbol verbinden. Für mich war eine der wunderbarsten, der hellsten Erfahrungen während meiner Ausbildung in der analytischen Therapie von C. G. Jung, Symptome – meine eigenen und auch die von anderen Menschen – symbolisch verstehen zu lernen und abzuhorchen und zu begreifen, daß in jedem Symptom ein Symbol schlummert. Und das Geheimnis der Heilung bestand nun auch darin, daß ein leidender Mensch es verstand, im Symptom das Symbolische zu erkennen und zu vernehmen und die Botschaft zu sehen. Das wäre doch eigentlich der Schlüssel zu dieser Heilung?

Blome: Wobei ich noch etwas anmerken möchte: Das Symbol ist ja etwas, was wir nur zum Teil mit dem Verstand begreifen können, genau wie wir auch nur ein kleines bißchen von uns und unserer Existenz verstehen können. Wenn uns dies klar ist, wird alles in uns und um uns herum – vom Kleinsten bis zum Größten, also auch unser Leben – zum Symbol.

Gerade dadurch, daß wir immer wieder an die Grenze unserer Verständnismöglichkeiten geraten, werden wir reif für die Erfahrung des Unbegrenzten, Ewigen oder «Gottes». Immer wieder erfahren wir, daß uns die ganze und absolute Wahrheit verschlossen und das, was uns als wahr erscheint, nur ein Abglanz, ein Bruchstück von ihr ist. Indem ich meine Beschränktheit erkenne, wird mir klar, daß es eine «höhere Intelligenz» geben muß, die mich geschaffen hat und der ich mich anvertrauen kann. Denn richtiges Vertrauen können wir nur in etwas haben, das größer ist als wir selbst. Dadurch aber wird es für uns auch unbegreiflich. Dieses Unbegreifliche spricht aus den Symbolen zu uns, weshalb man sie auch die Stimme Gottes nennen könnte. Wir können ewig darin suchen und finden, und jede Erkenntnis eröffnet uns tausend neue Horizonte mit Millionen weiterer Geheimnisse, die uns verlocken, ständig weiterzuschreiten.

Hark: Würden Sie in diesem Zusammenhang auch sagen, daß diese höhere Intelligenz oder diese Kraft aus der Tiefe auch herüberkommt in den Träumen? Deswegen machen wir ja Traumarbeit. Bilder transportieren ja nur etwas, in dem Sinne heilt zunächst noch nicht das Bild, sondern was damit herüberkommt, und ich habe gerade in der letzten Zeit zunehmend solche therapeutischen Vorgänge sehr intensiv miterleben dürfen durch diese freiwerdende Traumkraft. Würde das auch in die Richtung gehen, die Sie anvisieren und anschauen, wobei der Traum ja auch aus einer Tiefe kommt, die wir nicht erklären können. Wir kriegen ja nur ein Endprodukt übermittelt in diesen Bildern. Aber wenn es uns gelänge, einmal ganz im Bilde zu sein über uns oder eine Not, ein Problem oder ein Symptom, kämen wir damit auch diesem Geheimnis nahe, das wir hier diskutieren?

Blome: Ich denke, daß dieses Im-Bilde-Sein eben auch bedeutet, daß wir eine unbewußte Kommunikation oder Resonanz zu etwas im «Jenseits» haben, das dem Jenseitigen in uns selbst entspricht. Ich nenne dies unsere göttliche Seite. Sie steht in Kontakt zum Göttlichen, das ja nicht nur «dort drüben», sondern auch in allem, was hier ist, wirkt. Der Begriff «Im-Bilde-Sein» erweckt in mir die Vorstellung, daß wir in all unseren – rationalen und irrationalen – Schichten mit dem betreffenden Phänomen kommunizieren, also nicht nur mit dem Verstand, sondern auch mit dem Fühlen. Und eigentlich bedeutet es auch, daß man eins ist mit allem, was existiert, daß man sich als Teil des Universums empfindet und sich darin auf ewig geborgen weiß.

Hark: Während wir über diese Fragen nachsinnen und meditieren, kommt mir zu den Symbolen noch eine kleine Geschichte in Erinnerung von Maria, von der in der Weihnachtserzählung berichtet wird: «Sie behielt alles und bewegte es in ihrem Herzen.» Im griechischen Urtext ist an dieser Stelle das Verb «symballein» verwendet, aus dem der Symbolbegriff abgeleitet wird. Also wäre unser Herz so etwas wie die Wirkstatt oder Werkstatt unserer Symbole. Maria hat in ihrem Herzen – das in vielem die gleiche Bedeutung und Funktion hat wie der tiefenpsychologische Begriff der Seele oder griechische Psyche – die Gegensätze zwischen dem gehörten Engelschor («Ehre sei Gott in der Höhe und Frieden auf Erden!») und der bedrohlichen Römerherrschaft symbolisch verarbeitet. In meiner therapeutischen Arbeit ist Maria für viele zu einem Vorbild geworden, wie man Konflikte bearbeiten und symbolisch gestalten kann.

Blome: Ja, aus dieser inneren Verarbeitung und symbolischen Erfahrung erwächst das, was ich Lebensgesundheit nenne.

Aspekte tiefenpsychologischer Deutung

Um den spezifischen Sinn einer Krankheit zu erfassen, bietet sich deren tiefenpsychologische Deutung geradezu an. Diese kann sehr gut an den biblischen Heilungsgeschichten demonstriert werden. Die tiefenpsychologische Bibelauslegung, wie ich sie hier anwende und vertrete, stellt den Versuch dar, die Tiefendimensionen von biblischen Geschichten mit dem Instrumentarium der Tiefenpsychologie zu erforschen und zu deuten. Ich betrachte diese Texte wie ein textiles Gewebe[1] und frage danach, welche grundlegenden Glaubens- und Lebenserfahrungen die biblischen Autoren in ihre Geschichten und Texte kunstvoll eingefügt haben. Für das Erkennen und Deuten dieser symbolischen Muster stellt die Tiefenpsychologie, insbesondere die analytische Psychologie C. G. Jungs, zahlreiche Verstehensmöglichkeiten zur Verfügung, die nachfolgend dargestellt werden. Es wird hier um tiefenpsychologische Deutungen gehen, indem vor allem nach den Bedeutungen jener archetypischen Geschichten gefragt wird, die in der Bibel, insbesondere in deren Heilungsgeschichten, überliefert sind. Im Unterschied zur traditionellen theologischen Bibelauslegung, insbesondere der historisch-kritischen Exegese, die sich um die Rekonstruktion des ursprünglichen Textes und um den historischen Kontext bemüht, gehen wir von dem vorliegenden Text aus und versuchen mit Hilfe der tiefenpsychologischen Hermeneutik Verstehens- und Deutungsmöglichkeiten für den heutigen Menschen aus den alten Texten zu erschließen. In diesem Sinne streben wir keine Auslegung und Exegese im herkömmlichen Sinne an, sondern mehr eine «Anlegung» mit dem Text und ein Wiedererkennen von menschlichen Grunderfahrungen. Die Absicht und der Sinn unserer Deutungen besteht darin, neue Zusammenhänge und Beziehungen zwischen damals und heute aufzudecken und zu entdecken, die durch die historisch-kritische Forschung kaum ins Blickfeld genommen wurde.

Welche Theologin oder welcher Theologe sowie interessierte Leser kennt nicht die Frustration beim Aufschlagen von exegetischen und theologischen Kommentaren, wenn man hier kaum Deutungen findet, die für das gegenwärtige Leben hilfreich sind. Tiefenpsychologische Deutung dagegen will aus den Texten herauslesen und interpretieren, was in den archetypischen Geschichten und Symbolen heute noch aktuell ist. Wie jede Epoche der Geistesgeschichte ihre Verstehensmöglichkeiten entfaltete und ihre Hermeneutik[2] entwickelte, so versucht dies auch heute die Tiefenpsychologie mit der Absicht, Tiefendimensionen in biblischen Texten wiederzufinden, die durch die historisch-kritische Forschung nicht erfaßt worden sind. Tiefenpsychologische Deutung will nicht nur auf Texte hinweisen und erklären, was sie damals bedeuteten und dann vielleicht den kaum nachvollziehbaren Sprung in die Gegenwart versuchen (der für den kritischen Hörer meistens mit einer «Bauchlandung» endet), sondern wir verstehen die in der Bibel berichteten Ereignisse, Handlungen und deren Personen von vornherein in dem Sinne symbolisch, daß jeder Text Lesarten und Spiegelungen sind «für uns» und auf unsere Fragen nach Glauben und Leben Verstehensmöglichkeiten gibt. Das genannte Für-Uns, das in der Bibel und in der Theologie auf Christus bezogen wird, indem er pro nobis (für uns) Mensch wurde, die frohe Botschaft verkündigte und Kranke heilte, starb und als Auferstandener erschien, dieses Deutungsprinzip wenden wir in der tiefenpsychologischen Deutung auf der Subjektstufe in erweitertem Sinne an und sprechen von dem Text für uns (Textus pro nobis). Die Subjektstufe bedeutet, daß alle Gestalten, Personen und Motive

Anteile und Eigenschaften des Subjekts widerspiegeln. (Später wird darauf ausführlicher eingegangen.)

Ähnlich wie die gute und klassische Literatur aller Zeiten, die in vielen Menschen schlummernden Gefühle und Gedanken in ihren Ausdrucksformen verdichtet hat, so sind nach unserem Verständnis auch die biblischen Texte gestaltete und geronnene Verdichtung von Erfahrungen. Indem wir nun von unseren Erfahrungen ausgehen und sie mit jenen in einen Zusammenhang bringen, haben wir einen Zusammenwurf getan, den ich als symbolische Beziehung oder Interaktion bezeichne. Die symbolische Betrachtungsweise, die stets die Bilder und Symbole sowohl damals als auch heute als lebendige Wirkfaktoren auffaßt und daher zugleich den psychodynamischen Faktor beinhaltet, ist deswegen für mich von grundlegender Bedeutung, weil sie sowohl in den griechischen und neutestamentlichen Texten zu finden als auch heute noch in jedem Traum wirksam ist.

Bei analogem Denken eröffnet sich eine Welt der Entsprechungen zwischen dem diesseitig Vertrauten und Bekannten und dem zugleich jenseitigen noch Unbekannten, auf das ich mein Vertrauen setze. Das irdische Geschehen wird in Analogie gesehen zu Ereignissen in der himmlischen Welt. Auch Jesus war das sogenannte analoge Denken vertraut, wenn er zu den Leuten in Gleichnissen sprach: «Das Himmelreich ist gleich einem Menschen, der guten Samen auf seinen Acker säte.»[3] An anderer Stelle vergleicht Jesus die Sendung seiner Nachfolger und ihren Auftrag für die Welt mit seiner eigenen Sendung, indem er sagt: «Gleich wie Du mich gesandt hast in die Welt, so sende ich auch sie in die Welt.»[4] Auch der große Theologe Paulus vergleicht das Schicksal und den Weg der getauften Christen mit Christus und steigert schließlich seinen Vergleich dahingehend, daß «wir auch seiner Auferstehung gleich sein werden»[5]. Zahlreiche weitere Erfahrungen werden mit bekannten und vertrauten Bildern und Beobachtungen in Verbindung gebracht, indem zum Beispiel ein zweifelnder Mensch mit der Meereswoge verglichen wird[6]. Diese Beispiele mögen genügen und uns zugleich auf das tiefenpsychologische Verständnis des Symbols vorbereitet haben.

Das Symbol ist nach dem Jungschen Verständnis ein komplexes und vielschichtiges Phänomen, zu dessen Beschreibung die folgenden Gesichtspunkte genannt werden. Zunächst ist es wichtig, das Symbol von dem Zeichen, der Allegorie und dem bloßen Bild abzugrenzen, die im allgemeinen Sprachgebrauch häufig auch als Symbole bezeichnet werden. Nach der Jungschen Tiefenpsychologie ist das Symbol ein bestmöglicher Ausdruck für einen bisher unbekannten und unbewußten Inhalt der Seele, der häufig jedoch geahnt und gefühlt wird. Im Symbol verdichten sich diese unbewußten Persönlichkeitsanteile und können auf diese Weise bearbeitet und bewußt in die Gesamtheit der Person integriert werden. C.G. Jung beschreibt diese verschiedenen Aspekte wie folgt: «Das lebendige S. formuliert ein wesentliches unbewußtes Stück, und je allgemeiner verbreitet dieses Stück ist, desto allgemeiner ist auch die Wirkung des S., denn es rührt in jedem die verwandte Saite an. Da das S. einerseits der bestmögliche und für die gegebene Epoche nicht zu übertreffende Ausdruck für das noch Unbekannte ist, so muß es aus dem Differenziertesten und Kompliziertesten der zeitgenössischen geistigen Atmosphäre hervorgehen. Da das lebendige S. anderseits aber das Verwandte einer größeren Menschengruppe in sich schließen muß, um überhaupt auf eine solche wirken zu können, so muß es gerade das erfassen, was einer größeren Menschengruppe gemeinsam sein kann. Dies kann nun niemals das Höchstdifferenzierte, das Höchsterreichbare sein, denn das erreichen und verstehen nur die wenigsten, sondern es muß etwas noch so Primitives sein, daß dessen Omnipräsenz außer allem Zweifel steht. Nur wenn das S. dieses erfaßt und auf den höchstmöglichen Ausdruck bringt, hat es allgemeine Wirkung. Darin besteht die gewaltige und zugleich erlösende Wirkung eines lebendigen sozialen S.»[7]

Wenden wir diesen Aspekt des Symbolverständnisses auf die Zeichen und Wunder Jesu an, dann waren sie der bestmögliche Ausdruck für das noch Unbekannte und das Neue, das mit Jesus in die Welt gekommen ist. Da er häufig in Bildern und Gleichnissen sprach, konnte ihn jedermann in diesen symbolischen Ausdrucksformen verstehen. Darüber hinaus wurde er zu einer zentralen Symbolgestalt, von der eine erlösende Wirkung ausging.

Ein lebendiges und wahres Symbol hat seinen Ursprung und seine Quelle in einer Ganzheitserfahrung und vermag daher einen Menschen auch wiederum ganzheitlich anzusprechen, wie C. G. Jung schreibt: «Das S. ist immer ein Gebilde höchst komplexer Natur, denn es setzt sich zusammen aus den Daten aller psychischen Funktionen. Es ist infolgedessen weder rationaler noch irrationaler Natur. Es hat zwar eine Seite, die der Vernunft entgegenkommt, aber auch eine Seite, die der Vernunft unzugänglich ist, indem es nicht nur aus Daten rationaler Natur, sondern auch aus den irrationalen Daten der reinen inneren und äußeren Wahrnehmung zusammengesetzt ist. Das Ahnungsreiche und Bedeutungsschwangere des Symbols spricht ebensowohl das Denken wie das Fühlen an, und seine eigenartige Bildhaftigkeit, wenn zu sinnlicher Form gestaltet, erregt die Empfindung sowohl wie die Intuition. Das lebendige S. kann nicht zustande kommen in einem stumpfen und wenig entwickelten Geiste, denn ein solcher wird sich am schon vorhandenen S., wie es ihm das traditionell Bestehende darbietet, genügen lassen.»[8]

Der in der tiefenpsychologischen Literatur etwas vertraute Leser wird bei diesem Zitat gemerkt haben, daß hiermit das typologische Modell beschrieben wird mit dem Denken und Fühlen, dem Empfinden und der Intuition als die grundlegenden Orientierungsmöglichkeiten des Menschen, die in jeder menschlichen Äußerung und auch in den unterschiedlichen Glaubensformen zum Ausdruck kommen[9].

Die Symbole sind der Ausdruck und das Ergebnis der symbolbildenden Funktion der Seele. Diese Funktion ist ein wichtiger Ausdruck für das gesunde und normale Seelenleben, indem beim fortwährenden Prozeß der Ganzwerdung und Selbstverwirklichung, den C. G. Jung die Individuation[10] nennt, die persönlichen Traumsymbole den Menschen ins Bild setzen über sein wahres Selbstbild und auch über das Gottesbild. Da in einem lebendigen Symbol die für das Bewußtsein des Menschen noch nicht zu verbindenden Gegensätze vereinigt erscheinen, hat es eine hilfreiche und heilende Funktion für den Menschen, indem die Zwiespältigkeiten überbrückt werden. Für ein ganzheitliches Leben und auch das Glaubensleben ist die sogenannte transzendente Funktion des Symbols von besonderer Bedeutung. Mit transzendent ist hier nichts Übersinnliches oder Metaphysisches gemeint, sondern die Möglichkeit, mit Hilfe der Symbole Tendenzen und Inhalte des Bewußtseins und des Unbewußten einander anzunähern und auszugleichen, zu kompensieren, wie Jung es nennt. Diesen besonders wichtigen Aspekt des Symbols beschreibt C. G. Jung wie folgt: «Die Antwort besteht offenbar darin, die Trennung zwischen Bewußtsein und Unbewußtem aufzuheben. Das geschieht nicht dadurch, daß die Inhalte des Unbewußten einseitig durch bewußte Entscheidung verurteilt werden, sondern vielmehr dadurch, daß ihr Sinn für die Kompensation der Einseitigkeit des Bewußtseins erkannt und in Rechnung gestellt wird. Die Tendenz des Unbewußten und die des Bewußtseins sind nämlich jene zwei Faktoren, welche die transzendente Funktion zusammensetzen. *Sie heißt transzendent, weil sie den Übergang von einer Einstellung in eine andere organisch ermöglicht,* das heißt ohne Verlust des Unbewußten.»[11]

Die tiefenpsychologischen Aspekte des Symbols möchte ich jetzt durch einige theologische Verstehensmöglichkeiten ergänzen und damit die spätere symbolische Auslegung der biblischen Texte vorbereiten. Besonders der Theologe Paul Tillich, der sich gründlich mit der Tiefenpsychologie auseinan-

dergesetzt hat, beschreibt folgende Wesensmerkmale der Symbole:
«Das fundamentale Merkmal aller repräsentativen Symbole ist ihre Eigenschaft, über sich hinauszuweisen. Symbole gebrauchen ‹symbolisches Material›...
– Das Merkmal aller repräsentativen Symbole besteht darin, daß das Symbol an der Wirklichkeit dessen teilhat, auf das es hinweist. Das wird in dem Wort «repräsentativ» verdeutlicht...
– Dieser Gedanke leitet über zu dem Merkmal aller repräsentativen Symbole: sie können nicht unwillkürlich erfunden werden. Ihre Entstehung ist nicht wie die der bloßen Zeichen eine Sache der Zweckmäßigkeit oder Konvention. Bildlich gesprochen kann man daher sagen, daß Symbole geboren werden und sterben...
– Das Merkmal repräsentativer Symbole ist ihre Macht, Dimensionen der Wirklichkeit zu erschließen, die gewöhnlich durch die Vorherrschaft anderer Dimensionen verdeckt sind. Aber der menschliche Geist könnte diese neuen Dimensionen nicht ergreifen, wenn das Symbol nicht gleichzeitig auch in ihm eine neue Dimension öffnete...
Man könnte noch ein fünftes Merkmal repräsentativer Symbole hinzufügen: ihre aufbauende, ordnende, und ihre zersetzende, zerstörerische Macht. Diese Wirkung hat das Symbol sowohl auf den einzelnen Menschen wie auf Gemeinschaften.» [12]
Im Anschluß an Tillich möchte ich zusammenfassend sagen, daß die Symbole Bedeutungsstrukturen erfassen und daher ein grundlegendes Ausdrucksmittel für den Glauben, die Religion und deren Zeugnisse in den biblischen Texten sind. Da diese Geschichten von archetypischen Symbolen erfüllt sind, ist gerade die Anwendung des Symbolverständnisses zu deren Deutung die angemessenste Form für die angestrebte tiefenpsychologische Bibelinterpretation [13].
Nach dem Regelkanon zur tiefenpsychologischen Interpreta-

tion von Eugen Drewermann gehört zur symbolischen Deutung insbesondere, daß alle äußeren Gegebenheiten und die Texte «als symbolische Darstellung innerer Kräfte, Zustände und Zusammenhänge verstanden werden können; die Regel muß lauten, daß, wie im Traum der Träumende in allen Gestalten und Dingen letztlich sich selber träumt und anschaut, so auch in den Mythen und archetypischen Erzählungen der Mensch in allem sich selbst erfährt und darstellt»[14]. Die Traumdeutung und andere Deutungen auf der sogenannten Objektstufe bedeuten, daß die handelnden Personen und bestimmte Situationen objektiv auf die äußere Realität bezogen gesehen werden. Wenn jemand z. B. von seinem Nachbarn, den Eltern oder einem Kollegen träumt, dann sind eben diese realen Personen gemeint. So sehen und verstehen die meisten Menschen ihre Traumgestalten. Auch die historisch-kritische Exegese der Theologie mit ihrem Bemühen, die biblischen Texte in ihrem historischen Kontext so objektiv wie möglich zu erfassen, bewegt sich vor allem in dieser Dimension der Objektstufe.

Viel anregender und spannender dagegen wird es für einen Träumer, seine Traumfiguren als Abbilder innerpsychischer Faktoren und subjektiver Befindlichkeiten von sich selber anzusehen und zu verstehen (Subjektstufe). Auf diesem Wege werden die Erkenntnisse zur Selbsterkenntnis in dem Sinne, daß man mit Betroffenheit merkt und spürt; so bist du! Der Träumer ist auf seiner inneren Traumbühne sowohl der Regisseur als auch der Gestalter der verschiedensten Rollen, in denen die anderen Personen erscheinen. In diese projiziert er seine unbewußten seelischen Inhalte und wird damit zugleich der Teilpersönlichkeiten ansichtig, die zur eigenen Ganzheit gehören. Mit C. G. Jung unterscheiden wir damit das objektive Bild eines Menschen von dessen subjektiven Erscheinungsbild, seiner Imago, und hören ferner, wie die Deutung auf der Subjektstufe auch auf literarische Kunstwerke angewendet werden kann: «Die Behandlung eines unbewußten

Produktes auf der Subjektstufe ergibt das Vorhandensein subjektiver Urteile und Tendenzen, zu deren Träger das Objekt gemacht wird. Wenn nun in einem unbewußten Produkt eine Objektimago auftritt, so handelt es sich also nicht eo ipso um das reale Objekt, sondern ebensowohl, vielleicht sogar vorwiegend, um einen subjektiven Funktionskomplex. Die Anwendung der Deutung auf der Subjektstufe erlaubt uns eine umfassende psychologische Deutung nicht nur des Traumes, sondern auch literarischer Werke, in denen die einzelnen Figuren Vertreter für relativ selbständige Funktionskomplexe in der Psyche des Dichters sind.» [15]

Ähnlich wie der schöpferische Prozeß in der Seele eines Dichters verläuft, dürfen wir uns wohl auch den literarischen Gestaltungsprozeß in den biblischen Schriftstellern vorstellen. Bevor ich dazu Beispiele aus diesem Bereich bringe, möchte ich dem Prozeß des Schöpferischen und der Inspiration durch den göttlichen Geist nachgehen und den emotionalen wie symbolischen Anteil vom Wesen der Religion und vom Geheimnis des Schöpferischen mit C. G. Jung wie folgt abgrenzen: «Nur der Teil der Kunst, welcher im Prozeß der künstlerischen Gestaltung besteht, kann Gegenstand der Psychologie sein, nicht aber jener, der das eigentliche Wesen der Kunst ausmacht. Dieser zweite Teil kann, als die Frage, was Kunst in sich selbst sei, nie Gegenstand einer psychologischen, sondern nur einer ästhetisch-künstlerischen Betrachtungsweise sein. Eine ähnliche Unterscheidung müssen wir ja auch durchführen auf dem Gebiete der Religion: Dort ebenfalls kann eine psychologische Betrachtung nur in Hinsicht der emotionalen und symbolischen *Phänomene* einer Religion stattfinden, wodurch aber das Wesen der Religion keineswegs berührt wird noch berührt werden kann.» [16] In einer Art Urerfahrung erleben der Künstler, die biblischen Autoren wie alle schöpferischen Menschen ein Eintauchen in die Tiefe des Seins, sehen hier die «Urbilder aller Kreaturen» und haben Visionen von der göttlichen Wahrheit. Dies geschieht nicht zu beliebigen Zeiten, sondern zum Kairos, wenn die Zeit erfüllt ist und das Maß für diese schöpferische Tat voll ist.

Tiefenpsychologisch betrachtet geht dieser Prozeß auf das Wirken des Archetypus zurück, der durch die neuen Anschauungen oder Lehren wieder das Gleichgewicht und den Frieden einer ganzen Epoche herstellt, wie Jung beschreibt: «Es gibt viele solcher Urbilder, die aber alle solange nicht in den Träumen der Einzelnen und nicht in den Werken der Kunst erscheinen, als sie nicht durch die Abweichung des Bewußtseins vom mittleren Weg erregt werden. Verirrt sich aber das Bewußtsein in eine einseitige und darum falsche Einstellung, so werden diese ‹Instinkte› belebt und senden ihre Bilder in die Träume der Einzelnen und die Gesichte der Künstler und Seher, um damit das seelische Gleichgewicht wieder herzustellen.»[17]

Nach dieser Beschreibung können wir verstehen, daß offensichtlich in der Zeitenwende das kollektive Bewußtsein der Menschheit und vor allem auch das kollektive Unbewußte aus dem Gleichgewicht geraten waren und Jesus deswegen eine ganz besondere Ausstrahlung und Wirkung hatte, weil er sowohl das seelische Gleichgewicht wie auch die geistliche Ganzheit wiederherstellte. Tiefenpsychologisch betrachtet bezeichnen wir diesen Ausgleichsprozeß als Kompensation, die nach Jung für die Literaturwissenschaft – und ich füge hier hinzu, auch für das Verständnis biblischer Texte – eine wichtige Funktion hat: «Das Wichtige und für die Literaturwissenschaft besonders Bedeutsame aber liegt darin, daß die Manifestationen des kollektiven Unbewußten in Beziehung auf die Bewußtseinslage *kompensatorischen Charakter* haben, d.h., daß durch sie eine einseitige, unangepaßte oder gar gefährliche Bewußtseinslage ins Gleichgewicht gebracht werden soll.»[18]

Bevor ich auf die religiösen Eingebungen bei den biblischen Autoren zu sprechen komme, möchte ich noch die inneren

Erfahrungen im schöpferischen Prozeß bei einem der größten Denker des christlichen Abendlandes, Augustinus, zur Sprache bringen, den C.G. Jung ebenfalls bei seiner Untersuchung erwähnt: «Noch weiter stiegen wir empor in innerem Denken, Reden und Wundern über Deine Werke, und wir kamen in unsere Verstandesfunktionen und gingen über diese hinaus, um zum Bereich der unerschöpflichen Fülle zu gelangen, wo Du Israel ewig weidest mit der Speise der Wahrheit, und wo das Leben Weisheit ist...»[19]

Nach biblischer Auffassung sind die neutestamentlichen Texte und Glaubenszeugnisse auf die Weise entstanden, daß «die heiligen Menschen Gottes geredet haben, getrieben von dem Heiligen Geist»[20]. Die treibenden Kräfte des Göttlichen Geistes und/oder des Heiligen Geistes werden damit «in, mit und unter» den schöpferischen Ausdrucksmöglichkeiten des Menschen angenommen und bezeugt. Der kundige Leser wird wissen, daß die verwendete Formel aus der theologischen Deutung des Abendmahles und der Eucharistie stammt und dort besagt, daß Christus in, mit und unter den Elementen von Brot und Wein anwesend ist.

Mit dem Hinweis auf die treibenden Kräfte im Glauben und dessen sprachlichen Ausdrucksformen in den Texten kommen wir neben den symbolischen Verstehensmöglichkeiten zu einem zweiten grundlegenden Aspekt, nämlich der «Kraft Gottes» oder der sogenannten Psychodynamik, wie wir das zentrale Antriebsgeschehen im Menschen und seinen geistigen Ausdrucksmöglichkeiten nennen. An zahlreichen Stellen bezeugt das Neue Testament, daß die Kraft des Herrn von Jesus ausging[21]. Besonders bei den Krankenheilungen wird wiederholt gesagt, daß Jesus eine Kraft fühlte, die von ihm ausgegangen war[22]. Später bezeichnet der Theologe Paulus Christus ausdrücklich als «göttliche Kraft und göttliche Weisheit», die an seine Jünger und an alle gläubigen Menschen weitergegeben wird und in ihnen wirksam ist[23]. Zu dieser krafterfüllten Wirklichkeit gehören nach unserem ganzheitlichen Gottes- und Menschenbild auch die seelischen Kräfte des Menschen.

In der Tiefenpsychologie bezeichnen wir das zentrale Antriebsgeschehen im Menschen als die Psychodynamik und verstehen darunter je nach tiefenpsychologischer Schulrichtung entweder die Libido (nach Freud) oder die psychischen Energien (nach C. G. Jung). Jung differenziert zwischen der Energie und der Kraft und schreibt dazu: «Die Unterscheidung von Kraft und Energie ist begrifflich unerläßlich, denn die Energie ist eigentlich ein Begriff, der objektiv in der Erscheinung an sich nicht vorhanden, sondern immer nur in der spezifischen Erfahrungsgrundlage gegeben ist, das heißt, in der Erfahrung ist die Energie immer spezifisch als Bewegung und Kraft, wenn aktuell, als Lage oder Kondition, wenn potentiell. Die psychische Energie erscheint, wenn aktuell, in den spezifischen dynamischen Seelenphänomenen wie Trieb, Wünschen, Wollen, Affekt, Aufmerksamkeit, Arbeitsleistung usw., welche eben *psychische* Kräfte sind. Wenn potentiell, erscheint die Energie in den spezifischen Errungenschaften, Möglichkeiten, Bereitschaften, Einstellungen usw., welche Konditionen sind.»[24] Ein bisher ungelöstes Problem sind die psychodynamischen und psychosomatischen Wechselbeziehungen zwischen Leib und Seele. Viele sogenannte psychosomatischen Krankheiten[25] beruhen auf den gestörten Wechselbeziehungen, so daß zahlreiche seelische Ursachen auch zu körperlichen Funktionsstörungen führen können. Zu den Schwierigkeiten einer Differenzierung zwischen psychoenergetischen Prozessen einerseits und den körperlichen Vorgängen andererseits schreibt Jung: «Ich halte die Wechselwirkung für denkbar und finde keinen Anlaß, dieser Denkbarkeit die Hypothese eines psycho-physischen Parallelismus entgegenzustellen, denn es erscheint gerade dem Psychotherapeuten, dessen eigentliches Arbeitsgebiet eben in der kritischen Sphäre der Wechselwirkung von Leib und Seele liegt, als höchst wahrscheinlich, daß das Psychische und das Körperliche nicht zwei nebeneinander herlaufende Prozesse, sondern durch Wechselwirkung verknüpft sind, obschon deren eigentliche Natur sich unserer Erfahrung sozusagen noch gänzlich entzieht. Tiefgreifende Erörterungen über diese Frage sind für den Philosophen wohl unerläßlich, für eine empirische Psychologie dagegen ist die Beschränkung auf erfahrungsgemäß zugängliche Stoffe empfehlenswert. Obschon es uns bis jetzt nicht gelungen ist, den psychischen Energieprozeß in den physischen Prozeß einzuschließen, ist es auch den Gegnern einer solchen Möglichkeit nicht gelungen, den psychischen Prozeß vom physischen mit Sicherheit abzutrennen.»[26]

Mit den bisherigen Ausführungen wollte ich die tiefenpsychologische Deutung der biblischen Heilungsgeschichten vorbereiten und gehe von der Annahme aus, daß die psychosomatischen Prozesse der Krankheiten damals und heute die gleichen oder zumindest sehr ähnlich sind. Ich beachte dabei, daß sowohl die Krankheitsbilder als auch die Beschreibungen und Begriffe der Krankheiten teilweise wechseln können. Dennoch sind die existentiellen Grunderfahrungen im Leiden und die Sehnsucht der Menschen nach Heilung und Ganzwerdung zu allen Zeiten gleich oder sehr ähnlich. Auch die Heilkräfte der Natur und im Menschen sind die gleichen geblieben, ob wir sie nun Psychodynamik oder Kraft Gottes nennen, sie sind spezielle Dimensionen und Sichtweisen für ein letztlich unfaßbares Geheimnis.

Krankheiten und Heilungen
zur Zeit Jesu

Auch wenn die Texte des Neuen Testamentes nur spärliche Angaben machen über die verschiedenen Krankheitsbilder, so können wir für unseren tiefenpsychologischen Ansatz dennoch genügend Anhaltspunkte finden. Auch andere zeitgenössische Quellen aus der Umwelt Jesu und aus benachbarten Kulturkreisen geben uns wichtige Hinweise zum Verständnis von Krankheiten und vor allem von deren Heilung. Grundsätzlich beachten und bedenken wir, daß man für die gegenwärtige symbolpsychologische und tiefenpsychologische Auslegung biblischer Texte nicht auf eindeutige und gesicherte historische Quellen angewiesen ist, sondern sehr wohl mit den «geprägten» und ursprünglich den Glaubenszeugnissen dienenden Geschichten arbeiten kann. Es geht mir also nicht um historische Rekonstruktion von Krankheitsbildern in der Antike und in der Umwelt Jesu, sondern um die Heilungen im Kontext eines ganzheitlichen Menschen- und Gottesbildes.

Für die tiefenpsychologische Auslegung sind mir die geprägten Zeugnisse gerade recht, weil in der Textbearbeitung und Überlieferung der biblischen Autoren symbolische Gestaltungsfaktoren am Werke sind, die mit den tiefenpsychologischen Deutungsmethoden besser zu erfassen sind als mit der bisherigen historisch-kritischen Methode. Auch indem die Evangelisten bei den Krankheiten mehr an den treibenden Kräften und Mächten interessiert sind, ist der tiefenpsychologische Ansatz mit der Frage nach der Psychodynamik in den Krankheitsprozessen den Texten gemäßer als die historisch-kritische Bibelauslegung, die für dieses Anliegen wenig

Gespür zeigt. Es geht hier nicht darum, ausführlich und in Einzelheiten die Krankheiten aus der Umwelt Jesu zu beschreiben oder eine Theorie über die Krankheit überhaupt zu entwickeln, sondern mehr darum, den Heilungen Jesu und seinem therapeutischen Vorgehen nachzuspüren, um für die Gegenwart Anregungen und Hilfen zu empfangen für heilendes Handeln in der Kirche und im Bereich der Psychotherapie.

Wir bedenken und wissen, daß medizinisches Handeln und therapeutische Behandlung in der Antike und in der Umwelt Jesu ein «Gemisch» waren aus empirischen Erfahrungen der Ärzte und der Zuständigkeit der Priesterkaste für die therapeutischen Behandlungen seelischer Leiden aller Art. Daß gerade auch in diesem zentralen Lebensbereich zahlreiche magische Praktiken und Zauberei verbreitet waren, hängt besonders mit dem antiken Welt- und Gottesbild zusammen. Es wäre ein sehr umfangreiches Thema, die Geschichte und die Entwicklung der Medizin in der Antike sowie deren vielschichtige Verbindung mit der Religion darzustellen. Für das Verständnis der Heilungen Jesu sind die alljüdischen Anschauungen über die Krankheiten sowie die rabbinischen Lehrmeinungen sehr wichtig.

Doch beginnen wir zunächst mit einigen Aussagen des Alten Testamentes zu Krankheit und Heilung sowie zur Funktion des «Priester-Arztes», wie es z. B. im Buche Levitikus (3. Mose 13) berichtet wird. Der Priester Aaran, seine Söhne und die Berufsnachfolger erhalten die Funktion der «Gesundheitspolizei» übertragen. Sie haben nach den dort genannten Kennzeichen des Aussatzes bzw. über die kultische Unreinheit zu wachen. Damit dürfte eine bestimmte Entwicklung für die künftige Medizin eingeleitet worden sein, die zum einen den Priester-Ärzten die Zuständigkeit für kultisch relevante Krankheitsbilder zuwies und andererseits den «weltlichen» Ärzten die speziellen körperlichen Gebrechen und die übrigen Krankheiten zuerkannte. Die erste Gruppierung bezog damit in der Entfaltung der Vorstellungen und Krankheiten alles auf den Kult und auf Gott oder die negativen Kräfte und Mächte, wie die Dämonen, während die anderen Ärzte in Anlehnung an die Heilkunst in Ägypten oder in Griechenland nach empirischen Erkenntnissen und Methoden behandelte. Mit dieser Aufteilung waren zugleich zahlreiche Konflikte vorprogrammiert, wie z.B. Kompetenzstreitigkeiten und letztlich schon damals (wie auch heute!) hintergründige Machtfragen. Ein Beispiel dafür könnte sein, daß im Buche der Chronik (4.Jh. vor Chr.) dem König Asa von Juda anläßlich seines Fußleidens vorgeworfen wurde, daß er die Ärzte aufgesucht habe und nicht Jahwe als Arzt[1]. Denn von diesem Gott wurde bezeugt, daß er gesagt habe: «Ich bin der Herr, dein Arzt.»[2] Zunehmend werden in der alttestamentlichen Entwicklung des Gottesglaubens auch Krankheit und Heilung auf Jahwe bezogen. Auch Krankheiten läßt er zu oder verhängt sie sogar über die Menschen. Damit werden viele Fromme unter einen schweren Druck gesetzt, denn sie verstehen jetzt ihre Krankheiten als Strafe Gottes.

Ein besonders eindrucksvolles Beispiel dafür, daß die Heilung einer Krankheit von Gott komme, ist die Krankengeschichte des Königs Hiskija[3]: «In jenen Tagen wurde Hiskija schwer krank und war dem Tode nahe. Der Prophet Jesaja, der Sohn des Amoz, kam zu ihm und sagte: So spricht der Herr: Bestell dein Haus; denn du wirst sterben, du wirst nicht am Leben bleiben. Da drehte sich Hiskija mit dem Gesicht zur Wand und betete zum Herrn: Ach, Herr, denk daran, daß ich mein Leben lang treu und mit aufrichtigem Herzen meinen Weg vor deinen Augen gegangen bin und daß ich immer getan habe, was dir gefällt. Und Hiskija begann laut zu weinen. Jesaja hatte aber die innere Stadt noch nicht verlassen, als das Wort des Herrn an ihn erging: Kehr um, und sag zu Hiskija, dem Fürsten meines Volkes: So spricht der Herr, der Gott deines Vaters David: Ich habe dein Gebet gehört und deine Tränen gesehen. Nun heile ich dich. Übermorgen wirst du zum Haus des Herrn hinaufgehen; zu deiner Lebenszeit will ich noch fünfzehn Jahre hinzufügen. Und ich will dich und diese Stadt aus der Hand des Königs von Assur retten und diese Stadt beschützen, um meinetwillen und um meines Knechtes David willen.»

Nach seiner Genesung verfaßte der König ein Danklied, das in Jesaja 38 überliefert wird. Auch in zahlreichen Psalmen sind die Erfahrungen von Krankheit, Leiden und das Gebet um Heilung eindrucksvoll thematisiert[4].

Damit wird zugleich deutlich, daß dieses Thema im Kult der alttestamentlichen Religion einen festen Platz hatte.

So lernen die Frommen des Alten Bundes, daß ihr Gott sie schütze vor der Pestilenz, vor Seuche, vor Plagen und Krankheiten, wie es im 91. Psalm heißt:

Wer im Schutz des Höchsten wohnt
und ruht im Schatten des Allmächtigen,
der sagt zum Herrn: «Du bist für mich Zuflucht und Burg,
    mein Gott, dem ich vertraue.»
Er rettet dich aus der Schlinge des Jägers
    und aus allem Verderben.
Er beschirmt dich mit seinen Flügeln, /
    unter seinen Schwingen findest du Zuflucht,
    Schild und Schutz ist dir seine Treue.
Du brauchst dich vor dem Schrecken der Nacht nicht zu
    fürchten, noch vor dem Pfeil, der am Tag dahinfliegt,
nicht vor der Pest, die im Finstern schleicht,
    vor der Seuche, die wütet am Mittag.
Fallen auch tausend zu deiner Seite, /
    dir zur Rechten zehnmal tausend,
    so wird es doch dich nicht treffen.
Ja, du wirst es sehen mit eigenen Augen,
    wirst zuschauen, wie den Frevlern vergolten wird.
Denn der Herr ist deine Zuflucht,
    du hast dir den Höchsten als Schutz erwählt.

Dir begegnet kein Unheil,
   kein Unglück naht deinem Zelt.
Denn er befiehlt seinen Engeln,
   dich zu behüten auf all deinen Wegen.

Bei den Krankheits- und Heilungspsalmen handelt es sich um eine eigenständige Textgattung, die neben den Lob- und Dankpsalmen, den Königs- und Rachepsalmen einen wichtigen Platz einnehmen im «alttestamentlichen Gesangbuch». Für den theologischen Laien könnte der Hinweis auf das Kirchengesangbuch deutlich machen, daß wie hier Lieder für viele Anlässe des Lebens und des Glaubens gesammelt sind, so fand der Kranke damals ähnliche Texte in den genannten Psalmen, um seine Bitten und Klagen in den Krankheitstagen vor seinen Gott zu bringen.

Obwohl die Krankengebete in den Psalmen sich um Heilung an Gott wenden, wurde dennoch die Kunst des Arztes nicht verschmäht, wie es in einem Lob des Arztes im Buche Sirach zum Ausdruck gebracht wird[5]: «Schätze den Arzt, bevor er nötig ist; denn auch ihn hat Gott erschaffen. Von Gott hat der Arzt die Weisheit... Gott bringt aus der Erde die Heilmittel hervor; und der einsichtige Mann wird sie nicht verschmähen... Er gab den Menschen die Einsicht... Durch sie beruhigt der Arzt den Schmerz, und ebenso bereitet der Apotheker die Mixtur, damit seine Schöpfungswerke nie brachliegen, noch helfendes Wissen von der Erde verschwinde.»

«Mein Sohn, in Krankheit säume nicht; bete zu Gott, denn er macht gesund...! Doch auch dem Arzt gewähre Zutritt, und er soll nicht wegbleiben, denn auch er ist nötig. Denn zu gegebener Zeit liegt in seiner Hand der Erfolg; auch er betet ja zu Gott, daß er ihm die Untersuchung gelingen lasse, und die Heilung zur Erhaltung des Lebens.»

Nach den Beispielen aus alttestamentlichen Texten wenden wir uns jetzt der rabbinischen Geisteswelt zu. In der altjüdischen Tradition haben Generationen von Rabbinen eine viel-

56

gestaltige Krankheitslehre entfaltet und dabei vor allem die verschiedensten Dämonen als Urheber der Krankheiten und Leiden angesehen. Um diese für viele moderne Leser geheimnisvolle und merkwürdige Vorstellungswelt besser zu verstehen, möchte ich einleitend dazu einen Vergleich geben mit den alchemistischen Vorstellungen in unserem Kulturkreis. C.G. Jung hat in seinen zahlreichen tiefenpsychologischen Studien zur Alchemie nachgewiesen, daß es sich bei deren Vorstellungen und Theorien um Projektionen von psychischen Inhalten in den Stoff der Materie handelte. Die Alchemisten erkannten und sahen in der Materie Prozesse und Wandlungsvorgänge, die wir heute als menschliche und seelische Grunderfahrungen mit psychologischen Begriffen angemessener und verständlicher beschreiben können. Bei meinen Studien zu rabbinischen Vorstellungen über die Verursachung von Krankheiten durch Dämonen drängt sich mir noch ein weiterer Vergleich mit den genannten Alchemisten auf. Während sich diese außerordentlich stark mit der Materie und dem Stoff befaßten, wandten sich die Rabbinen als «Geisteswissenschaftler» verständlicherweise der geistigen Welt und den religiösen Vorstellungen zu. Ähnlich wie heute die Theologen, Philosophen und andere Geisteswissenschaftler ihre Erfahrungen und Erkenntnisse in rationalen Aussagen und geistigen Modellvorstellungen zum Ausdruck bringen, geschah und geschieht dies in der gleichen Weise auch bei den Rabbinen. Es sollte nicht als abschätzig und als unangemessen angesehen werden, wenn wir jetzt als eine unter zahlreichen anderen Verstehensmöglichkeiten die altjüdische Dämonologie als Projektion von unbewußten seelischen Inhalten zu verstehen suchen. Ich beziehe mich bei den folgenden Ausführungen auf H. Strack-Billerbeck, der in einem ausgezeichneten Exkurs zu unserer Frage ausführt, daß die Dämonen im Hebräischen als *sched* bezeichnet werden, was etymologisch soviel wie Herr oder Gewaltiger bedeutet. *Sched* dient zur Bezeichnung der heidnischen Götter und

Götzen. Die *Schedim* oder Dämonen gelten vor allem als Schädlinge und Schadensgeister, die Krankheiten verursachen können. Sie werden auch als Geist der Unreinheit bezeichnet und entsprechen in den neutestamentlichen Krankengeschichten den unreinen Geistern, die die Besessenheit verursachen. Über den Ursprung der Dämonen führt Strack-Billerbeck aus:

«Über den Ursprung der Dämonen waren verschiedene Traditionen in Umlauf. Die älteste Meinung ging dahin, daß die Dämonen die Geister oder Seelen der Riesen seien, die aus der geschlechtlichen Vermischung der gefallenen Engel mit den Töchtern der Menschenkinder Gn 6,1 ff. hervorgegangen waren. Eine andre Ansicht sah in den Mazziqin oder Schedim ein besonderes Schöpfungswerk Gottes, das in der Abenddämmerung des sechsten Schöpfungstages ins Dasein gerufen wurde. Als Gott eben im Begriff war, für ihre Seelen den Leib zu schaffen, trat der Sabbat ein u. hinderte ihn, sein Werk an ihnen zu vollenden. So blieben die Dämonen Geister ohne Leib. Andre nahmen an, daß ein Teil des Turmbaugeschlechts zur Strafe für seinen Hochmut in Geister, Schedim u. Nachtgespenster verwandelt worden sei. Ebenfalls auf eine Metamorphose, u. zwar aus einer männlichen Hyäne, werden die Schedim zurückgeführt von einer Baraitha, deren Tendenz wenig durchsichtig ist. Endlich hören wir auch, daß die Geister, Schedim u. Nachtgespenster aus dem Geschlechtsverkehr Adams mit weiblichen Geistern u. dem Evas mit männlichen Geistern hervorgegangen seien.»[6]

Betrachten wir diese auf den ersten Blick merkwürdig anmutenden Beschreibungen als mythische Aussagen für rational nicht faßbare Kräfte, so gewinnt der Text in unserer symbolischen Auslegung einen tiefen Sinn. Die Menschen damals (und auch heute!) erlebten, daß die mythischen Bilder und die in ihnen zum Ausdruck gebrachten Kräfte den Menschen ergreifen können, sich aber andererseits dem bloß rationalen Begreifen verschließen. Die Dämonen gehören zur unvollendeten Schöpfung Gottes. Sie haben bisher weder eine konkrete Gestalt noch einen Platz auf dieser Welt. Ähnliche Anschauungen und Bilder verwenden wir für die Beschreibung der unbewußten und autonomen Komplexe als Energiefelder im Seelenleben des Menschen. Es sind die vom Bewußtsein abgespaltenen Energien, die den Anschluß an das ganzheitliche Erleben verloren haben. Diese Energien und Komplexe können zuweilen riesige Ängste und ein diffuses Getriebensein verursachen, so daß die alte Vorstellung, die Dämonen seien Geister oder Seelen der Riesen, eine für die damalige Zeit angemessene Beschreibung dieses Phänomens darstellt. Auch der Erklärungsversuch mit der bekannten Geschichte vom Turmbau zu Babel, wo die Menschen infolge ihres Hochmutes geistig verwirrt wurden, hat vieles für sich. In seelischen Ausnahmezuständen und psychopathologischen Krankheitsbildern entwickeln sich häufig außerordentliche Ängste und chaotische Phantasien, die oftmals der geistigen Verwirrung bei dem Turmbau zu Babel recht ähnlich scheinen. Wenn die seelischen Energien ausbrechen und die Komplexe virulent werden, kann dies auf das Bewußtsein des Menschen ähnlich wirken wie der Orgasmus beim Geschlechtsverkehr. Daher erscheint die mythologische Phantasie zutreffend, daß die Geister oder Dämonen aus dem Geschlechtsverkehr Adams oder Evas mit Geistern hervorgegangen seien, zutreffend.

Manche Rabbiner versichern, wie z.B. R.Jochanan († 279) daß ihm 300 Arten von Dämonen bekannt seien. Die *Schedim* (Dämonen) sind als böse Geister die Verursacher von Wahnsinn sowie von damals nicht erklärbaren Leiden und Krankheiten körperlicher und seelischer Art. Diese bösen Geister sind nach altjüdischer Anschauung geschaffen und aus den Urmenschen hervorgegangen, um Verderben anzurichten, Plagen zu bringen und vor allem Krankheiten zu erregen. Rabbi Jehuda († 299) hat gesagt: «Drei bedürfen der Bewachung (vor den Schedim), nämlich ein Kranker, ein

Bräutigam und eine Braut. In einer Baraitha ist gelehrt worden: Ein Kranker, eine Wöchnerin, ein Bräutigam und eine Braut. Einige sagen: Auch ein Trauernder; einige sagen: Auch Gelehrtenschüler in der Nacht. – Für den Kranken, die Wöchnerin und den Trauernden gibt Raschi als Grund an: weil ihr Geschick erschüttert ist; für den Bräutigam die Braut und den Gelehrtenschüler den Neid des Sched wider sie.»[7]

Die von Raschi gegebene Erklärung, warum gerade diese Personengruppen der besonderen Bewahrung vor den bösen Geistern bedürfen, erscheint tiefenpsychologisch besonders einsichtig und plausibel. Erfahrungsgemäß sind viele Kranke und Menschen in besonderen Lebenssituationen in ihrer Persönlichkeit derart erschüttert und verunsichert, daß die aufgewirbelten Komplexe sie mehr ängstigen als einen Gesunden, der sich in vollem Besitz seiner Kräfte fühlt. Wir erkennen also wiederum, daß die mythologischen Erklärungsversuche in der damaligen Zeit unseren tiefenpsychologischen Verstehungsmöglichkeiten sehr ähnlich oder sogar ebenbürtig sind, um bisher unbekannte und vor allem unbewußte Lebenskräfte zu benennen. Ist es letztlich nicht gleich, ob wir von Komplexen, Dämonen oder Schedim sprechen?

Die bösen Geister werden in der altjüdischen Dämologie auch «Nachtgespenster» genannt, weil ihre Wirksamkeit vor allem in der Nacht erfolgt, wenn durch den Schlaf das Bewußtsein und seine Kontrollfunktion außer Kraft gesetzt wird. Auch dies dürfte uns verständlich sein, wenn wir hören, wie Alpträume und Ängste Menschen des Nachts erschüttern können. Auch die Schlafstörungen von Millionen von Menschen und deren Konsum von Schlaftabletten sind ein ähnliches Phänomen (oder das gleiche) wie damals die Angst vor den Nachtgespenstern, die natürlich auch den Menschen zu anderen Tageszeiten anfallen können. Doch diese Hinweise mögen genügen, die Besessenheit vieler Menschen zur Zeit Jesu in einem gewissen Kontext zu sehen und nunmehr dazu einige Heilungsmethoden kennenzulernen.

Zur Bewahrung von bösen Geistern und zur Heilung von Besessenheit dienten neben Amuletten und Beschwörungs-Ritualen vor allem Gebete, wie wir sie schon mit dem 91. Psalm und anderen Heilungspsalmen kennengelernt haben. Gott und seine Engel, Gottes Wort und die Erfüllung seiner Gebote und Weisungen bieten Schutz gegen die Dämonen. Auch die Musik wird erwähnt, wie z. B. David mit seiner Harfe den bösen Geist (der Melancholie) von König Saul vertrieb. Einen besonderen Platz nehmen natürlich die Exorzisten ein, therapeutische Spezialisten der damaligen Zeit, wie z. B. Eleasar, der Beschwörungsformeln von König Salomon anwandte, wie Josephus berichtet: «Es gewährte Gott dem Salomo, auch die Kunst gegen die bösen Geister zum Nutzen und zur Heilung der Menschen zu erlernen. Und wie er Besprechungsformeln abgefaßt hat zur Linderung von Krankheiten, so hat er auch Beschwörungsformeln hinterlassen, durch die man die bösen Geister binden und so vertreiben kann, daß sie niemals wiederkehren. Und diese Art Heilung vermag bis zum heutigen Tag gar viel bei uns. So habe ich unter unseren Volksgenossen einen gewissen Eleazarus kennengelernt, der vor Vespasian und dessen Söhnen und vor den Kriegstribunen und einer Menge anderer Soldaten Leute, die von bösen Geistern besessen waren, von diesen befreite. Das Verfahren aber bei der Heilung war dieses: er legte unter die Nase des Besessenen einen Siegelring, der unter dem Siegel eine von den Wurzeln enthielt, die Salomo bezeichnet hatte; darauf zog er dem daran Riechenden den bösen Geist aus den Nasenlöchern heraus, und indem der Mensch sofort niederstürzte, beschwor jener den Geist, nicht mehr in den Menschen zurückzukehren; dabei erwähnte er Salomo und sprach die Beschwörungsformeln, die dieser aufgestellt hatte. Da aber Eleazarus die Anwesenden überzeugen und ihnen beweisen wollte, daß er eine solche Macht besitze, stellte er ein wenig davor einen Becher voll Wasser oder ein Waschbecken hin und befahl dem bösen Geist, wenn er aus dem

Menschen fahre, diese umzustürzen und so den Zuschauern die Erkenntnis beizubringen, daß er den Menschen verlassen habe. Indem dann solches geschah, wurde die Einsicht und Weisheit Salomos offenbar.»[8] Neben den biblischen Texten ist vor allem der jüdische Schriftsteller Josephus ein wichtiger Zeuge für das Verständnis von Krankheiten und deren Heilung.

Es ist bekannt, daß auch die in Qumran lebende Sekte der Essener neben ihren religiösen Ordensregeln vor allem Traumdeutung trieben und Krankenheilungen praktizierten. Wie die Rabbinen nahmen auch die Essener an, daß die vielerlei Krankheiten in Israel[9] vor allem durch Dämonen verursacht seien. Von ihnen schreibt Josephus: «Sie (die Essener) zeigen ein außerordentliches Interesse für die Schriften der Alten, wobei sie besonders diejenigen auswählen, die zum Nutzen des Leibes und der Seele beitragen. Mit Hilfe von diesen stellen sie Untersuchungen über heilsame Wurzeln zur Heilung von Krankheiten und über die Eigenschaften von Steinen an.»[10] Zu den genannten Schriften gehören u. a. ein geheimes Buch mit Beschwörungsformeln und Zaubersprüchen, auf das wir vorhin mit dem Zitat von Josephus über die Dämonenaustreibung des Eleasar hingewiesen haben, sowie ein geheimes Buch, das Noah zugeschrieben wurde, zu dem es in den sogenannten Jubiläen heißt: «Und alle Heilung ihrer Krankheiten sagten wir (die Engel) Noah samt ihren (der Dämonen) Verführugskünsten, damit er durch die Bäume der Erde heile. Und Noah schrieb alles, wie wir es ihn gelehrt hatten, und die bösen Geister wurden abgeschlossen von den Kindern Noahs», wobei noch in Klammern angemerkt wurde (zu 9/10 ihrer Gesamtzahl)[11].

In einer Zwischenbemerkung möchte ich noch folgende Erkenntnis und Sichtweise zur Sprache bringen. Bei meinen Studien habe ich den Eindruck gewonnen, daß im kulturellen und religiösen Bereich des alten Israel und des Judentums vornehmlich der psychodynamische Gesichtspunkt über die

Ursachen von Krankheiten und deren Heilung sehr vielfältig bedacht und reflektiert worden ist, während in der griechischen Geisteswelt vornehmlich die Bilderwelt und deren Symbolik ausschlaggebend für Heilung wurden. Beispiele und Belege für letzteres sind die therapeutische Verwendung der Träume im Therapiezentrum von Epidauros. Wem der Heilgott Asklepios während des Heilschlafes im Traum erschien, der wurde geheilt.

Bei den bisherigen Ausführungen über die Dämonen und Mächte als Krankheitsursachen im Judentum dürfte der psychodynamische Faktor hinlänglich deutlich geworden sein. Mit der gewissen Akzentverteilung der Psychodynamik, wie sie in der vielfältigen Ausdrucksweise der Mächte, Gewalten und bösen Geister in der altjüdischen Welt zum Ausdruck gebracht wurde, und der Symbolik mit dem Beispiel der Träume für die klassische altgriechische Geschichtsepoche sollte keineswegs ausgeschlossen werden, daß ebenfalls Aspekte und Inhalte, die dem anderen Kulturbereich zugesprochen wurden, wiederum auch bei diesem nachweisbar sind. Es dürfte verständlich sein, daß die Rabbinen in der altjüdischen Tradition und die Priester im alten Israel, die vornehmlich die geistige Welt erforschten, auch die bösen Geister und Dämonen als Krankheitsverursacher in dieser Sphäre suchten, während die Griechen mehr die Bilderwelt der Seele und ihre Symbolik erforschten und aus diesem Bereich Erkenntnisse über die Ursachen der Krankheiten und deren Heilung vermittelten.

Zu den genannten Akzentuierungen von dem «Geist» bei den Juden und der «Seele» bei den Griechen kommt noch eine kompensatorische Komponente in beiden Kulturbereichen hinzu, die ich tiefenpsychologisch mit dem typologischen Modell von C. G. Jung erhellen möchte. Wenn man zur Zeit Jesu bei einem repräsentativen Querschnitt der Bevölkerung unter besonderer Berücksichtigung der vielen «Denk-Typen» bei den Standesgruppen der Rabbinen, Priester, Schriftgelehrten, Pharisäer und anderer einen vergleichbaren Test wie den Typen-Test[12] hätte durchführen lassen, würde nach meiner Einschätzung und Kenntnis herauskommen, daß das Denken gegenüber dem Fühlen überwiegt. Nach dem tiefenpsychologischen Modell bedeutet dies, daß die weniger entwickelte und zugelassene Seite des Lebens in den gefühlsstarken Vorstellungen von den bösen Geistern, den jenseitigen Mächten (tiefenpsychologisch würden wir sagen: unbewußten Kräften) und von den Dämonen zum Ausdruck käme. Wenn der Geist und die geistige Arbeit im Leben und Denken von bestimmten Menschen einen derartigen Platz einnehmen, erscheinen die verdrängten Gefühle in vielfältigen mythologischen Anschauungen und in geistigen wie seelisch bedingten Krankheiten.

Im alten Griechenland dagegen würde ein vergleichbarer Test bei einer repräsentativen Gruppe dieses Volkes ergeben, daß die Empfindungsfunktion und die sie repräsentierenden Seiten des Lebens eine Vormachtstellung hätten und die intuitive Seite mit dem bildhaften Denken weniger zum Tragen käme. Ein Ausdruck der Empfindungsfunktion als einer grundlegenden Lebensorientierung ist unter anderem ein ausgeprägtes ästhetisches Empfinden, wie es viele griechische Künstler, Philosophen und Dichter in ihren Werken zum Ausdruck bringen. Auch ein ausgeprägter Tatsachensinn und ein besonderes Bewußtsein für die Realität sind der Empfindungsfunktion eigen, ebenso ein guter Geschmack sowie darauf bedacht sein, etwas Nützliches zu tun. Wer sich nur ein wenig auskennt in der altgriechischen Kultur- und Geisteswelt, wird die beispielhaft genannten Ausdrucksweisen der Empfindungsfunktion, insbesondere ein ausgeprägter Ästhetizismus, in diesem Kulturbereich wiedererkennen. Diese Feststellung jedoch bedeutet nun auch, daß die dem Empfinden gegenüberliegende Seite, nämlich die Intuition, das bildhafte Denken und die Symbolik sich vom Unbewußten her in den unzähligen mythologischen Vorstellungen aufdrängten und auch in der besonderen Wertschätzung für die Träume zum Ausdruck kommt.

Es sei nochmals gesagt, daß es sich hierbei um Akzentuierungen handelt, die nicht ausschließen, daß auch jeweils in einem anderen kulturellen und religiösen Bereich diese Seiten des Lebens ausgeprägt sind. Im Vorgriff auf später möchte ich schon hier feststellen, daß insbesondere bei dem Heiler Jesus von Nazareth als einem ganzheitlich lebenden Menschen und als einer integrierten Persönlichkeit alle vier grundlegenden Orientierungen und psychischen Funktionen ausgeprägt waren. Nach der biblischen Überlieferung lebte Jesus in einer ganzheitlichen Beziehung[13] zu Gott und den Mitmenschen, indem er zu beiden die gebotene Liebe von ganzem Herzen, von ganzer Seele und aus allen Kräften seines Gemütes verwirklichte. Weil er aus der Quelle des Seins, aus Gott, seine Energien und Kräfte schöpfte, konnte er den Menschen nahe sein und ihre Krankheiten heilen. Mit Hilfe seiner Einfühlung und seiner ausgeprägten Intuition vernahm er die innere Not der Kranken und wußte, was seine Gegner, insbesondere die Pharisäer und Schriftgelehrten, dachten[14]. Nach unserem tiefenpsychologischen Verständnis ist das Ahnungsvermögen eine Art intuitives Erfassen der Dinge und ein Wahrnehmen auf unbewußtem Wege. Besonders die Intuition ermöglicht die genannte ganzheitliche Beziehung zum Ganzen und zu Gott. Wenn diese seelische Funktion «ausfällt» oder wenig entwickelt ist, wie bei vielen zu rational orientierten Medizinern, Theologen, Juristen, Pädagogen und anderen Berufsgruppen, die verantwortlich mit den Mitmenschen umgehen sollen, dann ahnen sie oft nicht, was ihre unbedachte Art oder die unbewußte Machtausübung bei anderen auslösen kann.

Das Gesagte berührt auch die gegenseitige Wertschätzung der Menschen und darüber hinaus ganz allgemein den Umgang mit den menschlichen und religiösen Grundwerten. Einen verantwortlichen Umgang mit den Werten ermöglicht uns die Fühlfunktion im Jungschen Sinne. Es ist eine wertende Funktion, mit deren Hilfe wir feststellen können, wie eine Erfahrung zu bewerten ist oder eine anstehende Entscheidung richtig zu treffen ist. Das hier gemeinte Fühlen ist eine besondere Art von «feeling» für die tiefere Wahrheit, die uns sagt, was richtig oder falsch, angenehm oder unangenehm, krankmachend oder heilend ist. Durch eine lange Entwicklung ist dieses Gespür vielen Menschen abhanden gekommen oder abgenommen worden. Während vom Ursprung her jeder Mensch diese wertende Funktion in sich trägt und jeder seine Wahrheit und seinen Wert kennt, haben im Verlauf unserer Kulturentwicklung mächtige Institutionen, wie Ärzteschaft, Juristen, Theologen (um nur einige einflußreiche und mächtige Gruppierungen zu nennen), diese Funktion besetzt und üben mit Hilfe ihrer erworbenen Qualifikation einen mächtigen Einfluß aus. Sie definieren jetzt, was Gesundheit ist, was Rechtens ist oder was Gott von uns fordert.

In der Begegnung mit Jesus dagegen erhalten die Menschen ihre ursprünglichen Rechte und oft auch ihre Gesundheit zurück. In seinen Heilungen und den Weisungen zu einem ganzheitlichen Leben verhilft er den Menschen dazu, in den von Jeremia verheißenen «Neuen Bund», in eine neuartige Verbundenheit mit Gott und den Menschen einzutreten. «So spricht der Herr: Ich werde mein Gesetz in ihr Inneres legen und es ihnen ins Herz schreiben; ich werde ihr Gott sein, und sie werden mein Volk sein. Da wird keiner mehr den andern, keiner seinen Bruder belehren und sprechen: Erkenne den Herrn!, sondern sie werden mich alle erkennen, klein und groß, spricht der Herr; denn ich werde ihre Schuld verzeihen und ihrer Sünden nimmermehr gedenken.»[15]

Es wäre eine spannende theologische Arbeit (die bei der folgenden tiefenpsychologischen Deutung von Heilungsgeschichten nur in Auswahl geleistet werden kann), die Botschaft des Neuen Testamentes und den dort verankerten Auftrag zur Heilung der Menschen sowie zur Therapie der unzähligen seelischen Schwierigkeiten als Verwirklichung dieses «Neuen Bundes» zu deuten. Jesus ermöglichte es den Menschen, wieder mit der therapeutischen Kraft in sich selber in Berührung zu kommen und damit auch wieder für ganzheitliche Beziehungen zu Gott und den Menschen offen zu sein.

In diesem Zusammenhang sei an die Ausführungen im Gespräch mit Dr. Blome über ganzheitliches Heilen erinnert, in dem er aus ärztlicher Sicht ausführte: «Wenn es einem Menschen aber – unter dem Druck seines Leidens – gelingt, seinen inneren Konflikt zu lösen, sich mit der Lebenswirklichkeit oder Gott wieder auszusöhnen und nur das zu wollen, was er bekommen kann, dann kehrt der innere Friede in seine Seele ein und normalisieren sich auch seine körperlichen Funktionen…»

Zu diesen anzustrebenen Konfliktlösungen und der Aussöhnung mit der Lebenswirklichkeit und mit Gott tragen auch und vor allem die Träume bei. Sie vermitteln in ihren Bildern und Symbolen die heilenden Kräfte und zeigen Lösungen auf. Die Träume zeigen uns die verborgenen Seiten unseres Lebens. Da dies auch die Botschaft vieler biblischer Texte, insbesondere der Heilungsgeschichten ist, möchte ich das im folgenden näher ausführen.

Traum-Struktur und biblische Texte

Bei tiefenpsychologischen Deutungen von Literatur und Texten wird von verschiedenen Autoren[1] darauf aufmerksam gemacht, daß durch die Psychoanalyse und andere tiefenpsychologische Schulrichtungen sich zu den traditionellen Verstehensmöglichkeiten so etwas wie eine neue Hermeneutik entwickelt hat. Im Hinblick auf die Deutung von biblischen Texten und archetypischen Geschichten aus dem Bereich der Religionen und der Mythologie hat insbesondere Eugen Drewermann in seinem grundlegenden Werk «Tiefenpsychologie und Exegese»[2] auf die vielfältigen Ähnlichkeiten zu dem Traumgeschehen hingewiesen. Auch ich selber habe in meiner Dissertation bei Prof. Ulrich Mann «Religiöse Traumsymbolik»[3] ein hermeneutisches Schema aus der Praxis der Traumarbeit entwickelt und deren Anwendbarkeit auf die symbolpsychologische und tiefenpsychologische Deutung von biblischen Texten am Beispiel der Geschichte vom Meerwandel des Petrus[4] nachgewiesen. Einige meiner früheren Untersuchungsergebnisse möchte ich hier kurz wiederholen und auf die tiefenpsychologische Deutung dieser Geschichte zu sprechen kommen.

Eine erste und grundlegende Gemeinsamkeit zwischen Traum-Struktur[5] und biblischen Texten ist in der Dimension der *Geschichtlichkeit* von beiden zu sehen. Genauso wie die Träume reale Lebenserfahrungen widerspiegeln und damit an der Geschichte dieses Menschen Anteil haben, haben auch die biblischen Texte ihren «Sitz im Leben» und damit einen bestimmten Bezug zur Geschichte. Indem wir nun einen vollständigen Traum in der Regel in vier Szenen aufgliedern können[6], ähnlich wie eine ausführliche biblische Geschichte, finden wir innerhalb der ersten Szene nicht nur einen bestimmten Bezug zum Leben des Träumers, sondern bereits auch eine erste Konstellation von Gegensätzen, die später in der zweiten Szene ausführlicher thematisiert werden. Wichtig sind ferner in der ersten Szene, die ich durch ihren Bezug zur Geschichtlichkeit die grundlegende Dimension für Träume und Texte nenne, der Symbolbildungsprozeß und bereits erste Ansätze zu einer gewissen Zielgerichtetheit der Handlung. Bereits der Ort der Handlung wie auch die handelnden Personen haben sowohl in Träumen als auch in vielen Texten nicht nur eine geschichtliche und reale Bedeutung, sondern auch eine symbolische Ausdrucksqualität[7]. Nach meinem theologischen wie tiefenpsychologischen Verständnis hat in dieser Dimension der Geschichtlichkeit die historisch-kritische Exegese ihre eigentliche Anwendung und Bedeutung.

Die nächste Dimension in Träumen und Texten habe ich in meinem hermeneutischen Modell als *Gegensatzproblematik* bezeichnet. Ähnlich wie das Leben durch vielfältige gegensätzliche Prozesse lebendig erhalten wird, indem sich solche Gegensätzlichkeiten wechselseitig bedingen und in ihrer lebenserhaltenden Funktion voneinander abhängig sind, so dürften auch die Dichter und Dramatiker aller Zeiten die Beschreibung von Gegensätzlichkeiten den Träumen und dem Leben abgelauscht haben.

Auch bei den biblischen Autoren ist die Gegensätzlichkeit eine grundlegende Erfahrung des Lebens und des Glaubens. Jeder Bibelleser stößt bei seiner Lektüre bald auf diese Gegensätzlichkeit zwischen dem Reich dieser Welt und ihren Herrschaftsstrukturen einerseits und dem anbrechenden Reich Gottes andererseits. Indem das Reich Gottes in Christus unter uns Gestalt angenommen hat und sichtbar geworden ist, werden damit zugleich auch die Gegner auf den Plan gerufen. Ein wichtiger Aspekt der genannten Gegensatzproblematik ist die sogenannte Projektion, indem jemand eigene bisher verborgene und unbewußte seelische Inhalte auf andere projiziert und so diese Inhalte wahrnehmen und sehen lernt. Diese uralte Erfahrung hat Jesus in das anschauliche Gleichnis gekleidet, daß wir häufig den Splitter im Auge des Nächsten sehen und den Balken im eigenen Auge nicht wahrnehmen können[8]. Im allgemeinen können wir in dieser stetig stattfindenden Projektion positive Möglichkeiten und negative Aspekte erkennen. Letzteres ist der Fall, wenn es zu unberechtigten Vorurteilen gegenüber den Mitmenschen kommt. Auch das Mißtrauen zwischen Völkern und bestimmte Provokationen zu kriegerischen Auseinandersetzungen beruhen häufig auf den Vorgängen der Projektion. Positive Aspekte sind darin zu sehen, wenn die Projektionen als Entwürfe zur Lösung der Gegensatzproblematik und der allgemeinen Schwierigkeiten des Lebens und des Glaubens dienen.

In der Erfahrung von Gegensätzlichkeiten ist nach meiner Auffassung auch einer der Ursprünge des Symbols zu sehen. Die Gegensatzspannung in uns wird durch die Entstehung von lebendigen und persönlichen Symbolen überbrückt. Den Gegensätzlichkeiten auf den verschiedensten Ebenen wohnt eine Dynamik inne, die für den Symbolbildungsprozeß der Träume und der religiösen Anschauungen und Symbole von grundlegender Bedeutung ist. Durch die Transformation (Überführung) der psychischen Energien und der inneren Kräfte in Bildgestalten und Symbolen wird eine Auseinandersetzung und eine Integration derartiger Gegensätzlichkeiten möglich. So betrachtet, scheint es so etwas wie einen «Sinn» der vielfältigen Gegensätze zu geben. Häufig hat es auch eine hilfreiche Bedeutung oder sogar eine therapeutische Wirkung, wenn wir den Gegensätzlichkeiten unseres Lebens einen Sinn verleihen. In den verschiedensten gnostischen Traditionen der Menschheit hat diese Gegensatzproblematik einen besonders eindrucksvollen Ausdruck gefunden, indem das Gute und das Böse, das Helle und das Dunkle, das Reich Gottes und das Reich des Widersachers in eindrucksvollen oder merkwürdigen Symbolen dargestellt werden. Auch in vielen Märchen und Mythen, in jedem Drama und klassischen Roman ist diese Gegensatzproblematik das zentrale Thema. Nach meiner Auffassung kann die Gegensatzproblematik in biblischen Texten von der historisch-kritischen Exegese nicht adäquat erfaßt und gedeutet werden, sondern hier hat vor allem die tiefenpsychologische Betrachtungsweise eine entscheidende Deutungshilfe zu geben.

Eine dritte Dimension in Träumen und Texten ist die *Symbolfunktion*. Der bereits angedeutete Ursprung des Symbols aus der Gegensatzproblematik des Lebens und des Glaubens erhält auf dieser Ebene seine außerordentliche Bedeutung. Ich beschreibe mit dieser Funktion die besondere Bedeutung des Symbols für das seelische und religiöse Leben des Menschen. Jedes Symbol hat eine spezielle Ebene der Geschichtlichkeit, indem ein individuelles Traumsymbol oder Glaubenssymbol durch das Dasein und die geschichtlichen Erfahrungen des Träumers oder des gläubigen Menschen geprägt ist. Über den individuellen Bereich hinaus hat auch jedes archetypische Symbol seine Geschichte.

Zu dieser geschichtlichen Dimension eines jeden Symbols gehört nicht nur, daß es aus den mancherlei Gegensätzlichkeiten des persönlichen Lebens oder in der Geistesgeschichte entsteht und fortwirkt, sondern daß ein Symbol auch absterben kann, indem es keine Bedeutung mehr hat. Wer sich auch nur ein wenig in der Geschichte der Menschheit und insbesondere in der Religionsgeschichte auskennt, weiß, daß viele Symbole, die einst von lebendiger Bedeutung waren, für uns nur noch einen sogenannten «Museumswert» haben. Nach meiner Erfahrung wird im Bereich der Kirche und des Christentums zu wenig erkannt und anerkannt, daß auch religiöse Symbole und Sinnbilder des Glaubens entleert werden können und unsere Aufgabe darin besteht, neue Symbole zu entdecken, die das Glaubensleben in der Gegenwart in einer angemessenen Weise zum Ausdruck bringen.

Wer sich mit lebendigen Symbolen befaßt, wird sehr bald erfahren, daß sie nicht eindeutig, sondern häufig vieldeutig oder sogar paradox sein können. Ähnlich wie das Leben ein komplexer Prozeß ist, so ist auch das Glaubensleben sehr vielschichtig und erfordert eine paradoxale Beschreibung[9]. Der Begriff des Paradoxen ist besonders bei dem Religionsphilosophen Kierkegaard von Bedeutung und besagt, daß Gott als der Unmittelbare sich in vermittelten Existenzen und Seinsweisen offenbaren muß. Während viele Menschen die Sprache als eindeutiger erleben, werden die Bildersprache der Seele und die Symbole als mehrdeutig, schwierig und als paradox angesehen. Aber gerade deswegen scheinen nach unserer tiefenpsychologischen Erfahrung die Symbole die Tiefgründigkeit des Lebens und des Glaubens angemessener zu erfassen und zu vermitteln, als dies in der rationaleren Sprache möglich ist.

Den lebendigen Symbolen wohnt ferner eine Dynamik und Überzeugungskraft inne, die den Träumer oder den Betrachter eines archetypischen Textes in den jeweiligen Handlungsablauf hineinzieht. Indem das Symbol durch diese Kraft das Subjekt ergreift, eröffnet es zugleich neue Erfahrungsräume und vermittelt die von vielen Menschen gesuchte Glaubenserfahrung. Damit ist auch bereits die Zielgerichtetheit, die Finalität des Symbols angesprochen. Jedes Symbol scheint die Tendenz zu haben, zu einer Ganzheits- und Glaubenserfahrung hinzuführen. In der Finalität dieses Prozesses erkennen wir den lebendigen Geist als einen archetypischen und anordnenden Faktor. Auch in dieser Dimension der Symbolfunktion, die zutiefst mit jedem biblischen Text verwoben ist, kann die genannte historisch-kritische Exegese keinerlei Verstehensmöglichkeiten bieten, sondern auch hier ist die tiefenpsychologische Deutung und Hermeneutik gefragt.

Der Sinn und das Ziel unserer Träume und vieler biblischer Geschichten ist die *Ganzwerdung* und Heilung des Menschen. Obwohl diese in der geschichtlichen Existenz des Menschen nur bruchstückhaft zu verwirklichen sind, geben sie unserem Leben und auch dem Glauben eine wichtige Orientierung und Zielrichtung. Zu der genannten Bruchstückhaftigkeit unserer Ganzwerdung gehört auch, daß unser Leben und auch der Glaube nicht den vielfältigen Gegensätzlichkeiten enthoben werden, sondern daß sie mit Hilfe der Symbole aufgehoben werden können und in einer höheren Dimension eine andere Qualität erlangen. Auch die für viele Christen leidvolle Gegensätzlichkeit zwischen dem Reich Gottes und den Mächten dieser Welt wird auf dem Wege der Ganzwerdung und Heilung in dem Sinne zunehmend aufgehoben, daß Gott und Mensch mehr und mehr in eine ganzheitliche Beziehung gelangen. Im Individuationsprozeß des Menschen wird diese Ganzwerdung als bewußte und unbewußte Beziehung zwischen dem Ich und dem Selbst, unserem tiefsten Kern, erfahren. Auch für diese letzten und zentralen Fragen des ganzheitlichen Lebens und Glaubens haben die Symbole eine zentrale Funktion, indem sie sowohl Bedingung als auch Ergebnis der angestrebten Ganzheitserfahrung sind.

Bei dem Durchschreiten und Kennenlernen des hermeneutischen Schemas (siehe Abb.) haben wir in den verschiedenen Ebenen und Dimensionen der Spirale bereits einige Aspekte der Ganzheit kennengelernt. Die zentralen Symbole dieser Ganzheit sind das Selbst des Menschen und das Symbol des Gottesbildes für den Glauben. Auf dem Weg dorthin geht es in dieser Dimension stets um eine «ganzheitliche Beziehung zum Ganzen»[10]. Mit der Beschreibung dieser sechzehn Aspekte haben wir zwar keine abgeschlossene und endgültige Weltformel gefunden, sondern dem fortwährenden Symbolbildungsprozeß der Seele in den Träumen wichtige Aspekte abgelauscht, die sich auch zur tiefenpsychologischen Deutung von archetypischen Texten und biblischen Geschichten eignen. Durch weitere Forschung und Erkenntnisse werden diese Gesichtspunkte sicher zu ergänzen sein. Zum Abschluß dieser mehr allgemeinen und theoretischen Übersicht möchte ich noch erwähnen, daß die verschiedenen Dimensionen nicht in sich abgeschlossen vorzustellen sind, sondern wie bei einer Spirale durch den fließenden Übergang von einer Ebene in die andere stets miteinander verbunden gedacht werden müssen. Wir wenden uns jetzt mit kritischer Aufmerksamkeit und Spannung einer Wundergeschichte zu und wollen prüfen, wie sich die Geschichte vom Meerwandel des Petrus in dieses Deutungsschema einfügen läßt.

Hermeneutisches Schema

zur Bearbeitung von Träumen, Symbolen und Bibeltexten

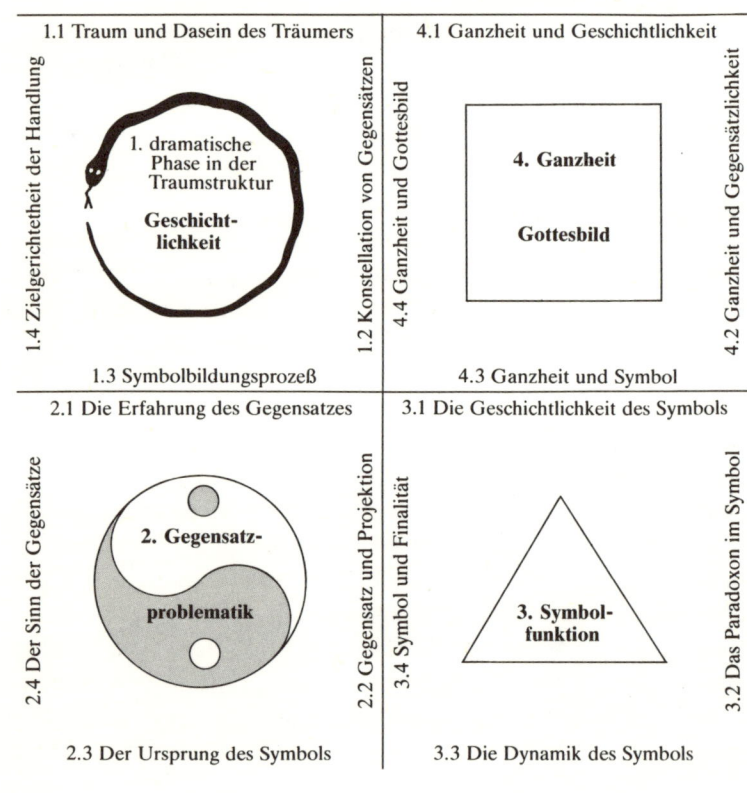

Der Meerwandel als Traumgeschichte

Anwendung des hermeneutischen Schemas
auf Mt 14,22–36

1.1 Ausgangssituation
Und er nötigte die Jünger, ins Schiff zu steigen

1.2 Konstellation von Gegensätzen
und ihm ans jenseitige Ufer vorauszufahren, bis er die Volksmenge entlassen hätte. (V.22)

1.3 Symbolbildungsprozeß
Die Meerfahrt ist ein Symbol für den Individuationsweg. Unser Text beschreibt wichtige Schritte und Aspekte der Individuation bei Jesus und Petrus.

1.4 Zielgerichtetheit und/oder Ganzheitserfahrung
Und nachdem er die Volksmenge entlassen hatte, stieg er für sich allein auf den Berg, um zu beten; und als es Abend geworden, war er allein dort. (V.23)

2.1 Erfahrung von Gegensätzlichkeiten
Das Schiff jedoch war schon mitten auf dem See und litt Not von den Wellen; denn der Wind war (ihnen) entgegen. (V.24)

2.2 Gegensatz und Projektion
In der vierten Nachtwache aber kam er zu ihnen, indem er auf dem See wandelte. Als aber die Jünger ihn auf dem See wandeln sahen, erschraken sie und sagten: Es ist ein Gespenst, und schrieen vor Furcht. (V.25/26)

2.3 Symptomatik als Ursprung des Symbols
Die Furcht der Jünger wird später zur Ehrfurcht.

2.4 Der Sinn (Logos) der Gegensatzproblematik
Alsbald aber redete er sie an und sprach: Seid getrost, ich bin's; fürchtet euch nicht! (V.27)

3.1 Der Mensch als lebendiges Symbol
Da antwortete ihm Petrus und sprach: Herr, bist du es, so heiße mich zu dir auf das Wasser kommen. (V.28)

3.2 Das Paradoxon im Symbol
Er aber sprach: Komm! Und Petrus stieg aus dem Schiff und wandelte auf dem Wasser und kam auf Jesus zu. (V.29)

3.3 Die Psychodynamik der Symbolerfahrung
Doch als er den Wind sah, fürchtete er sich, und da er anfing zu sinken, schrie er: Herr, rette mich! (V.30)

3.4 Die Zielgerichtetheit der Symbolerfahrung
Alsbald aber streckte Jesus die Hand aus, ergriff ihn und sprach zu ihm: Du Kleingläubiger, warum hast du gezweifelt? (V.31)

4.1 Ganzheitserfahrung und/oder Glaubenserfahrung
Und als sie ins Schiff gestiegen waren, legte sich der Wind. Die im Schiff aber warfen sich vor ihm nieder und sagten: Du bist in Wahrheit Gottes Sohn. (V.32/33)

4.2 Ziel der Reise: Überbrückung des Problems
Und als sie hinübergefahren waren, kamen sie ans Land nach Gennesaret. (V.34)

4.3 Die Anwesenheit einer ganzheitlichen Person löst eine «Erweckungsbewegung» aus
Und als ihn die Männer jenes Ortes erkannten, sandten sie ihn in jene ganze Umgegend, und man brachte alle Kranken zu ihm. (V.35)

4.4 Das Widerfahrnis des Heils bewirkt Heilung
Und sie baten ihn, daß sie auch nur die Quaste seines Kleides anrühren dürften; und alle, die sie anrührten, wurden gerettet. (V.36)

Nach der Aufgliederung des biblischen Textes und dessen Einfügung in das hermeneutische Schema (S.74), das aus der therapeutischen Traumarbeit entstanden ist, geht es jetzt um die tiefenpsychologische Deutung der einzelnen Szenen und Symbole. Dabei erscheint es mir wichtig, einleitend nochmals daran zu erinnern, daß unser normales Erleben der bekannten Gesetzmäßigkeiten von Raum und Zeit in dieser Geschichte ähnlich verändert und verwandelt erscheinen, wie in vielen Träumen. Jesus als der Christus und der ganzheitlich-göttliche Mensch kann auf dem Wasser gehen, wie wir selber auch zuweilen in Träumen die Naturgesetze durchbrechen und damit Anteil haben an einer anderen Dimension der Wirklichkeit.

Ähnliche Erfahrungen können sich in den Träumen auch ereignen im Hinblick auf die Zeit. Während die Jünger von Jesus genötigt werden, ans jenseitige Ufer vorauszufahren und er alleine auf dem Berg ist, um zu beten, holt er sie dennoch zeitlich und räumlich wieder ein. In der göttlichen Heilszeit wird der Fluß der normalen Zeit relativiert und bekommt einen anderen Verlauf. Diese nahezu alltägliche Erfahrung in den Träumen, in biblischen Texten wie in archetypischen Geschichten erhält durch die «Zeitzerrungen» in der neuen Physik eine eindrucksvolle Bestätigung. Während der sogenannte gesunde Menschenverstand der meisten Menschen noch immer meint, daß die meßbare Uhrzeit das einzig Wahre sei und unsere üblichen Bindungen an bestimmte Orte und Räume unabdingbar seien, ist diese starre Einstellung durch die Relativitätstheorie von Einstein und die Quantenphysik relativiert worden. Danach können der Raum und die Zeit durch die subjektive Anteilnahme des Beobachters sich strecken und schrumpfen. Besonders das unterschiedliche Zeiterleben ist vielen Menschen vertraut, daß in fröhlichen Stunden die Zeit schneller fließt und bei Schmerzen und anderen bedrängenden Erlebnissen Sekunden oder Minuten subjektiv erscheinen wie eine kleine Ewigkeit. Dieses subjektive Zeiterleben ist keineswegs nur ein psychologischer Effekt, sondern kann bereits in wissenschaftlichen Laboratorien in Experimenten nachgewiesen werden, in dem die Zeit entweder gedehnt oder gezerrt werden kann. So berichtet z.B. Paul Davies, daß es im Europäischen Kernforschungszentrum in Genf möglich wurde, sogenannte Myonen derart nah an die Lichtgeschwindigkeit heranzubringen, daß ihre Zeitskala zwanzigfach gestreckt wurde[1]. Ähnliche Zeitzerrungen wurden in einem englischen Laboratorium und in anderen Einrichtungen gemessen und führten zu der Erkenntnis, daß die Streckung der Zeit Hand in Hand geht mit dem Schrumpfen von räumlichen Entfernungen. So ist bekannt, daß die Zeit im Universum meßbar schneller verläuft als auf der Erde. Diese Ergebnisse und die genannte Relativitätstheorie zwingen dazu, Raum und Zeit in einer einheitlichen Raumzeit zusammenzufassen. Demnach kommt Davies zu dem Ergebnis: «Die Tatsache, daß die Zeit nicht fixiert und universal, sondern elastisch und flexibel ist, untergräbt viele Annahmen des gesunden Menschenverstandes.»[2]

Da die meisten von uns wohl kaum an den genannten Experimenten Anteil haben werden, möchte ich schließlich nochmals an das subjektive Zeiterleben in den Träumen erinnern, die jedem aufmerksamen Beobachter beweisen, daß Zeit eine Illusion ist[3]. Wenn unsere Seele und unser Bewußtsein mit dem Selbst in Beziehung kommen, verändert sich auch unser Zeiterleben. Ähnlich wie die Zeit durch Christus als «Mitte der Zeit» (Conzelmann) eine heilende Quelle eröffnete, so können auch wir auf dem Wege der Ganzwerdung und Individuation neue Zeitqualitäten wahrnehmen. Diese hier in der gebotenen Kürze geschilderten Erfahrungen spiegeln sich auch in der biblischen Geschichte vom Meerwandel des Petrus. Jesus schickt seine Jünger voraus, weil er durch seine Anteilhabe an einer anderen Zeitlichkeit und durch seine überpersönlichen Bewegungsmöglichkeiten in den räumlichen Gegebenheiten dem durchschnittlichen Erleben von Raum und Zeit des normalen Menschen überlegen ist. Zunächst zwingt Jesus seine Jünger, ins Schiff zu steigen, und motiviert sie, damit zugleich sich auf einen neuen Erfahrungsbereich einzulassen. Obwohl sie als Fischer sowohl auf dem Lande als auch zu Wasser bisher ihre bekannten und normalen menschlichen Erfahrungen gesammelt hatten, schickt Jesus sie dennoch voraus, um neue, bisher nicht bekannte Erfahrungen zu machen.

Ähnlich wie diese Jünger können auch wir auf dem Wege der Individuation dazu genötigt werden, den sogenannten festen Boden unter den Füßen und den normalen Menschenverstand eine Zeitlang zu verlassen und uns auf flüssigen oder schwankenden Grund einzulassen. Analog zu den Jüngern, die durch ihre vertrauten Schiffe zu neuen Erfahrungen motiviert wurden, dürfte für viele Menschen heute vergleichsweise das Auto[4] oder das Flugzeug ein Vehikel für neue Erfahrungen sein. Ich weiß von zahlreichen Menschen, daß hinter dem starken Bedürfnis und der Faszination zu fahren und sich zu anderen Orten fortzubewegen, auch die Sehnsucht nach Erfahrung steckt. Diese tiefenpsychologische Deutung schließt natürlich nicht aus, daß viele Menschen auch aus beruflichen und vielen anderen Gründen fahren und sogar genötigt sind zu fahren. Wozu wir auch im einzelnen genötigt oder gar gezwungen werden einzusteigen, stets birgt es die Möglichkeit für bestimmte Erfahrungen in sich. Ob die Masse sie jedoch macht oder zunächst nur ein einzelner, wie zum Beispiel Petrus, ist damals wie heute eine offene Frage.

Nicht selten geschieht es, daß Menschen auch durch schicksalhafte Umstände wie Vertreibung und Flucht, Krankheit oder andere Schwierigkeiten motiviert werden, vorausgreifende Erfahrungen zu sammeln, die oft erst durch die nachfolgenden Ereignisse ihre Bedeutung erlangen können. Zunehmend mehr Menschen erkennen auch in derartigen Erfahrungen eine Fügung Gottes, die bestimmte Glaubenserfahrungen vorbereiten hilft. In welcher Stunde Gott oder Christus sie einholt und ihnen begegnet, ist der menschlichen Verfügbarkeit entzogen. Meistens geschehen solche archetypischen Ganzheitserfahrungen oder religiösen Gotteserfahrungen, wenn wir auf unserem Wege oder auf der Fahrt durch die Zeitlichkeit zu unserer Mitte gekommen sind.

Die Konstellation von Gegensätzen, die für jeden guten Roman und besonders für archetypische Geschichten von grundlegender Bedeutung ist, durchzieht die Ausgangssituation unserer Geschichte in den verschiedensten Motiven und kehrt auf verschiedenen Ebenen fortwährend im Verlaufe der Handlung wieder. Mancher wird sich vielleicht jetzt fragen, mit welcher Absicht Jesus denn die Jünger genötigt habe, ins Schiff zu steigen und an das jenseitige Ufer vorauszufahren? Versuchen wir uns von den konkreten geographischen Örtlichkeiten und den traditionellen Vorstellungen zu dieser Geschichte zu lösen, so verstehen wir in der tiefenpsychologischen Deutung die Meerfahrt als ein archetypisches Symbol für den Individuationsweg des Menschen. Dazu gehört auch, vertraute Bindungen und Beziehungen aufzugeben und zu neuen Ufern aufzubrechen. Während Jesus sonst seine Jünger um sich versammelte und auch das Volk sich um ihn sammelte, besteht in dieser besonderen Situation der Christusimpuls darin, seine Jünger vorauszuschicken und das Volk zu entlassen. Dieses Motiv verdient in der heutigen kirchlichen Verkündigung und Seelsorge auch eine besondere Beachtung. Es wird sehr viel dafür getan, in den verschiedenen Kirchen, Freikirchen und Sekten die Gemeinden zu versammeln und im Glauben zu stärken und zu verbinden. Während die positive Seite dieser Sammlung in den Kirchen voll bejaht wird, gibt es andererseits jedoch vielfältige neurotische Verstrickungen und sogar «religiöse Neurosen»[5], weil die Ablösung aus veralteten Glaubens- und Lebensformen unterbleibt. Sowohl durch neurotische Gottesbilder als auch durch symbiotische kirchliche Bindungen können Menschen daran gehindert werden, auf ihrem persönlichen Individuationsweg die gottgewollte Ganzwerdung zu erstreben. Solche Menschen sollten von den Seelsorgern und Therapeuten dazu motiviert werden, eine Zeitlang aus zu engen kirchlichen Bindungen auszusteigen. Um nochmals einem möglichen Mißverständnis vorzubeugen, sei gesagt, daß dies kein grundsätzlicher Aufruf zu Kirchenaustritten ist, sondern nur für zu starre kirchliche Bindungen gilt, die Menschen in die Neurose führen können und damit zum Umdenken zwingen.

In meinem Buch über die Kirchenträume[6] habe ich zahlreiche Leiden, insbesondere von kirchlichen Mitarbeiterinnen und Mitarbeitern beschrieben, die häufig träumen, die Kirche zu verlassen, während viele Menschen, die der Kirche fernstehen, wiederum träumen, in eine Kirche zu gehen. Trotz des wachsenden Unbehagens an der Kirche nehmen nach meiner Erfahrung die Kirchenträume auffallend zu. Während für die einen der Ausgangspunkt eine negativ erlebte Kirche ist, werden andere auf neuen Wegen zu einer erneuerten Gemeinschaft in der Kirche und zu einem neuen Gottesbild in den Träumen hingeführt.

Durch derartige Erfahrungen gewinnt die Aussage im Text eine ganz neue Bedeutung, daß Jesus die Volksmenge entlassen hätte. Indem Jesus seine Jünger nötigt, an das andere Ufer vorauszufahren und er sogar die Volksmenge entläßt, mutet er ihnen zu, bestimmte Gefahren und Schwierigkeiten und damit zugleich auch neue Erfahrungen zu durchleben. Das Ziel der Fahrt, das jenseitige Ufer, heißt um griechischen Urtext «peran». Das gleiche Wort kann auch bedeuten «darüber hinaus». Viele Menschen kennen ähnliche angstbesetzte Erfahrungen, aus sich herauszugehen, und auch die Versuchung, über sich selbst hinauszuwachsen. Jesus nötigt Menschen zu allen Zeiten dazu, sich auf das Meer der Zeit hinauszuwagen und mutet ihnen dabei auch bestimmte Gefahren und Versuchungen zu[7].

Nachdem wir uns mit der Ausgangssituation der Jünger damals und mit einigen grundlegenden Erfahrungen von heute befaßt haben, begleiten wir jetzt Jesus im Geiste und in der Phantasie auf seinem Weg zu einer bestimmten Ganzheitserfahrung. Vergegenwärtigen wir uns dazu nochmals den biblischen Text: «Und nachdem er die Volksmenge entlassen hatte, stieg er für sich allein auf den Berg, um zu beten; und als es Abend geworden war, war er allein dort.» Mit vier verschiedenen Verben werden wichtige Aspekte der genannten Erfahrung beschrieben[8]. Gemeint sind das Entlassen des Volkes, zweitens der Aufstieg auf den Berg, drittens das Beten und viertens das Alleinsein auf dem Berg. Spüren wir diesen Erfahrungen dort und bei uns nach, um etwas genauer zu erfassen, was zu einer Ganzheitserfahrung hinführen kann.

Die erste Voraussetzung ist bei Jesus wie auch bei uns, sich von den vielfältigen Bindungen und Verpflichtungen zu alltäglichem und volkstümlichem Tun zu lösen. Ich meine, daß unser Seelenleben und auch unser Glaubensleben auf Dauer nur gesund bleiben kann, wenn wir uns von Zeit zu Zeit aus kirchlichen Bindungen und menschlichen Verpflichtungen lösen und auf uns selbst besinnen. Eine Kirche, die von ihrer Mitarbeiterschaft fordert, daß sie fortwährend präsent und zu jeder Zeit sprechbar sein muß, etwa nach der Devise «Ein Christ ist immer im Dienst!», darf sich nicht wundern, wenn auch in den eigenen Reihen die seelischen Schwierigkeiten, die psychoneurotischen Erkrankungen und insbesondere die psychosomatischen Störungen stark zunehmen. So wie Jesus zur Wiederherstellung seiner Ganzheit es nötig hatte, auf den Berg zu gehen und dort zu beten und eine Zeitlang allein zu sein, so sollte es auch jedem Christen und darüber hinaus jedem Menschen zugestanden werden, sich entsprechende Besinnungszeiten zu nehmen. Dabei sollte jeder für sich persönlich erspüren, ob er sich tatsächlich auf einen Berg zurückzieht, in sein Wochenendhaus, an den Meeresstrand oder an irgendeinen anderen Ort, wo das Alleinsein und die Besinnung gelingen können. In solchen Zeiten geschieht in der Regel nicht nur eine Neubesinnung auf sich selber und auf Gott, sondern bahnen sich zugleich neue Beziehungen zu den Angehörigen oder bestimmten Mitmenschen an. Ähnlich wie wir in solchen Zeiten auch Fürbitte tun für andere Menschen, hat nach meiner Vorstellung Jesus auch an seine Jünger auf der Fahrt über das Meer gedacht und damit ihren Weg begleitet. Viele Eltern kennen wohl ähnliche Erfahrungen, wenn sie mit guten Gedanken, Gebeten und Wünschen ihre Kinder auf bestimmten Wegen oder Fahrten begleiten. Ebenso Seelsorger und Therapeuten, wenn sie ihnen anvertraute Menschen in besonderen Schwierigkeiten in ähnlicher Weise begleiten. Trotz räumlicher und zeitlicher Trennungen gibt es in diesen Situationen ein bestimmtes Gefühl der Verbundenheit, die die Betreffenden aussenden und die anderen empfangen und spüren.

In unserer tiefenpsychologischen Deutung haben der Berg, auf dem Jesus betet, und das Meer, auf das die Jünger hinausgetrieben worden sind, noch eine symbolische Bedeutung. In zahlreichen biblischen Geschichten und anderen Überlieferungen ist der Berg ein besonderer Ort der Gottesnähe und der Gotteserfahrung; so wie sich viele Menschen auf den Bergen der kosmischen Welt näher fühlen, können sich auch gläubige Menschen in den Bergen Gott näher fühlen. Neben diesem traditionellen Ort der Gotteserfahrung treibt Jesus nun seine Jünger andererseits in einen neuen Erfahrungsbereich auf das Meer und damit in die Zeitlichkeit hinaus.

Meistens geschieht dies dann, wenn wir zu unserer Mitte gekommen sind, ähnlich wie bei den Jüngern, als sie schon mitten auf dem See waren. Mit dieser Mitte ist kein geographischer Ort gemeint, der irgendwo auf dieser Erde abzustecken wäre, sondern eine innere Erfahrung zu einem ganz bestimmten Augenblick, den die Griechen den Kairos nannten. Es ist die erfüllte Zeit, die Jesus wohl in seinem Gebet auf dem Berg erlebte und die Jünger auf dem See.

Die Erfahrung von Gegensätzlichkeiten

Die angesprochenen Erfahrungen finden in der Regel nicht in den ruhigen Zeiten unseres Lebens statt, sondern wenn unser Lebensschiff in Not gerät und der Wind uns entgegenbläst. Es sind meistens Zeiten, in denen wir durch Schwierigkeiten und starke Erschütterungen kräftig hin und her bewegt werden, ähnlich wie in der Beschreibung des Textes das

Schiff von den Wellen hin und her geworfen wird. Es werden Zeiten sein, in denen wir zwischen verschiedenen Gegensätzen und Zweifeln schwanken. Es sind meistens auch Zeiten, in denen uns depressive Stimmungen in die Tiefe zu reißen drohen und uns meistens die Stimme versagt, zu Gott zu rufen. Dazu kommen häufig dunkle Träume, Alpträume, die sich wiederholen, die uns den Schlaf rauben und uns innere Schreckgespenster vor Augen führen. In solchen Zeiten der Angst und der Bedrängnis beginnt sich unsere Seele in immer neuen Projektionen zu entwerfen, um dem Sog der Tiefe zu entfliehen. In den genannten Projektionen und Alpträumen geschieht die Hinausverlegung von inneren Ängsten und subjektiven Vorstellungen nach außen. Zur Vielschichtigkeit der Projektionen gehört auch, daß die Objekte nicht so erscheinen, wie sie sind, sondern eben als Gespenst, als Phantasma. In solchen Zeiten der Bedrängnis kann es auch geschehen, daß unsere wilden Phantasien einerseits die Wirklichkeit verzerren und andererseits bestimmte Naturgesetze durchbrochen werden. Ähnlich wie Jesus auf dem See wandelte, können Menschen in seelischen Ausnahmezuständen oder in Ekstase durchs Feuer gehen, ebenfalls übers Wasser, oder Mondsüchtige halsbrecherische Handlungen ausführen.

Unser Text verwendet wie bei der Beschreibung der Ganzheitserfahrung bei der Schilderung dieser Gegensatzspannung ebenfalls vier Verben, nämlich wandeln, sehen, erschrecken und schreien. Es heißt: «Als aber die Jünger Jesus auf dem See wandeln sahen, erschraken sie und sagten: Es ist ein Gespenst, und schrien vor Furcht.» Diese Furcht der Jünger, wie auch ganz allgemein von uns Menschen, ist nach der Auffassung des Matthäus eine wichtige Voraussetzung, um später zur Ehrfurcht und zur Gottesfurcht zu gelangen. Ähnlich verwendet Martin Luther häufig die Formel, daß wir Gott fürchten und lieben sollen. Eine derartige Furcht, Schrecken oder gar Panik werden damals und heute bei vielen Menschen dann ausgelöst, wenn etwas geschieht, was nicht mehr in das vertraute Weltbild paßt. Gespenster sind damals wie heute keineswegs nur Hirngespinste, sondern nach außen projizierte beängstigende Gefühle und innere Wahrnehmungen, die das normale Denken und Fühlen übersteigen. Seelsorgerlich und auch therapeutisch ist es hilfreich, wenn derartige erschreckende Bilder herausgeschrien werden dürfen. Danach ist es jedoch auch wichtig, daß ein innerer Dialog mit diesen Inhalten unserer eigenen Seele beginnt, ähnlich wie Jesus die erschrockenen Jünger anspricht.

Im folgenden wird uns Jesus vor Augen gestellt als ein hilfreicher Seelsorger und ein einfühlsamer Therapeut, indem er als erstes die Sich-Fürchtenden anredet, sie zweitens tröstet, sich drittens vorstellt mit den Worten: «Ich bin's», und erst am Ende ihnen sagt: «Fürchtet euch nicht!» Wenn Kinder in panischer Angst erschrecken oder Erwachsene sich fürchten, ist es wichtig, sie anzureden und ihnen tröstend nahe zu sein, indem man sie berührt, streichelt oder auf andere Weise bekundet, daß man ihnen nahe ist. Daß dieses Anreden einfühlsam geschehen muß und mit Liebe, versteht sich von selbst. Erst nach einer längeren Phase des Sprechens und Tröstens sollten die Bilder des Schreckens und die Objekte der Furcht näher angeschaut werden. Während Jesus in den verzerrenden Projektionen der Jünger als Gespenst erscheint, gibt er sich zur Klarstellung von sich aus zu erkennen. Die biblischen Schriftsteller wählen statt des Namens die uralte Offenbarungsformel Gottes, die Mose schon aus dem Dornbusch entgegentönte: «Ich bin's!» Es waren den Jüngern vertraute Worte, denn oftmals hatten sie den Meister sagen gehört: «Ich bin der Weg, die Wahrheit und das Leben!» Oder: «Ich bin der gute Hirte!» Oder: «Ich bin der Weinstock, ihr seid die Reben!» Doch in der angstvollen Situation macht er keine langen Sprüche, sondern dringt mit einer vertrauten Kurzformel an ihr Ohr: «Ich bin's, fürchtet euch nicht!»

Wenn wir dieses Motiv jetzt wiederum mit Hilfe der tiefenpsychologischen Deutungsregeln der Traumpsychologie betrachten, so bedeutet dies, daß es nicht nur um den Jesus auf dem See geht, sondern auch um den Christus in unserer Seele, oder wie Paulus sagt, den Christus in uns. Diese helfende Seite in uns mit ihrer therapeutischen Kraft wird angerührt und angesprochen, wenn wir Menschen in Not begegnen und diese vor Furcht schreien. Dazu gehören auch die vielen, die keine Hoffnung mehr haben und die schwarzsehen und in ihren nächtlichen Alpträumen tatsächlich Gespenster sehen, die sie zutiefst erschrecken. Vor derartigen furchterregenden inneren Erfahrungen schreckt die traditionelle christliche Seelsorge meistens zurück, weil es wenig Erfahrungen und Fachkenntnisse in kirchlichen Kreisen für diese dunklen Tiefen der Seele gibt. Diese Bereiche der christlichen Existenz einfach an die Ärzteschaft und andere Therapeuten abzugeben und zu delegieren, scheint mir für die Zukunft nicht mehr angemessen zu sein. Ähnlich wie Christus in jener Geschichte auf dem See wandelte, so zieht er nach meinen Erfahrungen zunehmend mehr und mehr durch die Seele vieler Menschen und erschrickt den einen oder anderen, wie jenen protestantischen Theologen, von dem C.G. Jung den folgenden Traum mit Erläuterungen berichtet:

«Ein protestantischer Theologe träumte öfters denselben Traum, *er stehe an einem Abhang, unten liegt ein tiefes Tal und darin ein dunkler See. Er weiß im Traum, daß ihn bisher immer etwas abgehalten hatte, sich dem See zu nähern. Dieses Mal beschließt er nun, zum Wasser zu gehen. Wie er sich dem Ufer nähert, wird es dunkel und unheimlich, und plötzlich huscht ein Windstoß über die Fläche des Wassers. Da packt ihn eine panische Angst,* und er erwacht.

Dieser Traum zeigt die natürliche Symbolik. Der Träumer steigt in seine eigene Tiefe hinunter, und der Weg führt ihn zum geheimnisvollen Wasser. Und hier geschieht das Wunder des Teiches Bethesda: ein Engel kommt herunter und berührt das Wasser, welches dadurch Heilkraft erlangt. Im Traume ist es der Wind, das Pneuma, das weht, wo es will. Es bedarf des Hinuntersteigens des Menschen zum Wasser, um das Wunder der Wasserbelebung hervorzurufen. Der Geisteshauch, der über das dunkle Wasser huscht, ist aber unheimlich, wie alles, dessen Ursache man nicht ist oder nicht kennt. Es wird damit unsichtbare Präsenz angedeutet, ein Numen, dem weder menschliche Erwartung noch willkürliche Machenschaft Leben verliehen hat. Es lebt aus sich, und ein Schauer überfällt den Menschen, dem Geist stets nur das war, was man glaubt, was man selber macht, was in Büchern steht oder wovon die Leute reden. Wenn es aber spontan geschieht, dann ist es ein Spuk, und primitive Angst erfaßt den naiven Verstand. Ebenso haben mir die Alten der Elgonyi in Kenia das Wirken des nächtlichen Gottes beschrieben, den sie den Macher der Angst nennen. Es kommt an dich, sagten sie, wie ein kalter Windstoß, und du schauerst, oder er geht pfeifend rundherum im hohen Gras; ein afrikanischer Pan, der in der gespenstischen Mittagsstunde im Schilfe flötenblasend umgeht und die Hirten erschreckt.

So hat jener Pneumahauch im Traume wieder einen Pastor, einen Hirten der Herde, erschreckt, der zu nachtdunkler Zeit das Schilfufer des Wassers im tiefen Tale der Seele betrat.»[9]

Schließlich betrachten wir den wiederholt angesprochenen Teil der biblischen Geschichten auch auf der Subjektstufe. Diese bedeutet in der tiefenpsychologischen Deutung, daß alle Personen und andere Teile dieser Geschichte persönliche Anteile in uns selber sind. Die Jünger, die vor Furcht schreien, sind jene Persönlichkeitsanteile in uns, die es in bedrohlichen Situationen mit der Angst zu tun bekommen. Wenn unsere Gesamtpersönlichkeit einigermaßen intakt ist, wird mitten in der Angst auch eine therapeutische Kraft in uns wirksam. Diese kann uns innerlich anreden und trösten, bis wir unsere Identität und unser Selbstwertgefühl wiedergefunden haben. Subjektstufig ausgedrückt kann dies heißen: «Ich bin wer!» Ich habe mein gesundes Selbstwertgefühl nach dem erfolgreichen Kampf gegen Alpträume oder Hirngespinste wiedererlangt. Diese starke Selbstwertformel: «Ich bin wer!» setzt jenen Lebensmut und die Hoffnung frei, daß ich mich nicht mehr fürchten muß. Genauso wie die Liebe die Furcht vertreibt und überwindet, kann auch die persönliche Identität die Lebensangst überwinden helfen.

Petrus als personales Symbol

In dem dritten Teil unserer Geschichte erleben wir an den Erfahrungen des Petrus einige Aspekte eines lebendigen Symbols. Die ursprünglich eigenständige Petrusüberlieferung wurde an dieser Stelle der Geschichte eingefügt, weil an dieser zentralen Gestalt der späteren Kirche nochmals ähnliche Erfahrungen deutlich gemacht werden, die wir schon bei den anderen Jüngeren kennengelernt haben[10]. Die Petrusgestalt, die auch in anderen biblischen Geschichten als gegensätzlich gekennzeichnet wird wie jeder Mensch, wird an der von Zweifeln geplagten Anfrage deutlich: «Herr, wenn du es bist, so heiße mich zu dir auf das Wasser kommen.» Auf den Ruf Jesu hin verläßt Petrus das bergende Schiff (das später zu einem zentralen Symbol der christlichen Kirche wurde) und wandelt wie Jesus auf dem Wasser. Solange er auf Jesus blickt, hat er durch die gläubige Beziehung zu ihm Anteil an jenen kosmischen und übernatürlichen Kräften, die zuweilen die Naturgesetze durchbrechen können. Es sei dazu nochmals an die eingangs genannten Erfahrungen und Erkenntnisse der neuen Physik erinnert, die solche Durchbrechungen der Gesetzmäßigkeiten von Raum und Zeit beweisen. Doch als Petrus wieder auf den Wind und die Wellen sieht und sich zu fürchten beginnt, da fängt er an zu sinken. In diesem entscheidenden Augenblick für Leben und Tod ist die rettende Hand da und ergreift Petrus.

Wir betrachten Petrus jetzt einmal als eine Gestalt und Person, die wichtige Erfahrungen und Schritte der persönlichen

Individuation und Selbstverwirklichung widerspiegelt. Diese tiefenpsychologische Deutungsmöglichkeit ist keineswegs neu, wie es manchem erscheinen vermag, denn zu allen Zeiten haben sich Menschen und suchende Christen mit biblischen Gestalten identifiziert und in deren Erfahrungen Schritte für den Weg der persönlichen Individuation erkannt. Dazu gehört die grundsätzliche Bereitschaft, sich auf Erfahrung und auch auf Glaubenserfahrung einzulassen. Doch nicht durch Glauben allein, geschweige denn durch Nachdenken, kommen wir auf dem Wege der Selbstverwirklichung weiter, sondern dadurch, daß wir bestimmte Schritte tun. Als Hilfe und Wegweisung dafür sollten wir bestimmte Symbole und Einsichten vor uns haben, so wie Petrus so lange auf dem Wasser wandeln konnte, wie er auf Jesus zuging. Wenn wir positive Vorbilder, Symbole und Gottesbilder vor Augen haben, werden in uns dadurch positive Reaktionen und Lebenskräfte freigesetzt, die uns nicht selten auch zu außergewöhnlichen Taten kommen lassen. Wenn wir jedoch davon absehen, wie Petrus, führen Ängste dazu, daß wir zu sinken beginnen. Auch im Unbewußten und in der Seele können wir in Form von tiefen Depressionen oder sogar Psychose (seelische Verrückt-heit) versinken, wenn wir keine ganzheitlichen Symbole vor Augen haben und nicht mit unserem inneren Therapeuten und der therapeutischen Kraft verbunden sind, wie Petrus mit Jesus.

Das Ziel dieses inneren Weges, auf den sich im Bereich der Beratungsarbeit und der Psychotherapie viele Menschen aufgemacht haben, ist nicht nur etwas über das Heil zu hören, sondern selber zunehmend heiler zu werden und an der persönlichen Ganzwerdung zu arbeiten. Genau dies ist auch das Ende und Ziel unserer biblischen Geschichte. Als die Jünger mit ihrem Heiler am jenseitigen Ufer angekommen waren und dort erkannt wurden, begann sogleich «eine Erweckungsbewegung». Jetzt werden keine frommen Reden gehalten und auch nicht gepredigt, sondern geheilt. Unter diesem

Gesichtspunkt betrachtet, scheint unsere Geschichte so etwas wie eine Vision zu sein für unsere Gegenwart und die künftigen Zeiten. Nachdem in den zurückliegenden zwei Jahrtausenden der Schwerpunkt jeglicher kirchlicher Arbeit im Verkündigen des Evangeliums gelegen hat, haben jetzt sehr viele Menschen die innere Erwartung und auch die Vision, daß eine Zeit der Ganzwerdung und Heilung anbrechen möge. Mir dagegen geht es dabei keinesfalls um eine radikale Alternative, daß die Verkündigung total abgelöst werde durch die Heilung, sondern vielmehr darum, daß beide von dem Herrn der Kirche angeordneten Funktionen und Tätigkeiten praktiziert werden.

Abschließend möchte ich Sie einladen, die Bilder und Symbole dieser biblischen Geschichte zu einer meditativen Einstellung als Deutungshilfe für Ihre persönlichen Erfahrungen anzuschauen. Inzwischen haben Sie sich ja ein ganzes Stück weit mit der tiefenpsychologischen Deutung vertraut gemacht und wissen, daß Sie diese Texte nicht nur wie die traditionelle Exegese deuten, sondern sie überwiegend als Deutungshilfen für eigene Erfahrungen ansehen. Wenn Sie auf meinen Vorschlag eingehen wollen, ist es vielleicht wichtig, zunächst ein wenig innezuhalten und zu überlegen, an welcher Station Ihres Lebensweges Sie sich derzeit innerlich und auch äußerlich befinden. Wenn Sie sich in der ersten Lebenshälfte befinden (etwa bis 35 oder 40 Jahre), so sind Sie vermutlich besonders damit befaßt, Ihren Platz im Leben, im Beruf und in Beziehungen zu finden. In der zweiten Lebenshälfte jedoch geht es vor allem darum, eine innere Beziehung zu sich selbst und zu dem Selbst sowie zu dem Gottesbild zu finden. Von der dritten Lebenshälfte an, die für viele zwischen 60 und 65 beginnt, sollte die Fahrt zu jenseitigen Ufern ein zentrales Thema bilden. Zu diesen großen Stationen des Lebensweges kommen zahlreiche weitere Erfahrungen und einschneidende Erlebnisse, wie z.B. Krankheiten, seelische Störungen, Neurosen, Glaubensschwierigkeiten und weitere

90

Probleme. Vielleicht haben Sie gerade wegen eines der genannten Themen zu diesem Buch gegriffen, um Anstöße und Hilfen in ihrer Not zu empfangen. In welcher Situation Sie sich auch befinden mögen, bedenken Sie einen Augenblick, daß viele Menschen der Gegenwart die gleichen oder ähnliche Schwierigkeiten zu meistern haben. Bei der Bewältigung von Lebensschwierigkeiten und Glaubensproblemen haben sich bei vielen Menschen Bilder und Symbole als hilfreich erwiesen. Besonders die biblischen Geschichten spiegeln menschliche Grunderfahrungen, in denen wir uns in verschiedener Weise wiedererkennen können und damit Anregungen empfangen, an Lösungen zu arbeiten.

Ich schlage Ihnen jetzt vor, daß Sie den Bibeltext in aller Ruhe noch einmal durchlesen und auf sich wirken lassen und dann bei den Erfahrungen verweilen, die Sie besonders ansprechen oder Ihre derzeitige Lebenssituation widerspiegeln. Vielleicht wurden oder werden Sie auch schon einmal zu einer Entscheidung gedrängt und befanden oder befinden sich damit in einer ähnlichen und vergleichbaren Situation wie die Jünger bei der Überfahrt. Doch es müssen nicht immer konkrete Anlässe sein, die uns zu bestimmten Schritten nötigen. Unserem Leben selber wohnt ein Drang nach Ganzwerdung und Individuation sowie Heilung inne, deren Wirkung wir uns nicht entziehen können. Nach tiefenpsychologischem Verständnis ist es wichtig, sich auf diesen Prozeß der Seele und des Unbewußten einzulassen. Vielleicht sind Ihre seelischen Schwierigkeiten oder Ihre Glaubensnöte ja ein Ausdruck dafür, daß Sie sich bisher dieser inneren Nötigung nicht überlassen haben.

Für die Auseinandersetzung mit dem Unbewußten und für die Begegnung mit der Seele ist eine innere Orientierung mit Hilfe von Bildern und Symbolen sehr wichtig. Auf die Frage: Wie finde ich mein persönliches Symbol für den Individuationsprozeß, möchte ich mit dem Beispiel der biblischen Geschichte antworten. Wie damals das Schiff für die Fischer ein vertrauter Gebrauchsgegenstand war, kann für viele Menschen heute das Auto, ein Flugzeug, der Zug oder ebenfalls ein Schiff zum Vehikel der Selbstverwirklichung werden. Für andere Menschen dagegen kann es auch ein bestimmtes Tier[11] sein, eine Pflanze, ein Stein oder ein abstraktes geometrisches Symbol[12]. Entscheidend ist in der Regel nicht dieses Symbol alleine, sondern daß wir uns überhaupt auf diesen seelischen Prozeß einlassen, «einsteigen», wie die Jünger damals, und uns auf neue Erfahrungen einlassen. Am Anfang eines solchen Weges und des inneren Prozesses werden wir oft den Eindruck und das Gefühl haben, alleine unterwegs zu sein, ähnlich wie die Jünger damals ohne ihren Meister die Überfahrt antreten mußten. Doch erinnern wir uns nochmals, daß Jesus sich zurückzog, um auf einer anderen Ebene die Jünger im Gebet und im Geist zu begleiten, ähnlich wie jeder von uns seine heimlichen und stillen Begleiter hat. Mancher nennt sie seinen Schutzengel oder seinen inneren Führer oder befindet sich mit Jesus oder Gott in einer engen Glaubensverbindung.

Auf dem Wege des Glaubens und im Prozeß der Individuation werden Ihnen wie auch mir persönlich so manche Ängste und Zweifel nicht erspart. Doch wenn wir trotzdem in unserer Mitte sind, wie damals die Jünger mitten auf dem See, kann uns gerade in Augenblicken der größten Not oder auf dem Höhepunkt einer Krise der Christus nahe sein und seine rettende Hand ausstrecken[13]. Meist wird dies in der Gegenwart geschehen durch einen nahestehenden Menschen oder einen qualifizierten Therapeuten oder einen anderen Helfer, die alle zu Helfershelfern des Großen Heilers werden können. Sie alle helfen und heilen ähnlich wie Jesus. Darüber hinaus kann es für jeden hilfreich und wichtig werden, den inneren Heiler und die therapeutische Kraft in sich selber zu erwekken, um in den Zeiten der Not innere Hilfe erfahren zu können. Als Anleitung dazu wollen wir die folgenden biblischen Heilungsgeschichten betrachten.

Die Heilung des Gelähmten

Die Heilung von gelähmten Menschen hat im Rahmen der biblischen Heilungsgeschichten einen bestimmten Platz. Bei summarischen Aufzählungen werden die Gelähmten häufig im Zusammenhang mit der Heilung von Blinden, Tauben, Aussätzigen und anderen Krankheiten genannt[1]. Für die kommende Heilszeit wurde von dem Messias und Heiler erhofft und geglaubt, daß er alle diese Krankheiten heile und die ganze Welt ihrer Ganzwerdung und Vollendung entgegenführe. Aus zahlreichen biblischen und anderen kulturellen Zeugnissen wissen wir, daß im Altertum die Lähmungen von bestimmten Körperteilen weit verbreitet waren. Doch dieses Phänomen beschränkt sich keineswegs nur auf das alte Israel und seine Umwelt, sondern von gelähmten Menschen und ihrem tragischen Schicksal wird aus allen Kulturen und zu allen Zeiten berichtet.

Das psychoanalytische Modell der Konversion

Während in der Bibel und in anderen Zeugnissen dieses Leiden überwiegend nach seinen äußeren Erscheinungsbildern beschrieben wird, sind wir in unserem Jahrhundert durch die Erkenntnisse und Erfahrungen der Tiefenpsychologie auch in der Lage, die inneren und psychischen Vorgänge genauer zu erfassen und zu beschreiben. Daher beginne ich meine tiefenpsychologische Auslegung über die Heilung des Gelähmten mit der Darstellung des tiefenpsychologischen Modelles der Konversionsneurose und ihren psychosomatischen

Krankheitsbildern. Ähnlich wie mit diesem Begriff in anderen Bereichen z.B. ein Übertritt in eine andere Konfession verstanden wird, so wird darunter im tiefenpsychologischen Bereich eine Umwandlung von verdrängten Affekten und psychischen Inhalten in körperliche Krankheitserscheinungen verstanden. Der Sinn dieses Prozesses wird aus den einleitenden Ausführungen von Dr. Blome verständlich. Sigmund Freud[2] war der Entdecker dieser Konversion von unangenehmen Affekten und unannehmbaren Phantasien, die dann in körperlichen Funktionsstörungen zum Ausdruck kamen. Was der Betreffende nicht in Worte kleiden kann, sagt und zeigt er stumm mit seinen körperlichen Lähmungen und anderen Symptomen. Über diese Zusammenhänge schreibt Freud: «Wir fanden nämlich anfangs zu unserer größten Überraschung, daß die einzelnen hysterischen Symptome sogleich und ohne Wiederkehr verschwanden, wenn es gelungen war, die Erinnerung an den veranlassenden Vorgang zur vollen Helligkeit zu erwecken, damit auch den begleitenden Affekt wachzurufen, und wenn dann der Kranke den Vorgang in möglichst ausführlicher Weise schilderte und dem Affekt Worte gab. Affektloses Erinnern ist fast immer völlig wirkungslos; der psychische Prozeß, der ursprünglich abgelaufen war, muß so lebhaft als möglich wiederholt, in statum nascendi gebracht und dann ausgesprochen werden.»[3]

Freud hat das hier Gesagte mit einer Falldarstellung über «Dora» beschrieben. Diese Geschichte, die sich fast wie ein Roman liest, handelt von zwei unglücklich verheirateten Ehepaaren, von denen das eine Doras Eltern sind. Doras Mutter hatte sich in ihrer unglücklichen Ehebeziehung in eine «Hausfrauenneurose» geflüchtet und damit an ihrem Partner Rache geübt. Doras Vater löste die Situation durch eine Liebschaft mit der Frau des befreundeten Ehepaares. Diese Frau wiederum entwickelte eine platonische homosexuelle Freundschaft mit Dora. Der Mann dieser Frau erklärte eines Tages Dora seine Liebe und wollte sie heiraten. Dora lehnte dieses Ansinnen ab und flüchtete sich um so stärker in ihre hysterischen Symptome und ihre neurotischen Phantasien. Freud versuchte nun in der analytischen Therapie mit Hilfe von Doras Träumen, ihre sexuelle Liebe zu ihrem Vater, zu dem anderen Mann und seiner Frau aufzudecken und zu bearbeiten. In dem unbewußten Material offenbarte sich ein außergewöhnlich kompliziertes Zusammenspiel einander widerstreitender Gefühle von Liebe und Haß, von Ekel und Eifersucht. Dora verdrängte diese Gefühle äußerst stark und wollte von ihnen absolut nichts wissen. Sie wurden in die hysterischen und psychischen Symptome übertragen und kamen darin stumm zum Ausdruck. Freud selber jedoch erfaßte und sah mit Hilfe seiner genialen Einfühlung und Intuition diese Zusammenhänge[4].

Nach der kurzen Fallbeschreibung von Dora möchte ich einige Erscheinungsbilder von Konversionssymptomen nennen und diese mit allgemeinen Vorstellungen über derartige Zusammenhänge erläutern. Zunächst sei nochmals in Erinnerung gerufen, daß es sich bei dieser Konversion um eine Umsetzung der psychischen Konflikte in körperliche Symptome (z. B. Lähmungen) oder neurotische (faule) Kompromisse und Konfliktlösungen handelt. Die unangenehmen Vorstellungen und Gefühle werden durch den Körper ausgedrückt. Indem Freud und nach ihm alle Tiefenpsychologen die sprachlosen Symptome als symbolischen Ausdruck für verdrängte und unbewußte Konflikte deuten, wurde damit eine neue Verstehensmöglichkeit und ein hermeneutisches Prinzip entdeckt, das in abgewandelter Form auch für zahlreiche andere Neurosen und seelische Prozesse von größter Bedeutung ist[5].

Wenn wir versuchen, die unbewußte Botschaft der Konversionssymptome in unsere Umgangssprache zu übersetzen, dann können die Lähmungen der Beine z. B. ausdrücken: «Ohne Hilfe kann ich nicht auf eigenen Füßen stehen, ohne Hilfe kann ich meinen Lebensweg nicht gehen.» Die seelisch bedingten Rückenschmerzen können uns mitteilen, daß die Last, die wir zu tragen haben, für uns zu schwer ist. Häufig weisen Rücken- und Bauchschmerzen auch auf sexuelle Konflikte hin. Magenschmerzen und Störungen im Darmbereich können oft zum Ausdruck bringen: «Ich kann das, was mir zustößt, nicht verdauen.» Kopfschmerzen und bestimmte Formen von Migräne können Ausdruck von geronnenen Aggressionen sein. Die genannten symbolischen Verstehensmöglichkeiten haben dann ihre besondere Bedeutung, wenn mit allen anderen medizinischen Untersuchungsmethoden keine Befunde zu erheben sind und damit die symbolische Diagnose ihren eigentlichen Sinn bekommt.

Das psychodynamische Wirkmuster im Text

Es geht jetzt darum, das verborgene psychodynamische Wirkmuster hinter der erzählten Handlung in der Geschichte aufzuzeigen. Unter dieser Psychodynamik werden die treibenden Kräfte sowohl im seelischen Erlebnis als auch in den psychosomatischen Funktionsstörungen, wie z. B. bei den Lähmungen, verstanden. Bei einer ganzheitlichen Betrachtungsweise ist es wichtig, die Krankheitserscheinungen nicht nur bei dem einzelnen Kranken zu sehen und zu deuten, sondern die Not auch in einem Gesamtzusammenhang zu sehen. Die verschiedenen Systemtheorien der tiefenpsychologischen und familientherapeutischen Schulrichtungen beschreiben auf vielfältige Weise die Vernetzungen des einzelnen mit dem ganzen Bezugssystem[6]. In allen Bereichen des Lebens, der Physik, der körperlichen, seelischen und geistigen Beziehungen der Menschen untereinander bestehen schon immer diese Vernetzungen, auch wenn sie erst in der Gegenwart deutlicher mit dem Paradigma und dem Modell des Systems beschrieben werden.
Die Psyche von uns Menschen und ihre fortwährenden Sym-

bolbildungsprozesse formt in unseren Träumen, Phantasien und auch in der negativen Form der Konversionssymptome (wie z. B. der Lähmung) ein vielschichtiges und vernetztes System. Fortwährend arbeitet und webt die Psyche an den Verknüpfungen unserer vielfältigen Lebenserfahrungen und vollbringt dabei zugleich nicht selten merkwürdige Quantensprünge[7], indem sie unser Bewußtsein und unsere Sicht der Dinge in neue Dimensionen erhebt.

Einen weiteren Aspekt dieser noch viel zu wenig erforschten psychischen Vorgänge beschreibt Jung als Selbstregulierungsprozeß der Psyche[8]. Nach den Erfahrungen in Träumen und in Therapien ist der Seele eine Tendenz zu eigen, nach Ganzwerdung, Heilung und Individuation zu streben. Diese therapeutische Kraft wird nicht nur in individuellen Erfahrungen und Symptomen sichtbar, sondern ist ein wesentlicher Motor in allen menschlichen Handlungsweisen und kulturellen sowie religiösen Zeugnissen. Alle Dichter und auch die biblischen Schriftsteller haben ihre Zeugnisse aus dieser schöpferischen Quelle in der Tiefe (die zugleich auch immer Höhe und Himmel ist) empfangen. Aus dieser Kraftquelle wurde auch Jesus gedrängt, den Gelähmten zu heilen[9].

Der Bericht darüber (Mk 2,1–12) lautet:

Als er einige Tage später nach Kafarnaum zurückkam, wurde bekannt, daß er (wieder) zu Hause war. Und es versammelten sich so viele Menschen, daß nicht einmal mehr vor der Tür Platz war; und er verkündete ihnen das Wort. Da brachte man einen Gelähmten zu ihm; er wurde von vier Männern getragen. Weil sie ihn aber wegen der vielen Leute nicht bis zu Jesus bringen konnten, deckten sie dort, wo Jesus war, das Dach ab, schlugen (die Decke) durch und ließen den Gelähmten auf seiner Tragbahre durch die Öffnung hinab. Als Jesus ihren Glauben sah, sagte er zu dem Gelähmten: Mein Sohn, deine Sünden sind dir vergeben! Einige Schriftgelehrte aber, die dort saßen, dachten im stillen: Wie kann dieser Mensch so reden? Er lästert Gott.

Wer kann Sünden vergeben außer dem einen Gott? Jesus er-
kannte sofort, was sie dachten, und sagte zu ihnen: Was für Ge-
danken habt ihr im Herzen? Ist es leichter, zu dem Gelähmten
zu sagen: Deine Sünden sind dir vergeben!, oder zu sagen: Steh
auf, nimm deine Tragbahre, und geh umher? Ihr sollt aber er-
kennen, daß der Menschensohn die Vollmacht hat, hier auf der
Erde Sünden zu vergeben. Und er sagte zu dem Gelähmten: Ich
sage dir: Steh auf, nimm deine Tragbahre und geh nach Hause!
Der Mann stand sofort auf, nahm seine Tragbahre und ging vor
aller Augen weg. Da gerieten alle außer sich; sie priesen Gott
und sagten: So etwas haben wir noch nie gesehen.

Wenn wir uns in die dramatische Handlung dieser Geschichte vertiefen, können wir mit Hilfe der tiefenpsychologischen
Verstehensmöglichkeit das psychodynamische Wirkmuster
erkennen. Ein Aspekt dieses Musters tritt mit dem Konver-
sionssymptom des Gelähmten in besonders ausgeprägter
Form in Erscheinung. Obwohl wir direkt keine Mitteilungen
über die Kranken- und Leidensgeschichte des Gelähmten haben, können wir aus den einzelnen Motiven des Textes und
der handelnden Personen Rückschlüsse ziehen auf die verborgenen Wirkmuster. Nachdem in der traditionellen theologischen Bibelauslegung durch die historisch-kritische Forschung zwar die Komposition des Textes und seine Zusam-
menfügung nach bestimmten Sinnzusammenhängen vielfältig aufgewiesen wurde[10], ohne letztlich jedoch das dahinterstehende Wirkmuster zu erkennen und zu benennen, können
wir dies jetzt in seiner Psychodynamik näher beschreiben.
Da wäre als erstes die Zuschauerbezogenheit zu nennen. Eindrucksvoll versteht Markus, nach dem genannten Wirkmuster die Ausgangssituation zu inszenieren. Und es versammelten sich so viele Menschen, daß nicht einmal mehr vor der
Tür Platz war[11]. Dies ist auch die Ursache, warum die vier
Freunde ihren Gelähmten nicht direkt zu Jesus bringen
konnten. Die Zuschauerbezogenheit können wir besonders

lebendig erfassen, indem wir uns vorstellen, wie einerseits die vielen Leute mehr oder weniger andächtig der Verkündigung Jesu lauschen und andererseits die vier Freunde den Dachboden aufbrechen mit all jenen Begleiterscheinungen, die uns von Baustellen her persönlich bekannt sein mögen. Eine anschauliche Schilderung der Umstände und der Konstruktion des Hauses gibt uns die folgende Beschreibung: «Die Hauptbalken, die das Dach tragen, liegen horizontal etwa 70 bis 100 cm auseinander. Darüber werden kreuzweise dicht nebeneinander Stangen gelegt, die lang genug sind, den Zwischenraum zu überbrücken. Dann folgt eine Schicht von Schilfrohr, Baumzweigen und Disteln, das Ganze wird etwa 30 cm mit Erde zugedeckt. Eine Steinwalze preßt den Grund, der durch Benetzung mit Wasser gehärtet wird. In vielen Häusern bleibt über den Sommer eine Öffnung im Dach zum Herunterholen des Korns und der anderen Vorräte, die oben an der Sonne getrocknet werden. Die Dachbalken liegen so weit auseinander, daß ein großer, sogenannter Scheffelkorb zwischendurch geht. Die Träger des Gichtbrüchigen machten entweder ein neues Loch in das Dach, oder sie erweiterten die schon bestehende Öffnung. Der Kranke aber lag auf einer Matratze oder auf einem dicken Kissen, das an den vier Zipfeln aufgebunden war[12].

Ein nächster Aspekt im Wirkmuster der Konversion ist die Kontroverse mit einem bestimmten Menschen oder einer ganzen Gruppe der jeweiligen Gesellschaft. Für den Gelähmten wie für viele psychosomatisch erkrankte Menschen jener Zeit sind die Schriftgelehrten wahrscheinlich die Repräsentanten ihres Über-Ich und ihres Gewissens, die sie verdammen und die in besonderer Weise zu den Triebkonflikten beigetragen haben mögen. Dazu sei an folgende Textstelle erinnert: «Einige Schriftgelehrte aber, die dort saßen, dachten im stillen: Wie kann dieser Mensch so reden? Er lästert Gott. Wer kann Sünden vergeben außer dem einen Gott? Jesus erkannte sofort, was sie dachten, und sagte zu ihnen: Was für

Gedanken habt ihr im Herzen? Ist es leichter, zu dem Gelähmten zu sagen: Deine Sünden sind dir vergeben!, oder zu
sagen: Steh auf, nimm deine Tragbahre und gehe umher?»
Jesus wird uns hier als ein Therapeut geschildert, der die tieferen Beweggründe in den Schriftgelehrten aufdeckt. Während er durch den Zuspruch der Sündenvergebung bei dem
Gelähmten die krankmachenden unbewußten Gewissenskonflikte aufhebt und damit die Ursachen für dessen Lähmung beseitigt, muß er in den Schriftgelehrten erst deren
Zwiespalt im Gewissen und im Herzen bewußtmachen. Während dem Gelähmten seine Selbstachtung und sein Selbstwertgefühl durch den Zuspruch wiedergegeben wird, muß die
tiefere Selbstentfremdung der nach außen scheinbar so
selbstsicher wirkenden Schriftgelehrten erst aufgedeckt werden.

Wie stark derartige Wirkmuster tatsächlich greifen, kommt in
der folgenden Reaktion der Leute zum Ausdruck, «da gerieten alle außer sich, sie priesen Gott und sagten: So etwas haben wir noch nie gesehen!»[13] Matthäus gibt eine andere Reaktion wieder und schreibt: «Als die Leute das sahen, erschraken sie und priesen Gott, der den Menschen solche
Vollmacht gegeben hat.»[14] Nach diesem Zeugnis hat also
nicht nur Jesus diese besondere Befugnis und Macht zu heilen, sondern Gott hat jedem Menschen diese Berechtigung
dazu gegeben. Nicht aus Eigenmächtigkeit heraus können
und dürfen wir Menschen therapieren, sondern aus der Freiheit heraus, zu der wir durch Christus befreit sind. Diese
Vollmacht, zu heilen und in nachvollziehbaren therapeutischen Schritten den vielen hilfesuchenden Menschen auch gegenwärtig anzubieten, halte ich persönlich für das Gebot der
Stunde.

Auf eigene Beine gestellt

Zur Heilung des Gelähmten und zur Ganzwerdung seiner Person gehört, daß er es wieder lernt, auf eigenen Füßen zu stehen und seine eigenen Wege zu gehen. Genau dies hatte er im Verlaufe seiner langen Krankengeschichte verlernt und sich unbewußt abgewöhnt. Er hatte es im Laufe der Jahre geschafft, sogar vier Freunde oder Familienangehörige in dem Sinne unbewußt an sich zu binden, daß sie ihn bei bestimmten Anlässen tragen mußten. Mancher kennt wohl derartige sich gegenseitig bedingenden Bindungen und Beziehungen zwischen behinderten, kranken oder neurotischen Menschen sowie ihren Angehörigen und Freunden. Einer lebt durch den anderen und braucht den anderen oftmals auf subtile und unbewußte Weise. Noch fragwürdiger werden derartige neurotische Bindungen, wenn sie durch den Glauben motiviert erscheinen oder durch ein altruistisches Ideal von Nächstenliebe geprägt sind. Während die Gesunden ein gutes Werk tun, kann sich ein Kranker und besonders ein Neurotischer dafür opfern.

Wie stark die sich gegenseitig motivierenden Kräfte gelegentlich sein können, malen die biblischen Schriftsteller in der ihnen eigenen Anschaulichkeit aus. Die Freunde schleppen den Gelähmten sogar aufs Dach, um ihn wegen der vielen Leute endlich mit Jesus in Berührung kommen zu lassen. Der Glaube und das Vertrauen der vier Freunde ist nicht nur eine verinnerlichte und stille Angelegenheit, sondern treibt sie dazu, bei anderen aufs Dach zu steigen und sogar Löcher zu schlagen. Derartige Aktivitäten und ein solches Engagement erwachsen aus einer tiefen inneren Motivation, die vom Bibeltext als Glaube und Vertrauen bezeichnet wird. Während nach der traditionellen kirchlichen dogmatischen Auslegung sich der Glaube eines Menschen vor allem auf Gott oder auf Christus beziehen, schließt nach biblischem Verständnis das gläubige Vertrauen eines Menschen vor allem auch die Heilung von körperlichen Gebrechen und seelischen Schwierigkeiten ein.

Neben dem Glauben und dem Vertrauen ist vor allem der Zuspruch der Sündenvergebung durch Jesus ein entscheidender Wirkfaktor bei der Heilung des Gelähmten. Durch die Vergebung werden die verborgenen Schuldgefühle und die krankmachenden Hemmungen aufgehoben. Seit Freuds Forschungen und Erfahrungen zur Hysterie wissen wir, daß verdrängte Schuldgefühle und unangenehme Phantasien und fortwährend kränkende Erfahrungen einen Menschen nicht nur stark beeinträchtigen können, sondern ihn schließlich auch lähmen und krank machen. Das Niederhalten dieser un-

Abb. 1
Der heilende und verkündigende Christus,
Friesensarkophag, um 300, Thermenmuseum, Rom

bewußten Erinnerungen kostet sehr viel Kraft, die dann für die Lebensgestaltung fehlt. Daher fühlen sich diese Menschen oftmals wie gelähmt, was nicht selten auch in Fleisch und Blut übergeht und zu den genannten psychogenen Lähmungen führt. Wird nun im rechten Augenblick und mit entsprechender Geisteskraft die unbewußte Blockade im psychischen Bereich aufgehoben, können die Lebenskräfte und die psychischen Energien wieder frei fließen, so daß die gelähmten Gliedmaßen wieder voll funktionsfähig werden. Ähnlich wie nach heutigen therapeutischen Erfahrungen eine Heilung dann eintritt, wenn nach längerem Bemühen die inneren Blockaden aufgehoben werden, so brachte Jesus

Zu Abb. 1: Ältester Christustypus der Spätantike

Nach der Deutung anerkannter christlicher Archäologen und Kunsthistoriker ist im heilenden Christus auf den Sarkophagen um 300 n. Chr. «der älteste Christustypus in der europäischen Plastik erhalten» (Friedrich Gerke). Nach dem Vorbild der Kyniker, einer griechischen Philosophenschule, die vor allem Selbstgenügsamkeit und Bedürfnislosigkeit lebten und praktizierten, wurde auch Christus als ein Mann des Volkes dargestellt, der sich vor allem der leidenden und kranken Menschen erbarmt und sie heilt. Auf den Sarkophagen erscheint Christus im Gewand des wahren Philosophen, der die Menschen nicht nur das Heil lehrt, sondern auch die Leiden heilt. In den Reliefdarstellungen auf diesen sogenannten «Philosophensarkophagen» und in der Volkskunst jener Zeit steht uns ein Christusbild vor Augen, das auch für die unzähligen psychosomatischen Krankheiten und psychoneurotischen Schwierigkeiten der Gegenwart ein gefragter Helfer und Heiler werden könnte.

In den verschiedenen Christusszenen auf dem Sarkophag überwiegen die Krankenheilungen. Neben dem lehrenden Christus ist mehrfach der heilende Christus zu sehen. Ganz links auf der Darstellung legt der Heiler der blutflüssigen Frau die Hände auf. Dann folgt die bisher älteste Darstellung der Bergpredigt Christi. Zu seinen Füßen verrenken die Zuhörer(innen) ihre Köpfe und schauen zu dem Prediger auf. Im Hintergrund sehen wir eine Frau, die in Erinnerung ruft, daß zu den engsten Vertrauten Jesu nicht nur die Jünger gehörten, sondern auch Frauen. Sie steht wie eine vermittelnde Gestalt zwischen dem lehrenden und heilenden Christus und weist mit der Hand auf die Kranken hin. Vielleicht erinnert sie auch daran, wie einst der Geist den Meister drängte zu heilen (Lk 5,17). Dieser heilt gerade einen Blinden und richtet (rechts im Bild) einen Gelähmten oder Wassersüchtigen auf.

als Psychotherapeut die therapeutischen Kräfte im Gelähmten wieder in Fluß.

Jesus als Psychotherapeut

Die Gestalt Jesu wird uns von den biblischen Autoren nicht nur als Prediger vor Augen gestellt, sondern auch und vor allem als Heiler und als Psychotherapeut. Nach über 30 Jahren Studium der Bibel, der Meditation und Reflexion von mir besonders wichtig erscheinenden biblischen Geschichten bin ich zu der Überzeugung gelangt, daß die Heilungen und Wunder die ureigenen Taten Jesu waren und die Verkündigung dann als zweiter Schwerpunkt seiner Tätigkeit hinzukam. Während ich lange Zeit nur zögernd dieser Einsicht stärkere Beachtung schenkte, wurde ich vor Jahren in dieser Erkenntnis bestärkt durch Schalom Ben-Chorin[15], der schreibt: «Jesus legitimiert sich nicht durch Weissagungen, sondern zunächst durch seine Wunderheilungen. Er beginnt seine Tätigkeit eigentlich als Arzt, und darauf spielt er wohl in dem ersten zitierten Sprichwort in Nazareth an. Die Heilungen Jesu sind Heilungen durch den Geist.» Etwas weiter unten fährt der Autor dann fort: «Das Neue Testament selbst gibt uns mehrfach den Hinweis auf die suggestive und autosuggestive Kraft dieser ‹Wunder› durch die Formel: ‹Dein Glaube hat Dir geholfen›. Von Jesus geht eine heilig-heilende Kraft aus. Der Ruf des Wundertäters dringt bald durch das galiläische Land, zieht die Leidenden an, so daß sich Jesus, der Arzt, kaum vor der Masse seiner Patienten mehr zu retten vermag.»
Ben-Chorin kommt schließlich zu dem Schluß, daß gerade die Heilungen Jesus in seiner Tätigkeit legitimieren. Die tiefste Tragik sieht er bei Jesus darin, daß er weder von seinen Jüngern noch von seiner Gemeinde so richtig verstanden wurde, «vielleicht sogar noch eher von seinen Gegnern, die

nicht so sehr den Arzt angreifen als den Lehrer, der das Gesetz in einer Weise interpretiert, die ihnen oft nicht mehr tragbar erscheint. In diesem Zusammenhang greifen sie Jesu Wunderheilungen nur dann an, wenn sie am Sabbat geschehen.» [16] Diese Sicht eines bekannten Juden, der auch in weiten kirchlichen Kreisen gern gehört und gelesen wird, sollte das einseitige Verständnis Jesu als Prediger ergänzen und sein therapeutisches Handeln wieder ins rechte Licht rücken.

Nach dieser grundlegenden Überzeugung, daß die Heilungen und Wunder zu den ureigenen Taten Jesu gehören, wenden wir uns jetzt der Geschichte von der Heilung des Gelähmten wiederum zu. Besonders hier wie an zahlreichen anderen Stellen zeigen uns die Evangelien nicht nur einen Prediger, sondern vor allem auch einen Therapeuten. Während Markus vermerkt, daß Jesus ihnen das Wort verkündigte, schreibt Lukas in seiner Variante unserer Geschichte, daß eines Tages, als Jesus wieder lehrte, ihn die Kraft des Herrn dazu drängte, zu heilen. Zu dieser therapeutischen Tätigkeit gehört auch die Aufdeckung der sonst unbewußten Beweggründe des Herzens. Dies geschieht in unserer Geschichte in zweierlei Gestalt, indem Jesus zum einen den Gelähmten die Vergebung der Sünden zuspricht und zum anderen «die bösen Gedanken im Herzen» der Schriftgelehrten aufdeckt. Spüren wir zunächst dem Zuspruch der Sündenvergebung nach.

Sünde ist nach der gängigen theologischen Definition eine Abkehr und Absonderung von Gott. Ergänzend würde ich aus tiefenpsychologischer Sicht hinzufügen, daß die Abwendung von dem ganzheitlichen Erleben von Leib, Seele und Geist und die Störung von ganzheitlichen Beziehungen zum Nächsten und zu Gott in den Zwiespalt führt und schließlich in die Neurose und auch in Krankheiten. Dies war auch beim Gelähmten der Fall, so daß darin seine Sünde gesehen werden muß. Am Modell der Neurose mit dem Grundgefühl der Angst und der Verzweiflung zeigt E. Drewermann [17] die existentielle Seite der Sünde auf. Vermutlich ist unser Gelähmter in früheren Jahren durch die Gesetzesauslegung der Rabbinen in seine Gewissenskonflikte gekommen und schließlich daran seelisch und psychosomatisch erkrankt. Als Nachfolger der Propheten haben die Rabbinen den Willen Gottes nach den Geboten und Gesetzen des Moses verkündigt. Über diese Berufsgruppe schreibt der Theologe Joachim Jeremias: «Die Rabbinen bildeten einen geschlossenen Stand; nur der voll ausgebildete Gelehrtenschüler, der durch die Ordination den auf dem Wege der Sukzession vermittelten Amtsgeist Moses erhalten hatte (vgl. Mt 23,2), gehörte als voll berechtigtes Glied zur Zunft der Schriftgelehrten. Das hohe Ansehen der Rabbinen im Volk (Mk 12,38f.; Mt 23,6f.) beruhte auf ihrer Kenntnis der Schrift und der mündlichen Lehrüberlieferung sowie der von strenger Arkandisziplin verhüllten Geheimlehren theosophischen, kosmogonischen und eschatologischen Inhalts. In soziologischer Hinsicht sind die Rabbinen die unmittelbaren Nachfolger der Propheten als Kenner des göttlichen Willens, den sie lehrend, richtend und predigend verkündigen. Als Inhaber des Lehrstandes haben sie Jesus über seine Botschaft und Übertretung der Halacha zur Rede gestellt; in ihrer Eigenschaft als Mitglieder des Synedriums, in dem die bedeutendsten Rabbinen als Führer der pharisäischen Gemeinschaften saßen und eine der drei Gruppen bildeten, aus denen sich die oberste Behörde der Juden zuammensetzte, haben sie am Prozeß Jesu und seiner Verurteilung mitgewirkt.»[18]

Bei den häufigen Auseinandersetzungen Jesu mit den Rabbinen wirft er ihnen mangelnde Wahrhaftigkeit und fehlende Demut sowie fehlende Selbstlosigkeit vor[19]. Besonders hart kritisiert er an ihnen, daß sie in ihrer Lehre und Predigt von den Leuten etwas fordern, was sie selber nicht tun[20]. Aus der mangelnden Selbsterkenntnis und Selbsterfahrung ergibt sich bis zu den Geistlichen unserer Tage nicht selten eine fanatische Gesetzlichkeit und eine kleinkarierte Moral[21], die auf lange Sicht empfindsame Menschen nicht nur kränkt, sondern auch seelisch und körperlich krank machen kann[22]. Aus besagten Gründen scheint es mir gegenwärtig nicht zuletzt auch im Hinblick auf die Zukunft unserer Kirchen als sehr dringlich, zum einen verstärkt über den Zusammenhang zwischen der Verkündigung und dem heilenden Handeln nachzudenken und vor allem im Hinblick auf die zunehmenden neurotischen Erkrankungen vieler Menschen die Predigt des Evangeliums durch psychotherapeutisches Handeln zu ergänzen.

Verkündigen und Heilen

Die Geschichte von der Heilung des Gelähmten zeigt in ihrer Komposition auf eindrucksvolle Weise die Beziehungen zwischen Verkündigung und Heilung. Lukas erwähnt in seiner Variante dieser Geschichte, daß «die Kraft des Herrn Jesus dazu drängte, zu heilen»[23]. Aus dem unmittelbaren Textzusammenhang geht hervor, daß Jesus wieder lehrte und es aus diesem Grunde wegen der vielen Leute nicht möglich war, den Gelähmten und andere Kranke hineinzubringen. Lukas schildert uns in visionärer Sicht eine Situation und Gestalt Jesu, die auch für die gegenwärtige tiefenpsychologische Deutung zur Beziehung zwischen Verkündigung und Therapie von größter Bedeutung ist. Die Verkündigung scheint schon in jenen Tagen so überhandgenommen zu haben, daß buchstäblich für Kranke und andere Behinderte kein Platz war. Daher mußten die vier Freunde den Gelähmten herzutragen und der versammelten Gemeinde buchstäblich aufs Dach steigen, um den Kranken endlich vor Jesus niederlassen zu können. Diese Situation hat sich durch die Jahrhunderte bis in die Gegenwart derart gesteigert, daß bei der kirchlich-theologischen Situation der Gegenwart für Heilungen aus der Kraft des Herrn und für Therapien durch den Geist Gottes wenig Raum bleibt. Lukas schildert uns einen Jesus, der neben der Verkündigung jetzt zur Heilung gedrängt wird. Der Heiler steht selber unter einer höheren Macht und wird von dieser Kraft dazu gedrängt zu heilen.

Besonders Lukas hat in der theologischen Konzeption seines Evangeliums den biblischen Kraftbegriff vielgestaltig entfaltet. Nach Auffassung des Theologen Grundmann sieht besonders Lukas Christus in der Linie der prophetischen Kraftvorstellung[24]. Aus Gottes Kraft heraus geschieht das Wunder der Geburt Jesu, indem Maria verheißen wird, daß die Kraft des Höchsten sie überschatten werde. Das öffentliche Wirken Jesu in der Synagoge seiner Heimatstadt Nazareth beginnt mit Heilungen, die er aus der Kraft Gottes heraus vollzieht. Die Heilskraft Gottes wirkt sich in der Heilkraft Jesu aus. Diese Kraft und das Wirken aus dem Geist Gottes gehören für Lukas und auch für die anderen Evangelisten zusammen. Mit dem Zeugnis über die Krafttaten und Heilungen Jesu endet auch das Lukasevangelium, indem z. B. die Jünger auf ihrem Wege nach Emmaus zu dem unbekannten Wanderer auf dem Wege (dem auferstandenen Christus) sagen: «Daß Jesus von Nazareth ein Prophet war, mächtig an Taten und Worten vor Gott und allem Volk.»[25]

Was in der theologischen Konzeption des Lukas beispielhaft von dem Schwerpunkt der Heilungen und Wunder Jesu bezeugt wird, setzt sich in besonderer Weise in den ersten Jahrhunderten der Ausbreitung des Christentums fort. Die sogenannten Märtyrerakten und andere außerbiblische Berichte, die nicht in den Kanon der Bibel aufgenommen wurden[26], enthalten eindrucksvolle Zeugnisse von Heilungen und Wundern. Auch die Träume mit religiösen Erfahrungen und Symbolen waren in jener Zeit den verschiedenen Gruppen und Gemeinden bekannt und als Medium der Glaubenserfahrungen anerkannt, wie z. B. die archetypischen Träume der 22jährigen christlichen Märtyrerin Perpetua aufs eindrucksvollste bezeugen[27].

In jüngster Zeit hat wiederum ein Fachmann der römischen

Geschichte in den USA in seinen Forschungen über die ersten Jahrhunderte der Bildung und Sammlung der christlichen Gemeinden und der frühen Kirche darauf hingewiesen, daß die Übertritte zum Christentum weniger über die Verkündigung von Gottes Wort und des Evangeliums erfolgen, sondern daß der entscheidende Anstoß zur Bekehrung zum Christentum durch Heilungen, Krafttaten und andere Wunder geschahen[28]. Es wäre schließlich ein eigenes Kapitel, wenn wir in deutschen Landen einmal unter tiefenpsychologischen Gesichtspunkten uns fragen würden, warum sich gerade während der Reformationszeit Martin Luther mit seiner Theologie des Wortes und der Rechtfertigung durchgesetzt hat und z. B. der Humanist Melanchton in seinem tiefen Gespür für seelische Erfahrungen und Träume im Hintergrund geblieben ist[29]. Durch die Hinweise in den Anmerkungen findet der interessierte Leser weitere Spuren, sich in diese Fragestellungen zu vertiefen. Es war mein Anliegen und meine Bemühung, die aktuellen Fragen einer Verhältnisbestimmung zwischen Verkündigen und Heilen erneut zur Sprache zu bringen.

Heilungen in Epidauros und im Judentum

Abschließend möchte ich die Leserinnen und Leser noch zu einem Exkurs einladen über die Heilungen von Gelähmten im Alten Griechenland und im Judentum. Dies geschieht zum Zweck der Amplifikation wie bei der Traumarbeit, indem die individuellen Bilder, Motive und Symbole mit Vergleichsmaterial aus Märchen, Mythen und anderen Zeugnissen der Kultur- und Geistesgeschichte der Menschheit angereichert werden. Wenn diese Analogien stimmig und schlüssig sind, erscheint dadurch die individuelle Erfahrung nicht nur in einem größeren Rahmen, sondern kann darüber hinaus auch Verstehensmöglichkeiten aus den anderen Bereichen vermitteln. Bei den zahlreichen Zeugnissen über die Wunderheilungen von Epidauros gibt es mehrere Berichte über die Heilung von Gelähmten. In ihrer literarischen Gestalt und den Motiven wie in ihren Absichten und Tendenzen haben diese Heilungsgeschichten eine große Ähnlichkeit mit den biblischen Texten.

Lesen wir eine dieser Heilungsgeschichten nach der Übersetzung von R. Herzog: «N. N. von Epidauros, lahm. Dieser kam als Bittfleher in das Heiligtum auf einer Bahre. Als er im Heilraum schlief, sah er ein Gesicht: Es träumte ihm, der Gott zerbreche seinen Stab und befehle ihm, eine Leiter herbeizubringen und so hoch wie möglich auf den Tempel zu steigen. Er habe es zunächst versucht, dann den Mut verloren und oben auf dem Gesims ausgeruht, zum Schluß aber habe er es aufgegeben und sei die Leiter langsam Tritt für Tritt heruntergestiegen. Asklepios habe sich zuerst geärgert über sein Handeln, dann habe er ihn ausgelacht, daß er so feig sei. Er wagte es, als es Tag geworden, die Aufgabe zu erfüllen, und ging ohne Leibschaden von dannen.»[30] Die Traumseele dieses Gelähmten vollzieht eine sogenannte paradoxe Intervention, indem sie bei dem Kranken die gelähmten Lebensenergien in dramatischer Weise wieder in Fluß bringt. Was zunächst für den normalen Menschenverstand absurd erscheint, nämlich daß gerade ein Gelähmter es doch nicht vermag, eine Leiter zu ersteigen, gerade dies wird durch die Autorität des Heilgottes zugemutet. Was in dem Alptraum zunächst nicht möglich war, löst nach dem Erwachen jedoch einen derart starken therapeutischen Willensentschluß aus, daß der Gelähmte am Tage schließlich das Geforderte wagte.

Vergegenwärtigen wir uns zunächst folgendes: Nachdem die Patienten in der psychosomatischen Klinik in Epidauros je nach ihrem Krankheitsbild mehrere Tage oder Wochen bereits durch die heilende und heilige Atmosphäre jenes Ortes auf den Heilschlaf in dem besonderen Heiligtum vorbereitet waren, kam endlich die lang ersehnte Nacht, in der ihnen der

Heilgott erscheinen würde. Mit ein wenig Einfühlungsvermögen und Phantasie können wir uns wohl die Suggestivkraft dieser Ereignisse vorstellen. Ähnlich wie der Gelähmte vor Jesus liegt und durch den Zuspruch der Vergebung eine Aufdeckung und Aufhebung der bisher unbewußten psychischen Blockaden erlebt, so widerfährt dem Patienten in Epidauros durch das Erscheinen des Heilgottes im Traum ein Zerbrechen seiner lähmenden Erstarrung. Was dort am Tage geschieht, ereignet sich hier in dem Heiltraum der Nacht. Die gefühlsmäßigen Blockaden des Gelähmten und schließlich deren Analyse werden Schritt um Schritt im Traum nochmals vor Augen geführt. Zuerst versucht der Gelähmte, wie gefordert, so hoch wie möglich mit einer Leiter auf den Tempel zu steigen. Nachdem er dies zunächst im Traum versucht hat, verliert er schließlich den Mut und ruht sich aus, um schließlich den Aufstieg ganz aufzugeben. Das langsame Hinuntersteigen auf der Leiter würden wir tiefenpsychologisch als eine zunehmende Regression und Unbewußtwerdung beschreiben.

Nach der tiefenpsychologischen Deutung spiegelt sich in diesen verschiedenen Etappen etwas wider von der Krankengeschichte dieses Patienten. Der letzte Teil des Traumes schildert jedoch, wie die lahmgelegten Lebenskräfte im Selbst dieses Patienten, dargestellt in dem archetypischen Symbol des Heilgottes, wieder Schritt für Schritt zum Leben erweckt werden. Zunächst ärgert sich der innere Therapeut über das Aufgeben und den Abstieg des Ich des Patienten. Ärger, Wut und Zorn sind jene psychischen Lebenskräfte, die Gelähmte und andere psychoneurotisch Erkrankte schon lange nicht mehr erleben und zulassen können. In dem Auslachen schließlich vollzieht sich der Umschlag von der Feigheit hin zu neuem Wagemut. Auch wenn es sich bei diesem Bericht um keinen protokollierten Fallbericht im heutigen wissenschaftlichen Sinne handelt, kommen doch die entscheidenden Fakten für eine psychotherapeutische Heilung zur Sprache. Die entscheidende Hilfe und Wirkung geht vom Unbewußten aus und erscheint in den Bildern des Traumes und kann auf diese Weise an das Bewußtsein und damit an das ganzheitliche Erleben angegliedert werden.

Diese Wirkfaktoren ereignen sich täglich in heutigen Therapien und erscheinen auch in dem Heilungsbericht von Sankt Wolfgang aus dem Jahre 1506[31]: «Augustin von Arnberg wird durch einen Pfeilschuß in die Weichen verwundet, ‹daß jm die Gedärm oder Inngewaid außgangen›. Seine Freunde versprechen ihn zu St. Wolfgang. ‹In derselben Nacht ist jhme der H. Wolffgang sichtbarlich erschinen, zu jhme sprechende: Stehe auff. Als er aber geantwortet, Er köndt und möge nit auffstehen. Hat abermaln der H. Nothhelfer befolhen, die Hand jhme zuraichen, welches er gethan, und der heylige Wolffgangus hat jhn auffgehebt, Indem ist er augenblicklich frisch und gesund worden, Wie er dann ohne ferneren Verzug andern Tags sich hieher auff den Weg begeben und sein schuldiges Gelüb abgelöset.›»

Doch die Heilungen ereignen sich nicht immer spontan, sondern Gelähmte können durch Träume die Botschaft erhalten, daß die Heilung erst nach einigen Monaten geschehen werde, wie in dem folgenden Fall in Epidauros: «Demosthenes von X., gelähmt an den Beinen. Dieser kam in das Heiligtum auf einer Bahre und ging auf Stöcke gestützt herum. Als er sich im Heiligtum zum Schlaf gelegt, sah er ein Gesicht: Er träumte, der Gott verordne ihm, vier Monate im Heiligtum zu bleiben, weil er in dieser Zeit gesund werden würde. Hierauf kam er innerhalb der vier Monate, als er an den letzten Tagen mit zwei Stöcken in den Heilraum hineingegangen war, gesund heraus.»[32] Neben der subjektiven Ermutigung für den Patienten, einige Monate auszuharren, könnte dieser Bericht auch für jene Ärzteschaft eine Tendenz widerspiegeln, daß ein längerer Kuraufenthalt legitimiert wird. Das Motiv der Krücken schließlich ist uns bis in die Gegenwart von vielen Gnadenorten bekannt.

Im Hinblick auf die jüdischen Wundergeschichten des neutestamentlichen Zeitalters kann hier aus räumlichen Gründen nur noch auf die eindrucksvolle Sammlung von P. Fiebig[33] verwiesen werden. Von zahlreichen Rabbinen werden
Heilungen und Wundergeschichten überliefert. Der Theologe
E. Lohse faßt diese Erfahrungen wie folgt zusammen: «Von
frommen und gerechten Männern weiß man zu berichten,
daß sie aufgrund besonderer Kräfte Wundertaten zu vollbringen vermochten. Sie trieben Dämonen aus, heilten Kranke und konnten sogar Tote erwecken. Dem Gebet heiliger
Gottesmänner wird die Vollmacht zugeschrieben, daß es
Unerhörtes erreichen kann.»[34]

Die Therapie eines Besessenen

Es gibt manchmal merkwürdige Zufälle. In den letzten Tagen habe ich mir wiederholt überlegt, mit welchem Beispiel aus meiner therapeutischen Praxis oder mit welchem aktuellen Gedanken ich dieses Kapitel über die Therapie des von Dämonen Besessenen einleiten könnte. Gerade heute nun kam eine 35jährige unverheiratete Frau in meine Sprechstunde und sagte unvermittelt und spontan nach etwa 5 Minuten Schweigen: «Ich glaube, ich bin von einem bösen Geist besessen! Ich spüre Ängste in meiner Brust und habe das Gefühl, von einer fremden Macht beherrscht zu werden. Manchmal frage ich mich, ob es wirklich den Teufel gibt.»

Im Verlauf des Gesprächs stellte sich heraus, daß diese beängstigenden Gedanken und die finsteren Phantasien der Ausdruck waren für ihre Isolation, den Rückzug vom Leben sowie die blockierte erotische Lebenskraft und die verdrängte und ungelebte sexuelle Potenz. Es dürfte allgemein verständlich sein, daß die genannten Lebenskräfte sich in negativen Vorstellungen umwandeln und jene seelischen Zustände der Besessenheit verursachen können[1]. Sich wie besessen fühlen war für diese Frau ein Ausdruck der negativ gepolten Leidenschaften und der verdrängten Lebenskraft. Tiefenpsychologisch betrachtet sprechen wir von der Wiederkehr des Verdrängten. Nur es drängt sich jetzt nicht mehr in der vertrauten Gestalt auf, sondern ergreift in, mit und unter der Fratze des Dämonischen Besitz von einem Menschen. Diese Besessenheit und Besitzergreifung der verdrängten psychosexuellen Lebenskräfte kann einen Menschen bis zum Verrücktwerden treiben. In den sehr vielgestaltigen Ausdrucksformen unserer geistig-seelischen Besessenheit bis hin zu der irrationalen Vorstellung, von «Dämonen» besessen zu sein, kommen wir schon ganz in die Nähe der biblischen Geschichte von der Heilung des von Dämonen Besessenen. Doch zunächst noch einiges zur begrifflichen Definition von Dämonen und zum tiefenpsychologischen Verständnis.

Unter dem Dämonischen verstehe ich hier eine unheimliche Macht, das Böse im Menschen, das diese Macht ausüben kann. Das Dämonische ist «eine unbegreifliche Kraft, die der Mensch solchen Erscheinungen unterlegt, die er aus seiner gewöhnlichen Erfahrung heraus nicht versteht... Das Dämonische ist das unerklärbar Wirkende in einem Ausmaß, das unheimlich und oft zerstörerisch wirkt. In diesem Sinne spricht man von einer Dämonie der Technik, von der Dämonie des Krieges oder des Staates, auch von der Dämonie des Menschen der Gegenwart, der sich von übermächtigen, unbekannten Kräften nach einem unbekannten Ziel hin getrieben fühlt.»[2] In dieser philosophischen Definition werden bereits einige Aspekte angesprochen, wie zum Beispiel die unbegreifliche Kraft, das unerklärbar und unheimlich Wirkende, die dem tiefenpsychologischen Verständnis recht nahe kommen.

Alle großen Tiefenpsychologen haben sich mit dem sogenannten Dämonischen befaßt, weil sie in den seelischen Erlebnissen und Erfahrungen ihrer Patienten auf Phänomene stießen, die sie nicht allein mit rationalen Begriffen fassen konnten. Unter dem Dämonischen wird hier eine fundamentale, archetypische menschliche Erfahrung verstanden, in der sich unbewußte Energien und Kräfte aufdrängen. Das Dämonische in dem hier gemeinten Sinne ist eine unheimliche Triebkraft, die den Menschen motiviert und seine Phantasie total ergreifen und besetzen kann. Seit dem Altertum werden besonders Eros, die Sexualität, der Machttrieb und andere grundlegende Strebungen mit dem Dämonischen in Verbindung gebracht. Für uns Tiefenpsychologen hat das Dämonische stets eine biologische und eine psychodynamische Basis.

Seitdem S. Freud die Pforten zum Unbewußten aufgestoßen hat, wissen wir sehr viel von den Mächten in der Tiefe der Person und von der Bedrohung, die in Perversionen, Neurosen, Psychosen und im Wahnsinn auf einen Menschen zukommen kann. Ganz persönlich hat Freud in seinen Gedanken über das Unheimliche, das Okkulte und seinem zwanghaften Aberglauben Beziehungen zu dem Dämonischen gesehen[3]. Auch in seinem wissenschaftlichen Werk finden sich die Vorstellungen des Dämonischen wieder in den zentralen Begriffen der Libido, des Eros, des Schicksals, des Todestriebes und zahlreicher anderer Fachbegriffe.

Auch C. G. Jung bezeichnet die seelische Besessenheit durch autonome Komplexe, die sich in einer Zwangsneurose, den zahlreichen anderen Neuroseformen sowie in der Psychose auswirken, als Dämonen und als Übermacht von unbewußten Inhalten der Seele, wie er etwa in dem folgenden Brief schreibt: «Die Frage des Dämonischen ist einerseits einfach, andererseits überaus kompliziert. Es ließe sich am besten kasuistisch erörtern (d. h. anhand eines Fallbeispieles aus der therapeutischen Praxis, d. Vf.)... Im allgemeinen ist das Dämonische jener Moment, in dem ein unbewußter Inhalt mit anscheinender Übermacht an der Schwelle des Bewußtseins erscheint. Es kann diese Schwelle überschreiten und Besitz von der Persönlichkeit ergreifen. Es ist alsdann Besessenheit, die natürlich in vielen Formen personifiziert werden kann.»[4] Ähnlich wie bei Freud das Dämonische mit zentralen Begriffen seiner Lehre verbunden ist, so auch bei C. G. Jung, z. B. mit seiner Archetypenlehre, wie es im folgenden Brief zum Ausdruck kommt:

«Ob nun diese Archetypen, wie ich die präexistenten und präformierenden Faktoren der Psyche benannt habe, als ‹bloße› Instinkte oder als Dämonen und Götter aufgefaßt werden, ändert an der Tatsache ihres wirksamen Vorhandenseins gar nichts. Allerdings macht es einen oft gewaltigen Unterschied, ob man sie als ‹bloße› Instinkte unterschätzt oder als Götter überschätzt. Diese neuen Einsichten ermöglichen ein neues Verständnis der Mythologie und ihrer Wichtigkeit als Ausdruck innerseelischer Vorgänge. Von hier aus ließe sich ein neues Verständnis auch für den christlichen Mythus gewinnen, und zwar ganz besonders für seine anscheinend anstößigen und der Vernunft allzu widerstreitenden Aussagen. Soll der christliche Mythus nicht schließlich obsolet werden – was einen in seiner Tragweite nicht abzusehenden Ausverkauf bedeuten würde –, so drängt sich der Gedanke einer mehr psychologisch orientierten Interpretation auf, welche Sinn und Bestand des Mythus retten könnte. Die Gefahr einer endgültigen Zerstörung ist beträchtlich, wenn sogar die Theologen selber die klassische mythische Vorstellungswelt abzubauen beginnen, ohne eine neue Ausdrucksmöglichkeit an ihre Stelle zu setzen.»[5]

In den archetypischen Dispositionen der Psyche, in ihren starken energetischen Wirkungen der Komplexe und in den Traumbildern begegnet der Mensch häufig den dämonischen Kräften in seiner Tiefe. Wenn wir in der Tiefenpsychologie von den Dämonen oder dem Teufel sprechen, meinen wir keine metaphysischen Wesenheiten, sondern es sind Sprachbilder und Symbole für unbewußte innerseelische Vorgänge im Menschen.

Unter den unzähligen Psychologen, Tiefenpsychologen und Psychotherapeuten, die sich mit dem Phänomen des Dämonischen befaßt haben, möchte ich abschließend noch den amerikanischen Therapeuten Rollo May erwähnen, weil er das Dämonische in besonderer Weise mit dem verdrängten Eros in Zusammenhang sieht[6]. May hat in seiner therapeutischen Praxis häufig beobachtet, daß die Menschen auf der Flucht sind vor Eros und Erotik und sich statt dessen unbedacht in die Sexualität stürzen und hier ihre Triebe ausagieren. Zunehmend macht sich eine erotische Impotenz und eine seelische Unzufriedenheit breit, die mit der Entfremdung von den Körpergefühlen, ja, schließlich überhaupt mit der Trennung von Gefühl und Verstand einhergeht. Durch die Verdrängung des Eros setzen sich viele Menschen in unseren Tagen der Gefahr aus, in dessen verzerrter wiederkehrender Gestalt wie von unheimlichen Mächten bedrängt zu werden. Zur Auseinandersetzung und Integration des Dämonischen empfiehlt der Autor den Dialog: «Das wichtigste Kriterium, um das Dämonische vor der Anarchie zu bewahren, ist der Dialog. Hier nun gewinnt die Methode des zwischenmenschlichen Dialogs, die im alten Griechenland von Sokrates entwickelt wurde und noch heute... von jedem Psychotherapeuten der Gegenwart praktiziert wird, eine wachsende Bedeutung und wird zu mehr als einer bloßen Technik. Denn Dialog impliziert, daß der Mensch in Beziehung zum Mitmenschen tritt.»[7]

Dieses zwischenmenschliche Gespräch und die mitmenschlichen Begegnungen fehlen nach meinen Erfahrungen besonders Menschen, die sich von unbewußten oder dämonischen Mächten bedroht fühlen. Sie leben in einer Isolation, wie ich in dem eingangs genannten kurzen Fallbeispiel erwähnte und wie wir es jetzt auch an dem Fall des von Dämonen besessenen Mannes in Gerasa sehen werden. Damit nicht der Eindruck entsteht, als ob die Auseinandersetzung mit der Besessenheit und den dämonischen Kräften im Menschen nur ein Anliegen der Tiefenpsychologen und Therapeuten sei, möchte ich abschließend noch an den denkwürdigen Exorzistenprozeß, den «Fall Klingenberg», Ende der siebziger Jahre erinnern[8]. Auch wenn mit der Urteilsverkündung des Aschaffenburger Landgerichtes im Jahre 1978 dieser Fall äußerlich seinen Abschluß gefunden hat (wobei auch zwei katholische Geistliche verurteilt wurden), so ist doch die religiöse und theologische Problematik dieser Phänomene keineswegs geklärt. Ich sehe weder in der rationalistischen Entmythologisierung des Teufelsglaubens noch in dem unreflektierten und beängstigend zunehmenden «Satanskult», besonders unter jungen Menschen, eine Lösung der Besessenheit und des Dämonischen, sondern in der tiefenpsychologischen Deutung dieser vielschichtigen Kräfte und Mächte aus der Seelentiefe eines jeden Menschen.

Nach dieser, wie mir scheint, notwendigen Hinführung zum Thema kommen wir nun zu der biblischen Geschichte von der Heilung des Besessenen von Gerasa (Mk 5,1–20):

Sie kamen an das andere Ufer des Sees, in das Gebiet von Gerasa. Als er aus dem Boot stieg, lief ihm ein Mann entgegen, der von einem unreinen Geist besessen war. Er kam von den Grabhöhlen, in denen er lebte. Man konnte ihn nicht bändigen, nicht einmal mit Fesseln. Schon oft hatte man ihn an Händen und Füßen gefesselt, aber er hatte die Ketten gesprengt und die Fesseln zerrissen; niemand konnte ihn bezwingen. Bei Tag und Nacht schrie er unaufhörlich in den Grabhöhlen und auf den Bergen und schlug sich mit Steinen. Als er Jesus von weitem sah, lief er zu ihm hin, warf sich vor ihm nieder und schrie laut: Was habe ich mit dir zu tun, Jesus, Sohn des höchsten Gottes? Ich beschwöre dich bei Gott, quäle mich nicht! Jesus hatte nämlich zu ihm gesagt: Verlaß diesen Mann, du unreiner Geist! Jesus fragte ihn: Wie heißt du? Er antwortete: Mein Name ist Legion; denn wir sind viele. Und er flehte Jesus an, sie nicht aus dieser Gegend zu verbannen.

Nun weidete dort an einem Berghang gerade eine große Schweineherde. Da baten ihn die Dämonen: Laß uns doch in die Schweine hineinfahren! Jesus erlaubte es ihnen. Darauf verließen die unreinen Geister den Menschen und fuhren in die Schweine, und die Herde stürzte sich den Abhang hinab in den See. Es waren etwa zweitausend Tiere, und alle ertranken. Die Hirten flohen und erzählten alles in der Stadt und in den Dörfern. Darauf eilten die Leute herbei, um zu sehen, was geschehen war. Sie kamen zu Jesus und sahen bei ihm den Mann, der von der Legion Dämonen besessen gewesen war. Er saß ordentlich gekleidet da und war wieder bei Verstand. Da fürchteten sie sich. Die, die alles gesehen hatten, berichteten ihnen, was mit

Abb. 2
Dämonenaustreibung beim Besessenen von Gerasa,
Teil eines Elfenbeindiptychons, um 420, Louvre, Paris

Zu Abb. 2: Heilung des Besessenen von Gerasa

Wir sehen den Besessenen mit zerzausten langen Haaren und einem geöffne-
ten Mund, aus dem der Dämon ausgefahren ist. Mit seinem zerfurchten und
qualvoll dreinblickenden Gesicht erinnert er an einen Kranken in der Psychiatrie. Geistig und seelisch Kranken steht die Angst und Qual oft im Gesicht
geschrieben. So verbreiten sie durch ihr Aussehen und ihre unangepaßten
Gebärden Furcht und Grauen bei den anderen, «normalen» Menschen. Ihre
Beziehung und Kommunikation zur menschlichen Gemeinschaft ist gestört.
Eindrucksvoll hat der Künstler dies in der Gestik der Hände zum Ausdruck
gebracht. Während der heilende Christus seine Hand vertrauensvoll ausstreckt, weisen die abgewandten Hände nach unten und auf die Schweine.
Man könnte dabei an verdrängte «Schweinereien» denken, von denen er wie
besessen ist. Auch das Wasser als Symbol der Tiefe droht ihn zu überfluten,
ähnlich wie Psychotiker erleben, von ihren starken Ängsten verschlungen zu
werden. Wenn dieses Motiv besonders häufig in der Buchmalerei des 10. und
11. Jahrhunderts erscheint und wiederum im «Teufelsglauben» und «Satanskult» unserer Tage, dann dürfte dies uns auf starke Ängste und auf die Besessenheit von Gefühlen und Komplexen im Unbewußten aufmerksam machen.

120

dem Besessenen und den Schweinen geschehen war. Darauf baten die Leute Jesus, ihr Gebiet zu verlassen. Als er ins Boot stieg, bat ihn der Mann, der zuvor von den Dämonen besessen war, bei ihm bleiben zu dürfen. Aber Jesus erlaubte es ihm nicht, sondern sagte: Geh nach Hause, und berichte deiner Familie alles, was der Herr für dich getan und wie er Erbarmen mit dir gehabt hat. Da ging der Mann weg und verkündete in der ganzen Dekapolis, was Jesus für ihn getan hatte, und alle staunten.

Die Ausgangssituation und erste Schritte zum Heiler

Die Ausgangssituation unserer Geschichte erinnert in vielem an die finsteren Zeiten der Psychiatrie in den letzten Jahrhunderten im eigenen Land[9]. Die Verrückten, wie man sie nannte, wurden in Zwangsjacken gesteckt, mit Ketten oder Stricken gefesselt, eingesperrt und vor allem von der menschlichen Gemeinschaft isoliert, weil sie den anderen «normalen Menschen» als gemeingefährlich erschienen. Wegen ihres unangepaßten Verhaltens mit ausfälligen und übertriebenen emotionalen Reaktionen (z. B. Schreien, Schlagen, Selbstzerstörung etc.) entstand bei vielen Leuten die Vorstellung, daß diese Kranken vom Teufel besessen sein müßten. Solche «wilden Phantasien», die natürlich durch die eigenen latenten Ängste geschürt wurden, verstärkten noch die Massenpsychose zu allen Zeiten. Mit dieser kurzen Beschreibung des Erscheinungsbildes von Besessenheit haben wir bereits den «Sitz im Leben» für die biblische Geschichte ausgemacht. Sicher kommt noch etwas Lokalkolorit hinzu, so daß unsere finstere Zeit der Psychiatrie nicht genau den Grabhöhlen entspricht, in denen jener Besessene vegetieren mußte, aber die existentielle Ausgangssituation dürfte weitgehend identisch sein.

Versuchen wir uns jetzt in die Erfahrungen und das Krankheitsbild des Mannes zu versetzen, der von einem unreinen

Geist besessen war. Während ein durchschnittlich normaler Mensch mit Hilfe seiner geistigen Kräfte und den intakten seelischen Funktionen mit den Selbststeuerungsmechanismen sein Leben einigermaßen geordnet führen kann, sind diese Funktionen bei einem geistig-seelisch Kranken aus den Fugen geraten. Er kann sich und seine Handlungen nicht mehr kontrollieren und koordinieren. Während die normalen Menschen[10] ihre geistigen Kräfte und seelische Energien relativ gut beherrschen und mit Hilfe des Willens steuern und vor allem auf eine Vielzahl von Erlebnismöglichkeiten verteilen können, sind diese Möglichkeiten bei geistig und psychisch Kranken sehr eingeschränkt. Diese brauchen deshalb ganz besonders unsere Hilfe, wie sie die einseitig wissenschaftliche Medizin alleine nicht geben kann. Nahezu das ganze Energiepotential entlädt sich unkontrolliert in begrenzten Teilbereichen des Lebens. Daher schreien oder grölen sie z. B., während ein normaler Mensch spricht oder ruft. Die Vielzahl von Aktivitäten des normalen Menschen ist dagegen bei unserem Besessenen beschränkt und selbstzerstörerisch auf sich gelenkt, indem er sich z. B. mit Steinen schlug.

Es ist trotz der krankheitsbedingten Verrücktheiten dieses Besessenen beeindruckend zu lesen, daß er die ersten Schritte zur Begegnung mit dem Heiler in relativ angepaßter Form zu gehen vermag. Der Text beschreibt es mit den Verben: sehen laufen, niederwerfen und laut schreien. Wenn es um Hilfe und Heilung geht, können offensichtlich doch noch Lebensmuster und Verhaltensweisen aktiviert werden, die durch das Krankheitsbild nicht total zerstört wurden. Diese Erfahrung kann und möchte ein Trost für alle jene Menschen sein, die sich durch ihre Schwierigkeiten beeinträchtigt fühlen. Wenn sie anfangen, bewußter die Zusammenhänge ihres Lebens zu sehen und daraus dann Ein-Sichten zur Lebensgestaltung erwachsen, werden auch sie Schritte zur Therapie finden.

In der Berichterstattung der biblischen Geschichte und in der literarischen Komposition des Textes sind mir zwischen der

Ausgangssituation (Verse 1–5) und der gerafften Zusammenfassung der ersten Schritte hin zum Heiler (Vers 6) einige Entsprechungen aufgefallen, auf die ich mit einer kurzen schematischen Aufstellung hinweisen möchte. Damit soll auch angedeutet werden, daß häufig in den Krankheitsfällen bei genauerem Hinsehen selbst in den Schwierigkeiten und krankhaften Symptomen erste Anzeichen für die Wandlung und Hilfe enthalten sein können. Viele, die wie besessen in ihren Nöten agieren, sehen diese Chancen lange Zeit nicht. Aus diesem Grund scheint das Sehen bei der Beschreibung der Eingangssituation ausgespart worden zu sein. Das folgende Schema gibt uns einen ersten Überblick:

Ausgangssituation (Markus 5,1–5)		Schritte zur Therapie (Vers 6)
– – –	1	sehen
entgegenlaufen	2	laufen
war oft an Händen und Füßen gefesselt; niemand konnte ihn bezwingen	3	niederwerfen (griechisch: «proskynein»)
schrie unaufhörlich in den Grabhöhlen und auf Bergen	4	laut schreien (auf Jesus bezogen)

Das Sehen, das schließlich zur Einsicht und zur Selbsterkenntnis führt, ist ein wichtiger Schritt in jeder Therapie. Bei vielen Menschen dagegen (damals wie heute) ist die klare Sicht der Dinge durch neurotische Verzerrungen entstellt. Daher agieren häufig die Menschen auch aus unbewußten Motivationen heraus und kränken oder verletzen sich selber und andere, ähnlich wie unser Besessener. Diese Erfahrung spiegelt sich nach meiner Auffassung auch in einem der letzten Gebetsrufe Jesu wider: «Vater, vergib ihnen, denn sie wissen nicht, was sie tun!»[11] Auch unser Besessener wußte wohl kaum, was er tat, wenn er sich mit Steinen schlug und verletzte oder in den Grabhöhlen und auf den Bergen sein unmenschliches Gebrüll erscholl.

Eines Tages jedoch bekommen seine aus der Kontrolle geratenen Lebenskräfte eine neue Richtung. Der Besessene läuft Jesus entgegen und schließlich zu ihm hin und bittet um Hilfe. Aus dem Schema sind die Schritte zur Therapie ersichtlich (siehe Vers 6). Diese Verben beschreiben die Bewegung von der Selbstzerstörung hin zu dem Therapeuten. Solch zielgerichtete Aktivität und die Bewegung (Motivation), sich Hilfe zu holen, sind auch heute wichtige Voraussetzung für eine erfolgreiche Seelsorge und Therapie. Dazu ist natürlich auch ein bestimmtes Entgegenkommen des Therapeuten wichtig, zu vergleichen mit der Ankunft Jesu am anderen Ufer des Sees Genezareth in dem Gebiet von Gerasa. In der heutigen Therapie nennen wir dieses sich gegenseitige Entgegenkommen: den Lebensenergien eine neue und positive Zielrichtung anbieten.

Nachdem der Besessene infolge seiner Krankheit unzählige Entbehrungen und unwürdige Behausungen hat ertragen müssen, dürfen wir wohl erstaunt fragen, wie er noch zu der tiefen Verehrung vor Jesus fähig sein kann. Welch eine tiefe Ehrfurcht, vielleicht auch gepaart mit Angst, muß diesen Mann erfaßt haben, damit er sich vor Jesus niederwirft. Die sogenannte Proskynese, wie diese Symbolhandlung auch genannt wird, kommt dem König, Gott oder sonst einem an Macht Überlegenen zu[12]. Ich verstehe diesen Gestus so, daß hiermit auf präverbaler Ebene (vorsprachlich) der Machtwechsel zum Ausdruck gebracht wird. War der Besessene bisher ohnmächtig der Macht seiner Krankheit ausgeliefert, so beugt er sich jetzt vor der göttlichen Hoheit des Heilers. Im Zusammenhang von Krankheit und Heilung auch den Machtfaktor zu beachten, erscheint mir sehr wichtig. Aus zahlreichen Therapie-Gesprächen weiß ich, daß die sogenannte Flucht in die Krankheit einerseits eine Möglichkeit ist, sich unlösbar erscheinenden Schwierigkeiten zu entziehen, andererseits aber auch eine teils bewußte und teils unbewußte Machtausübung bedeutet. Wie mächtig können sich manche Kranke fühlen, wenn die Mitmenschen dann Rücksicht nehmen und sie z. B. versorgen. Es gibt auch Fälle, bei denen mit Hilfe der Krankheit Angehörige absichtlich drangsaliert und strapaziert werden (die echten Krankheitsfälle sind davon ausgenommen).

Schließlich betrachten wir noch kurz den wortwörtlichen Hilfeschrei des Besessenen. Während er bisher unaufhörlich in den Grabhöhlen und auf den Bergen schrie, fängt er jetzt in der Hinwendung zu Jesus gezielter an, zu sprechen. Aufschreiend und mit lauter und krächzender Stimme spricht er: «Was habe ich mit dir zu tun, Jesus, Sohn des höchsten Gottes?» Diese sprachlich geglättete Formulierung verwischt jedoch den wie eine magische Zauberformel klingenden griechischen Urtext: «Ti emoi kai soi?» Auch wer kein Griechisch versteht, kann an der in Umschrift wiedergegebenen Formel etwas nachspüren von dem beschwörenden Klang. Woher mag der Kranke diese Formel kennen? Es ist eine Formulierung aus dem Alten Testament[13], die der Besessene vermutlich in seinen gesunden Tagen in der Synagoge gehört hat oder durch persönliches Bibelstudium bei einem Schriftgelehrten kennenlernte. Es kann auch in seiner Familie eine stehende Redewendung gewesen sein, zu vergleichen mit unseren Sprichwörtern und Redensarten, die von Kindheit an gehört und schließlich verinnerlicht werden. Ähnlich wie uns in schlaflosen Stunden der Nacht bestimmte Wortfetzen oder Sprüche beschäftigen, so haben manche geistig und psychisch Kranke bestimmte Redewendungen verinnerlicht und murmeln sie wie Beschwörungsformeln vor sich hin. Wem das unglaubwürdig oder seltsam erscheinen mag, dem empfehle ich einen Besuch bei Patienten in der geschlossenen Psychiatrie. Verfolgen wir nun weiter, wie Jesus als Therapeut mit dem Hilferuf des Besessenen umgeht.

Wie Jesus autonome Komplexe anspricht

Das Gespräch mit den Geistern bildet den zentralen Mittelpunkt unserer Geschichte. Unter den unsauberen Geistern oder den Dämonen haben wir uns, wie später ausführlicher dargestellt wird, keine metaphysischen Mächte vorzustellen, sondern abgespaltene Persönlichkeitsanteile, die sich zu autonomen Komplexen verselbständigt haben und damit im Seelenleben ein Eigenleben führen. Während es im Erleben des normalen Menschen so ist, daß diese Persönlichkeitsanteile in die Ganzheit des seelischen Erlebens eingefügt sind, sind diese geistigen Kräfte bei den Besessenen und Neurotikern schweren Grades zu verselbständigten Mächten geworden. Das Ich des Menschen und sein Bewußtsein kann von den unbewußten Kräften derart besetzt sein, daß es für den Außenstehenden oft schwer möglich ist zu unterscheiden, ob hier das von den Komplexen besetzte Ich eines Menschen spricht oder diese autonomen Mächte selber.

Die genannte tiefenpsychologische Erfahrung spiegelt sich auch in dem Bibeltext wider, in dem in den ersten Zeilen des Dialoges nicht eindeutig zu erkennen ist, wer mit wem spricht. Während zunächst der Besessene mit Jesus spricht und ihn bittet, daß er ihn nicht quälen möge, spricht Jesus im Fortgang des Zwiegespräches den unsauberen Geist direkt an. Er macht damit deutlich, daß er nicht das Ich des Kranken meint, sondern dessen quälenden Komplex. In zahlreichen Heilungsgeschichten wird bezeugt, daß Jesus bei den Kranken, den Schriftgelehrten und anderen Menschen etwas wahrnimmt, was nicht jeder hören, sehen und empfinden kann. Ähnlich wie ein erfahrener und guter Therapeut, der die in einem Patienten noch unbewußten Komplexe spürt und wahrnimmt, hatte auch Jesus als Heiliger und Heiland Fähigkeiten, die Gedanken der Menschen zu erkennen und die kritischen und haßerfüllten Beweggründe seiner Gegner zu spüren. Als er einmal einen Besessenen, der zugleich auch noch blind und stumm war, geheilt hatte, gerieten viele Leute in großes Erstaunen. Als die Pharisäer dagegen das hörten, warfen sie ihm vor, daß er mit Hilfe von Beelzebul, dem Anführer der Dämonen, die Dämonen austriebe. «Doch Jesus wußte, was sie dachten, und sagte zu ihnen: Jedes Reich, das in sich gespalten ist, geht zugrunde, und keine Stadt und keine Familie, die in sich gespalten ist, wird Bestand haben. Wenn also der Satan den Satan austreibt, dann liegt der Satan mit sich selbst im Streit. Wie kann sein Reich dann Bestand haben? Und wenn ich die Dämonen durch Beelzebul austreibe, durch wen treiben dann eure Anhänger sie aus? Sie selbst also sprechen euch das Urteil. Wenn ich aber die Dämonen durch den Geist Gottes austreibe, dann ist das Reich Gottes schon zu euch gekommen.» [14] Auf einige Aussagen in dieser Verteidigungsrede möchte ich näher eingehen. Wir erfahren und hören, daß auch die Anhänger der Pharisäer Dämonen austreiben. Für Jesus und viele seiner Zeitgenossen war es also nichts Außergewöhnliches, daß Menschen von Dämonen besessen waren und daß es Methoden und Möglichkeiten gab, die Dämonen auszutreiben. In seiner Verteidigungsrede weist Jesus noch auf einen weiteren Widerspruch in dem Vorwurf der Pharisäer hin, wie unlogisch es sei, die Dämonen durch den Teufel auszutreiben. Zugleich entlarvt er die Gespaltenheit und Zwiespältigkeit seiner Gegner. Sowenig wie ein Reich, das in sich gespalten ist, keinen Bestand und keine Zukunft haben wird, genauso wird es einer Stadt oder einer Familie gehen, und unausgesprochen, aber doch gemeint ist wohl: So wird es euch auch ergehen.

Besonders die zahlreichen Heilungen Jesu sowie die Überführung der Pharisäer und der Schriftgelehrten wegen ihrer zwiespältigen und unwahrhaftigen Grundhaltung führten sehr bald zu einer bedrohlichen und radikalen Bekämpfung des Heilers. Bereits am Anfang des Markusevangeliums heißt es daher: «Da gingen die Pharisäer hinaus und faßten zusammen mit den Anhängern des Herodes den Beschluß, Jesus umzubringen.»[15] An anderer Stelle wird berichtet, daß die Schriftgelehrten extra von Jerusalem nach Galiläa kamen, um die Heilungen und die Verkündigung Jesu theologisch zu überprüfen, und dabei schließlich ebenfalls wie die Pharisäer zu dem Urteil gelangten: «Er ist von Beelzebul besessen; mit Hilfe des Anführers der Dämonen treibt er die Dämonen aus.»[16]

Doch anstatt uns weiter mit den Gegnern Jesu zu befassen, wenden wir uns ihm selber zu und spüren nach, wie er die Dämonen sprechen hört und über ein besonderes Seh- und Wahrnehmungsvermögen verfügt. Die ursprünglichen Zeugen haben gesehen und erlebt, wie ihr Herr und Meister die Menschen durchschaute und auch ihre unbewußten Nöte und Komplexe «sah», als ob er über das sogenannte dritte Auge verfügte. Maria Kassel hat für diese von jedem neu zu entdeckende Möglichkeit des Sehens das Bild geprägt: «Sehen lernen mit dem Auge im Bauch.»[17] Die Autorin will mit diesem Bild sagen, daß wir Menschen nicht nur die Fähigkeit haben, mit den beiden Augen zu sehen, sondern darüber hinaus zu einer ganzheitlichen Sicht fähig sind. Das Sehen mit dem Auge im Bauch meint ein intuitives, gefühlsmäßiges Wahrnehmen der Dinge und anderer Menschen.

Auf den Zusammenhang zwischen Besessenheit und Dämonie[18] einerseits und der Zwanghaftigkeit andererseits habe ich bereits aufmerksam gemacht. Diese zumeist unbewußt wirkenden Zwangsmechanismen blockieren das ganzheitliche Erleben im natürlichen Leben wie im Glaubensleben. Die Lebensenergien, die sonst den ganzen Leib durchströmen, setzen sich im Kopfe fest und führen schließlich zu dem magischen Denken und den furchterregenden Zwangsvorstellungen[19]. Eine weitere Folge ist oftmals, daß die sonst bei einem Menschen bildhafte Sprache und der Fluß der Gedanken sowie die Phantasie erstarren zu einer formelhaften Sprache. Was dem einzelnen Not macht, kann nach meiner Erfahrung auch ein Stück weit verallgemeinert werden auf die Erstarrung des Glaubenszeugnisses in veralteten religiösen Formeln und kaum noch verständliche dogmatische Aussagen. Damit soll nicht gesagt werden, daß dies zwangsläufig eintreten muß, aber es besteht die Gefahr.

Eine andere Not ist jedoch nach meiner Erfahrung noch viel größer, nämlich daß viele Menschen ihre Glaubenserfahrung sowie ihre Suche nach Lebenssinn nicht mehr in befriedigender Weise durch kirchliche Aussagen oder liturgische Formulierungen in Gebeten oder Gottesdiensten ausgedrückt sehen. Eine Frau drückte ihr Erleben beim Besprechen der Geschichte vom Besessenen einmal so aus: «Dieser Mann, der in den Gräbern haust und sich dauernd mit Toten beschäftigt, ist für mich zu einem Bild geworden für all das Tote in meiner Gemeinde und in der Kirche. Darüber kann ich kaum mit jemandem reden, weil die anderen es gar nicht so empfinden. Besonders die vielen Formeln im Gottesdienst und in den Gebeten stören mich und machen mir die Andacht unmöglich. Manchmal frage ich mich, was ich mit den anderen kirchlichen Leuten noch gemeinsam habe.» Als ich die Frau darauf aufmerksam mache, daß sie die unbewußt gleiche Formulierung verwendet wie die Frau in Sarepta, ist sie erschreckt und verwundert, wie stark sie solche Formulierungen verinnerlicht hat[20].

Abschließend möchte ich noch erwähnen, daß grundsätzlich nichts Kritisches gegen verinnerlichte Sprachformeln zu sagen ist. Doch wenn dies ein Ausdruck für geistige Erstarrung und/oder seelische Zwangsmechanismen ist, wird es bedenklich. Aus therapeutischen Erfahrungen ist vielfach bekannt, daß die unbewußten Zwangsmechanismen stark an die Vergangenheit ketten und kaum Träume und Visionen für die Zukunft zulassen. Da nach meiner wissenschaftlichen Untersuchung von 139 Patienten, überwiegend aus dem kirchlichen Bereich, die Zwanghaftigkeit gegenüber der Depressivität überwiegt[21], wirft dies nochmals ein neues Licht auf die Wechselbeziehungen zwischen Religiosität und Glaube einerseits sowie Zwangsmechanismen und Zwangsstrukturen andererseits[22].

Besessenheit und Dämonie als autonome Komplexe

Im Altertum und zur Zeit der Entstehung des Neuen Testamentes war die Besessenheit der Menschen von Dämonen und bösen Geistern ein weitverbreitetes Phänomen. Diese Kräfte galten insbesondere als Verursacher und als Urheber von Krankheiten. Die Besessenheit kann in negativer Weise als quälender Krankheitszustand erlebt werden oder in positiver Weise als Erfülltheit mit numinoser Macht der Gottheit, wie z. B. in dem sogenannten Prophetentaumel[23], in dem der Geist Jahwes[24] den Menschen ganz erfüllte. Auch bei den Schamanen ist die Besessenheit ein weitverbreitetes Phänomen, ähnlich wie bei den germanischen Berserkern, die in ihrem Rausch außerordentliche Krafttaten vollbrachten. Im außerbiblischen Bereich sei auch an die Pythia in Delphi erinnert, die sich von dem Gott Apollo besessen fühlte, wie auch an die Bacchantinnen, die von Dyonisos erfüllt waren. In der Besessenheit erlebt das Bewußtsein bestimmter Menschen eine numinose Macht, die sie ganz erfüllt.

Das Neue Testament setzt ebenfalls die Wirklichkeit der Dämonen als Verursachern von Krankheiten und von Besessenheit voraus. Insbesondere werden hier diese Kräfte als Widersacher Gottes und Jesu Christi empfunden, die durch sein gebietendes Wort und sein heilendes Eingreifen entmächtigt werden. Die Dämonen werden durch Beschwörung oder Exorzismus den davon Besessenen ausgetrieben. Durch magische Beschwörungen und geisterfüllte Worte sowie durch bestimmte Gebärden werden die Kranken von ihrer Besessenheit durch Dämonen befreit. Jesus erweist sich in den Heilungen als der mit Gottes Geist erfüllte Heiler.

Jesus legitimiert sich von Anfang seiner öffentlichen Tätigkeit an, durch seine Wunderheilungen, indem er unsauberen Geistern gebietet. Bei seinem Auftreten in der Synagoge von Kapernaum vollzieht er seine erste Heilung eines Besessenen. Die Dämonenaustreibungen sind neben seinen anderen Wunderheilungen ein besonderer Schwerpunkt in der therapeutischen Tätigkeit Jesu. Zu diesen speziellen Heilungen bekennt er sich, als ihm einige Pharisäer von den feindseligen Absichten des Herodes berichten. Da sagt er zu Ihnen: «Geht hin und sagt diesem Fuchs: Siehe, ich treibe Dämonen aus und vollbringe Heilungen heute und morgen...»[25]

Was Jesus mit der Dämonenaustreibung tut, ist in der jüdischen Welt bis heute keine Besonderheit. Dazu schreibt Schalom Ben-Chorin: «Die Heilungen Jesu sind Heilung durch den Geist» «(Er treibt Dämonen, unsaubere Geister aus, die wir als ‹Schedim› in der hebräischen Literatur kennen. Es handelt sich dabei um einen Exorzismus, wie er noch heute nicht nur in christlichen Kreisen bekannt ist, sondern durchaus noch im chassidischen Judentum. Die Autorität eines chassidischen Rabbi oder Zaddik – und mit diesem Typus hat Jesus die größte Ähnlichkeit – erweist sich nicht zuletzt in seiner Kraft gegenüber den Dibbukim, den Inkubussen und Sukkubussen, die er kraft seiner [magischen] Autorität auszutreiben vermag. Ich erlebte noch vor wenigen Jahren in Jerusalem einen magischen Wettstreit zwischen dem chassidischen Rabbi von Belz und dem Rabbi von Satmar. Beide bemühten sich darum, eine Besessene von ihren Dämonen zu befreien. Der Rabbi von Satmar ging als Sieger aus diesem Wettstreit hervor.)» Diese Interpretation des bekannten Autors stammt aus seinen Darlegungen zu der genannten Geschichte des Aufretens Jesu in der Synagoge von Kapernaum. Bei der Deutung der geistigen Heilungen Jesu von psychischen Erkrankungen kommt Ben-Chorin auch auf die Tiefenpsychologie und Psychotherapie zu sprechen, indem er schreibt: «Die psychischen Erkrankungen, die offenbar im Mittelpunkt der Heiltätigkeit Jesu stehen, sind ihren Wesen nach dazu angetan, vom Charismatiker bewältigt zu werden. Die Erkrankung des Geistes, die Geisteskrankheit, wird wiederum durch den Geist geheilt. Das ist eine Erkenntnis, der wir heute durch Psychoanalyse und Tiefenpsychologie, durch all das, was wir heute Psychotherapie nennen, wieder nahegekommen sind.»[26] Damit kommen wir zu einer tiefenpsychologischen Deutung der Besessenheit und der Dämonie als autonome Komplexe.

Was vielen modernen Menschen bei dem Lesen der Wundergeschichten des Neuen Testaments als mirakelhaft erscheinen mag, kann durch eine tiefenpsychologische Deutung in anderem Licht gesehen werden. Was in der Bibel als Dämonen und als Mächte bezeichnet wird, bezeichnen wir in der Tiefenpsychologie als Komplexe. Diese werden damals wie auch heute als eine beherrschende und überpersönliche Macht erlebt. Komplexe sind unbewußte Energiepotentiale und Kraftfelder der Seele, die mit Macht und bildhaften Vorstellungen das Bewußtsein überschwemmen können. In ihrer Bildhaftigkeit und in ihrer Mächtigkeit sind die Komplexe grundlegende Erscheinungsformen des unbewußten Seelenlebens. Die seelischen Energien erleben wir zum einen gefühlsmäßig und zum anderen in den sie begleitenden Vorstellungen, Phantasien und Projektionen. Besonders wenn sich ein Mensch davon beherrscht und «besessen» fühlt, können diese Affekte und Projektionen übertriebene Ausdrucksformen finden.

Die Dämonen möchte ich als «Geister des Blutes» in dem Sinne verstehen, daß ein von Komplexen beherrschter Mensch das Gefühl hat, von übermenschlichen Kräften beherrscht zu werden. Auf diese Weise können wir die Dämonen als Energien und Kräfte unserer Tiefe verstehen, die das Bewußtsein und den Geist außerordentlich bedrängen. Da in den biblischen Texten von «unsauberen Geistern» gesprochen wird, dürfte diese Ausdrucksweise den hier vorgeschlagenen Verstehensmöglichkeiten gar nicht so fern liegen. Obwohl sich bei der Deutung dieser Phänomene gewisse Annäherungen zwischen heutigen Erfahrungen und damaligen Vorstellungen ergeben, gibt es jedoch grundlegende Unterschiede im Umgang mit diesen Mächten. Während damals und in der nachfolgenden kirchlichen Tradition, besonders durch den in der katholischen Kirche praktizierten Exorzismus, die unsauberen Geister und Dämonen ausgetrieben werden, geht es in der heutigen therapeutischen Praxis mehr darum, diese Kräfte zu integrieren. Gemäß den früheren Methoden befürchten die Dämonen, daß Jesus gekommen sei, sie zu verderben[27]. Nach heutigem therapeutischem Verständnis wird durch den Exorzismus ein von Komplexen besessener Mensch außerordentlich gequält. Daher kann es nicht darum gehen, diese Kräfte und Komplexe zu exorzieren, sondern zu integrieren.

Das Wagnis des Abreagierens

Wir wenden uns jetzt einem weiteren Höhepunkt der Heilung des Besessenen zu und beschreiben diesen Schritt der Therapie unter dem Gesichtspunkt des Abreagierens. Wir verstehen im Bereich der Tiefenpsychologie und der Praxis der Psychotherapie unter dem Abreagieren ein Ausagieren und Durcharbeiten von bisher verdrängten Triebregungen. Das Ausagieren kann in einer schützenden Gruppe unter dem Beistand eines(r) Therapeuten(in) geschehen, indem jemand auf der Matte auf jemand als symbolisch anwesend gedacht einschlägt, mit dem «unerledigte Geschäfte» (Kübler-Ross) abzuarbeiten sind. Anstatt sich weiterhin selber zu quälen und das eigene Leben zu zerstören, können die zugrundeliegenden Gefühle von Wut, Aggression oder Trauer durch eine intensive Körperarbeit durchgearbeitet werden. Ähnliche Möglichkeiten bietet das Psychodrama, indem man einen gegenüberstehenden Stuhl anstelle der eigenen Mutter, des Vaters oder eines anderen Menschen anbrüllt und mit ihm einen Kampf austrägt, den man sich vielleicht viele Jahre lang im Leben versagt hat. Auch Gefühle der Zärtlichkeit können z.B. mit Hilfe eines Sofakissens oder eines Mitgliedes der Gruppe ausagiert werden. Derartiges Erleben ist meist mit starken Erschütterungen der ganzen Person bis zu den Wurzeln der Existenz verbunden.

Ähnlich wie auf der realen Ebene des Lebens können die beispielhaft genannten Konflikte und verdrängten Triebregungen auch auf der Bühne des Traumes oder der Imagination dargestellt und durchgearbeitet werden. Wir erleben in manchen Träumen Seiten von uns, die wir im bewußten Leben meist verbergen oder stark unter Kontrolle haben. Außer den beispielhaft genannten aggressiven oder destruktiven Impulsen erschrickt mancher Traum auch buchstäblich mit «Schweinereien» im Verhalten oder «sexuellen Sauereien», die man im bewußten Leben natürlich weit von sich weist. Mit diesen derben Ausdrücken und drastischen Bildern habe ich eine Überleitung hergestellt zu dem Ausfahren der Dämonen in die Schweineherde. Wir erinnern uns, daß Jesus auf die Bitte der Dämonen es ihnen erlaubt, in die Säue zu fahren. Daraufhin gerieten die Säue in einen derartigen Bewegungssturm, daß sie sich den Abhang hinunterstürzten und im Meer ersoffen. Diese sehr merkwürdig anmutende Szene verstehen wir vielleicht am ehesten, wenn wir sie mit entsprechenden Traumerfahrungen verbinden. Manchmal geraten wir doch auch im Traum außer uns oder richten etwas Bedrohliches und Zerstörerisches an. Besonders Menschen, die ihre sexuellen Triebregungen oder aggressiven Impulse stark verdrängt haben, können im Traum eine derartige erschütternde Erfahrung machen.

Zwei therapeutische Aspekte sind bei diesem Abreagieren und Durcharbeiten der verdrängten seelischen Kräfte besonders wichtig, zum einen die Erlaubnis des Therapeuten zum Ausfahren lassen der Komplexe (Dämonen) und zum anderen das Auffinden von Ersatzobjekten, in die die nicht zu integrierenden Triebimpulse fahren könnten. Ähnlich wie ein Therapeut in der richtigen Stunde einem Patienten in seiner Mitverantwortung etwas Bestimmtes erlaubt und zu einer für Außenstehende vielleicht unverständlichen Handlungsweise ermutigt, so erlaubt Jesus der Heiler den bittenden Dämonen, in die Säue zu fahren. Es bedarf, wie gesagt, des richtigen Zeitpunktes und der geeigneten Objekte für die zu verantwortende Erlaubnis. Die autonomen Komplexe (biblisch gesprochen, die Dämonen) können sich von sich aus nicht die Erlaubnis nehmen, sondern sie muß ihnen von außen durch einen kompetenten Heiler oder Therapeuten zugesprochen werden. Wenn dagegen die Konflikte nicht so tiefgreifend sind wie in unserer Geschichte, gibt es auch die Möglichkeit, daß jemand sich selber die Erlaubnis zuspricht und sich dann an die zu verrichtende Tat wagt. Die setzt jedoch in der Regel ein starkes und intaktes Ich voraus, was im Falle des Besessenen und von neurotisch erkrankten Menschen nicht der Fall ist. Daher bedurfte der Besessene, wie mancher seelisch Kranke in der Gegenwart, der Erlaubnis eines Therapeuten.

Die Findung eines geeigneten Ersatzobjektes zum Abreagieren und Durcharbeiten der Konflikte ist ebenfalls ein schwieriges Unterfangen. In der Regel sollte nicht der Therapeut diese Ersatzobjekte suchen, sondern die Patienten ermutigen, von sich aus Möglichkeiten des Abreagierens zu suchen, ähnlich wie die Dämonen gezielt den Heiler bitten, in die Säue fahren zu dürfen. Dabei stellt sich häufig zwischen den gewählten Ersatzobjekten und dem wählenden Subjekt eine besondere Beziehung heraus. In unserem Falle dürften die gewählten Säue ein Symbol sein für die bisher unterdrückten «sexuellen Sauereien», die den Mann ergriffen hatten, ihn quälten und in ihm das Gefühl der Besessenheit auslösten. Während einen normalen Menschen sexuelle Phantasien anregen zur Liebe und ein Gefühl der Lebenssteigerung auslösen, bewirkten sie in diesem Patienten das Gegenteil, indem er sich kasteite und sich selber zerstörte. Während viele Menschen, damals und heute, ihre Triebregungen unter Kontrolle halten und den normalen Lebensbedingungen anpassen können, gibt es insbesondere bei Menschen mit starken seelischen Zwangsstrukturen die Neigung, diese Impulse zu unterdrücken.

Wir erkennen damit die seelischen Zwangsmechanismen im Besessenen damals und in vielen Menschen heute als die verursachenden Faktoren für ein derartiges Gefühl der Besessenheit. Damit die Ängste in zwanghaften Menschen nicht übermächtig werden, sind sie dauernd damit befaßt, ihre unreinen Gedanken und Phantasien sowie sexuellen Vorstellungen durch bestimmte Rituale abzuarbeiten oder zu unterdrücken, wie z.B. durch Waschzwänge oder durch destruktive Selbstquälereien, die in vielem an die Selbstkasteiungen von Mönchen oder Nonnen im Mittelalter erinnern. Dadurch sollen die inneren Triebregungen abgetötet werden. Häufig erreichen die Abtötungs-Wünsche nicht den Erfolg, den sich die zwanghaften Menschen davon erwarten. Bei der Heilung des Besessenen von Gerasa dagegen funktioniert es nach der Darstellung des biblischen Schriftstellers durch die Hilfe des Heilers Jesus, indem die in den Säuen dargestellten zerstörerischen Komplexe ersäuft werden.

In unserer symbolischen Betrachtungsweise und tiefenpsychologischen Deutung ist es nicht wichtig zu untersuchen, ob es in der Gegend bei Gerasa damals wirklich Schweineherden gegeben hat. Von Wichtigkeit ist einzig die Erfahrung des Abreagierens und des Durcharbeitens von bisher abgespaltenen Gefühlskomplexen. Dies kann zum einen in unseren Träumen geschehen, wodurch das seelische Erleben eines besessenen Menschen wieder geordnet und gereinigt werden kann. Das Abreagieren und Durcharbeiten von unbewußten Komplexen kann auch in symbolischen Ritualen geschehen und an Ersatzobjekten ausagiert werden. Auch die mythologische Beschreibungsweise der biblischen Schriftsteller wirft ein Licht auf die inneren Erfahrungen eines Menschen, der von Komplexen gequält wird.

Neben dem Abreagieren und Durcharbeiten der seelischen Komplexe und Schwierigkeiten ist es therapeutisch sehr wichtig, die inneren Erfahrungen in eine Phantasiegeschichte wie in eine Art persönlichen Mythos einzukleiden. Ähnlich wie im religiösen Bereich der Mythos im Ritus begangen wird und damit körperlich und in Gebärden nachvollzogen wird, wie umgekehrt die inneren Erfahrungen des Ritus mit Hilfe des Mythos anschaulich gemacht und erklärt werden, so wird auf individueller Ebene das Abreagieren von Komplexen ergänzt durch die Erfindung einer Phantasiegeschichte, eines persönlichen Mythos. In einem solchen Mythos werden die inneren Erfahrungen eines Patienten, die bisher nicht veräußerlicht werden konnten und daher diese außerordentliche Macht ausübten, bis hin zur Besessenheit, nach außen projiziert. Mit Hilfe von Bildern, Symbolen und dem Mythos können die beängstigenden und bedrängenden Inhalte des Unbewußten endlich die Schwelle des Bewußtseins überschreiten und damit vom Bewußtsein sowie vom Erkenntnisvermögen beleuchtet werden. Was in diesem Prozeß der Bewußtwerdung geschieht, ist in stark vereinfachender Weise zu vergleichen mit den Erfahrungen vieler Kinder (und auch mancher Erwachsener!), wenn sie in der Dämmerstunde oder im Nebel im Wald manche furchterregenden Gestalten sehen, die sich beim näheren Hinsehen als Bäume oder Sträucher erweisen. Andere haben vielleicht ähnliche Erlebnisse beim Gang in den dunklen Keller oder auf den Speicher gehabt. Das Grauen und Gruseln vor dem Unbekannten ist vergleichbar mit den Ängsten und der Furcht vor den inneren bedrängenden Gefühlen und Empfindungen. In einer Gruselgeschichte dagegen, in einem Traum oder eben in einem Mythos können die diffusen Ängste zur Sprache gebracht werden. Die hilfreiche und heilende Bedeutung des Mythos dürfte damit deutlich geworden sein.

Nach dieser Beschreibung der therapeutischen Funktion und Wirkung des Mythos dürfte es uns nicht schwerfallen, in der Gruselgeschichte von den Schweinen, die sich mit den eingefahrenen Dämonen ins Meer stürzten, den persönlichen Mythos des Geheilten von Gerasa zu erkennen. Ähnlich wie in der historisch-kritischen Exegese und in der Entmythologisierung mancher Theologen[28] dieser Zusatz unserer Geschichte als mythologische Ausschmückung erkannt wurde, so erkennen wir in der tiefenpsychologischen Deutung diese mythologische Ausschmückung als innere Erfahrung und Deutung des Geheilten. Die leidige Frage, ob sich damals nun tatsächlich Schweine ins Meer gestürzt haben oder nicht, ist damit ad absurdum geführt. Ich sehe darin eine sinnvolle und sinngebende Beschreibung von inneren Erfahrungen.

Für den Außenstehenden und diejenigen, die kaum einen Kontakt zu ihrer Seele und ihrem Unbewußten haben, wirkt diese Erfahrung vermutlich befremdlich und löst Furcht aus, ähnlich wie bei den Schweinehirten. Besonders Lukas berichtet anschaulich die Fluchtreaktionen der Hirten (8,34ff.). Sie verkündigten das Gesehene, aber nicht Eingesehene, in der Stadt und in den Dörfern, so daß eine Menge von neugierigen Leuten zusammenströmte. Schließlich bittet die Menge, daß Jesus von ihnen gehe; «denn es war sie eine große Furcht angekommen». Die Heilung des Besessenen damals löste bei den Hirten und der Menge eine ähnliche Furcht aus, ähnlich wie heute die Tiefenpsychologie ganz allgemein und Erfahrungen im Bereich der Psychotherapie im besonderen bei vielen Menschen und vor allem auch bei kirchlichen Mitarbeitern und Theologen einer Abwehr und häufig auch eine unbegründete Abwertung erfahren. Damals wie heute scheint es so etwas wie eine Angst vor lebendigen seelischen Erfahrungen und eine tiefe Furcht vor dem Unbewußten zu geben. Auf diesem Hintergrund scheinen die Reaktionen der Hirten damals wie der «Hirten» in Gestalt der Pastoren, Pfarrer, Theologen und auch mancher Professoren heute ähnlich und vergleichbar zu sein. In zahlreichen Gesprächen und Diskussionen der letzten zwei Jahrzehnte habe ich derartige Reaktionen im kirchlichen und theologischen Bereich erfahren. Es erscheint mir oftmals merkwürdig und paradox zugleich, daß einerseits von den Genannten über das Unbewußte diskutiert wird oder gar therapeutische Erfahrungen in die Verkündigung und Lehre einbezogen werden (vielleicht um sich den Anstrich von Aufgeschlossenheit und Informiertsein zu verleihen) und andererseits eine starke Abwertung und Meidung von seelischen Erfahrungen zu beobachten ist.

Wie damals die Menge nach der Verkündigung der Schweinehirten zusammenströmte, um das Mirakel und Wunder zu sehen, so wollen dann heute manche Gemeindeglieder von ihrem Pfarrer, der über das Unbewußte spricht, oder manche Studentin oder Student von ihrem Professor weitere Anleitungen erhalten zum Umgang mit seelischen Erfahrungen und unbewußten Kräften. Während diese Art von Beschäftigung mit dem Unbewußten meistens ohne Schaden für die einen und die anderen abgeht, sind mir jedoch auch Fälle bekannt geworden, daß «sie alle eine große Furcht ankam», wie Lukas es trefflich berichtet.

Das angesprochene Problem, das, wie gesagt, kein einzelner Fall ist, scheint mir nur in der Weise lösbar zu sein, daß sich die Kirche und die Theologie entscheiden für das, was Jesus als Urgestalt des Heilers und des Psychotherapeuten in den Aussendungsreden für seine Jünger gefordert hat, nämlich neben der Verkündigung des Evangeliums auch seelische Nöte zu heilen und neurotische Schwierigkeiten zu therapieren[29]. Dies erfordert jedoch eine mehrjährige therapeutische Ausbildung und Qualifikation. Als Modell dafür steht mir vor Augen, die anerkannten und bewährten Ausbildungsstandards für eine Psychotherapie von Theologen und kirchlichen Mitarbeitern anzuwenden, ähnlich wie Jesus damals seine Jünger und Mitarbeiter in einer dreijährigen Selbsterfahrungsgruppe eingeführt hat in die Geheimnisse des Reiches Gottes, der Verkündigung des Evangeliums und der Psychotherapie von verschiedenen psychischen und psychosomatischen Krankheitsbildern jener Zeit. Ist nicht das Erlernen der Symbolsprache der Seele für die Seelsorge des angehenden Hirten genauso wichtig wie das Studium des Hebräischen, Griechischen und Lateinischen für einen angehenden Theologen? Nach meiner Einschätzung und nach unzähligen Gesprächen mit vielen Menschen im letzten Jahrzehnt über diese Fragen bin ich zu der Überzeugung gelangt, daß das Ansehen der Kirche gerade durch das Angebot von mehr Beratung und von qualifizierter Psychotherapie im öffentlichen Ansehen und bei den unzähligen Menschen, die der Kirche in ihrem traditionellen Erscheinungsbild äußerst kritisch gegenüberstehen, steigen würde und daß die Masse dieser Menschen eben ein neues Interesse an der Kirche fände. Darüber hinaus ist es nach meiner Erfahrung in vielen kirchlichen Arbeitsfeldern doch so, daß infolge der neurotischen Verstrickungen der Predigthörer und der Herzenshärte vieler Menschen zahlreiche kirchliche Bemühungen einfach nicht fruchten, solange nicht der Herzensboden vorbereitet ist.

Das Gleichnis von dem vierfachen Ackerfeld spricht in diesem Zusammenhang eine beredte Sprache. Ähnlich wie nach diesem Gleichnis der Samen nicht wachsen kann, wenn er auf den Weg, das Steinige oder unter die Dornen fällt, so kann das verkündigte Evangelium und die seelsorgerlichen Bemühungen vieler Pfarrer deswegen nicht fruchten, weil die zwanghaften Strukturen von Gemeindegliedern und von kirchlichen Strukturen oder die depressiven Stimmungen vieler Menschen es einfach unmöglich machen, daß das Gesagte und Verkündigte auf einen aufnahmefähigen Herzensboden fällt. Ähnlich verhält es sich mit dem «Aktivismus» mancher Christen und Pfarrer, für die das Bild der Dornen zutrifft, weil sie letztlich die Wirkungen und das Wachstum des Wortes Gottes verhindern. Viele kirchliche Aktivitäten erwecken nach außen den Anschein von Lebendigkeit, nach innen jedoch machen sie es unmöglich, daß der innere Mensch zu seiner Ganzwerdung, Heilung und Individuation gelangt.

Analyse der Gefühle

Für das tiefere Verständnis der archetypischen Geschichten und der symbolischen Texte ist eine Analyse der in ihnen enthaltenen und mitgeteilten Gefühle von grundlegender Bedeutung. Das Herausarbeiten und Analysieren der Gefühle ermöglicht dem heutigen Leser eine tiefere Einfühlung in die Texte und ein lebendiges Eingehen auf die Handlung. Bei der vorliegenden Geschichte von dem Besessenen stehen die Gefühle des Grauenhaften und der Angst im Vordergrund. In der Begegnung mit dem Heiler geht es um das Gefühl des Erbarmens und bei den mitbeteiligten Zeugen schließlich um die Furcht als Vorstufe einer tiefen Ehrfurcht vor Gott, der sich als Herr über die zerstörerischen Mächte erweist. Betrachten wir diese in ersten Umrissen genannten Empfindungen und Gefühle in den verschiedenen Szenen der Geschichte etwas genauer.
Bereits am Anfang der Geschichte wird mit knappen Worten ein Bild des Grauens inszeniert. Ein Mensch mit einem unsauberen Geist, der in den Gräbern wohnt, erweckt bei den Lesern damals und heute ein grauenhaftes und gruseliges Gefühl. Lukas schildert uns den Besessenen als einen Mann, der keine Kleider anzog und in keinem Hause blieb. Matthäus dagegen betont noch einen anderen Aspekt des Grauenhaften, indem die Besessenen als sehr grimmige und aggressive Menschen geschildert werden, so daß niemand es wagte, diese Straße zu passieren. Das Bild des Schreckens wird bei Markus schließlich noch durch die tragische Selbstzerstörung des Besessenen vervollständigt. Er kasteite und schlug sich mit Steinen, und niemand konnte ihn zähmen.
Was bisher niemand gelang, sollte nach der geschickt aufge-

bauten Erzählung Jesus gelingen. Bei der ersten Begegnung mit Jesus erfolgt nochmals eine dramatische Steigerung der Qualen des Besessenen. Er projiziert seine Selbstzerstörungstendenzen auch auf den Heiler und nimmt an, daß auch Jesus ihn quälen wird. Auf einem derart makabren Hintergrund hebt sich die Begegnung mit Jesus außerordentlich positiv ab. Dies ist keineswegs nur eine Schwarzweißmalerei, sondern entspricht auch den tiefenpsychologischen Erfahrungen bei seelischen Zwängen und der Besessenheit. Bei der Dämonenaustreibung wird der Leser hineingenommen in ein inneres Geschehen, das die Beweggründe für das abartige Verhalten des Besessenen verständlicher macht. Die Dämonen sind nach tiefenpsychologischem Verständnis zerstörerische Komplexe und verselbständigte Energiefelder, die nicht mehr dem Willen des Individuums unterstehen. Legion ist der Name für derart verselbständigte psychodynamische Prozesse und zugleich ein symbolischer Ausdruck für die millionenhaft sich wiederholenden Qualen von psychisch Kranken.

Die große Gruppe der Menschen, die unter den selbstzerstörerischen Kräften in ihnen leiden, können auf tragische Weise verglichen werden mit der großen Herde von Säuen, die sich in den Abgrund stürzen. Was in dem Schicksal des einzelnen Besessenen geschildert wird, wiederholt sich bis heute millionenfach unter den Menschen, indem sie durch die verselbständigten Lebensenergien in die Tiefe gerissen werden. Dennoch wohnt auch diesen Kräften die Sehnsucht nach Erlösung inne, indem Lukas ausdrücklich die Dämonen darum bitten läßt, daß sie nicht in die Tiefe fahren mögen.

In geschickter und gekonnter Weise vermögen die biblischen Schriftsteller die seelische Not der Leidenden auszumalen und damit auch das Gefühl des Lesers und des damaligen Hörers anzusprechen. Doch dies alles ist nicht Selbstzweck einer einfühlsamen Fallschilderung, sondern geschieht zu «Werbezwecken» für den Heiler. Seine Macht, biblisch gesprochen, seine Vollmacht, erweist sich auch den dämonischen Kräften überlegen. Indem der Leser durch die tragische Not der Kranken angerührt wird, wird er zugleich vorbereitet auf die Begegnung mit Jesus. Wobei dieser keineswegs der Gefahr erliegt, die Geheilten und die Fans an sich zu binden, sondern er verweist sie ausdrücklich an die herkömmlichen Bindungen und schickt sie buchstäblich nach Hause. Im Unterschied zu den heutigen Kirchen, die sehr um die schrumpfenden Mitgliederzahlen (und die Kirchensteuern) bangen, ging es Jesus nur um die Heilung und das Wohlbefinden der Menschen. Aufgrund ihrer persönlichen Erfahrung wurden die Geheilten zu Zeugen für Gottes Sache und das kommende Reich Gottes.

Die Psychodynamik der Zwangsstrukturen

Den individuellen Zwangsstrukturen der Persönlichkeit sowie den kollektiven Zwangsmechanismen in der Gesellschaft und der jeweiligen Religion wohnt eine besondere Psychodynamik inne[30]. Unter der Psychodynamik werden in der Tiefenpsychologie die bewegenden und treibenden Kräfte im seelischen Erleben des Menschen verstanden, die sowohl den einzelnen als auch die geistige Situation einer Zeit maßgeblich prägen und bestimmen. Durch die individuellen und kollektiven Zwangsstrukturen erliegen die seelischen Kräfte und die kreativen Gestaltungsfaktoren ganz besonderen Verzerrungen und Verdrängungen. Bei der Wiederkehr des Verdrängten können die verborgenen und unterschwelligen Lebensenergien nicht in natürlicher Geestalt in das Bewußtsein dringen, sondern erscheinen in magischen Vorstellungen und werden daher oft als «Besessenheit» erlebt. Daher ist es ganz besonders aufschlußreich und führt uns zu bisher nicht gekannten Verstehensmöglichkeiten der biblischen Geschichten von der Heilung der von Dämonen besessenen Menschen, wenn wir die verborgenen Wirkmuster beachten.

Die literarische Gestaltung einer biblischen Geschichte und ihres Textes wird nach tiefenpsychologischem Verständnis sehr stark geprägt und beeinflußt von unbewußten Wirkfaktoren. Ähnlich wie bei der Gestaltung von Kunstwerken und Literatur Rückschlüsse auf den Charakter eines Künstlers oder Schriftstellers möglich sind, ist dies auch bei den Träumen möglich, weil die Bilder und Motive der Trauminszenierung aus der unbewußten Seelentiefe aufsteigen und durch die seelischen Beweggründe und die Persönlichkeitsstruktur maßgeblich geprägt werden. So führen die Zwangsstrukturen z. B. im einzelnen wie auch im Kollektiv dazu, daß die Gefühle und seelischen Bedürfnisse sehr stark verdrängt werden und nur in verzerrter Form und in projizierten Vorstellungen in das Bewußtsein dringen. Dieser fortwährende und komplexe Prozeß, den ich in dem hermeneutischen Schema für die tiefenpsychologische Bibelauslegung bereits beschrieben habe, führt insbesondere bei den Zwangsstrukturen dazu, daß die Emotionen nicht in sinnlichen Empfindungen erlebt werden können, sondern den Menschen in den Kopf steigen und in geistigen, beängstigenden Vorstellungen zum Ausdruck kommen. In diesen Ängsten und Schreckensbildern zeigen sich gerade bei zwanghaft strukturierten Menschen die verdrängten Gefühle und Triebwünsche. Zu den schauerhaften Bildern und Projektionen der Zwangsstrukturen gehört besonders die Todessymbolik, wie z. B. bei dem Besessenen zu Gerasa und der von ihm praktizierten Selbstzerstörung.

Unter dem Gesichtspunkt der seelischen Zwangsstrukturen und der psychischen Wirkmuster wollen wir nun die genannte Geschichte anschauen. In der traditionellen theologischen Bibelauslegung sind diese Beziehungen und Zusammenhänge zwischen den psychischen Wirkmustern (patterns of facts) und der literarischen Gestaltung (patterns of literae) kaum bekannt und beachtet. In mehreren psychotherapeutischen Behandlungen von Zwangsneurosen und seelischen Zwängen konnte ich den Zusammenhang auf die Beziehungen zwischen der psychischen Zwangsstruktur und den persönlichen Aussagen und Beschreibungen dieser Not durch Patienten studieren. Besonders eindrucksvoll und erschreckend waren die Selbstzerstörungstendenzen der Patientinnen und Patienten, die mich manches Mal an den Besessenen von Gerasa erinnerten und damit zugleich auch auf den Gedanken brachten, diese Geschichten einmal unter dem Gesichtspunkt der seelischen Zwangsstrukturen zu untersuchen. Auch die Todesgedanken und die Todessymbolik bis hin zu konkreten Absichten des Selbstmordes beschäftigen diese Patienten außerordentlich stark.

Wenn wir einmal für einen Augenblick vergessen, daß es sich bei den biblischen Geschichten von den Besessenen um nahezu 2000 Jahre alte überarbeitete und gestaltete Geschichten handelt und uns ferner nicht an der besonderen biblischen Sprache stören, könnten wir den Eindruck gewinnen, daß dies Phantasiegeschichten oder gar Träume von heute lebenden Zwangsneurotikern seien. Insbesondere die Beschreibung und die Not des «unsauberen Geistes», der diese besessenen Menschen zu den krankhaften Verhaltensweisen treibt, wäre auf heutige Zwangsneurotiker zu übertragen, da diese sich ebenfalls von unsauberen Gedanken und Phantasien stark belastet und verunreinigt fühlen. Mit Hilfe von zahlreichen Waschzwängen und sonstigen zwanghaften Kontrollritualen sollen diese unsauberen Gedanken überwunden werden. Mit auch nur ein wenig Einfühlung in diese ganz besondere existentielle Not dürfte es uns verständlich sein, daß es sich hier um schwerste Qualen eines Menschen handelt. Diese Erfahrung läßt uns auch begreiflich machen, daß der Besessene zu Gerasa Jesus ganz besonders bittet und ihn sogar bei Gott beschwört, ihn nicht zu quälen. Allzuviel Qualen hat er in der zurückliegenden Zeit durch seine Mitmenschen und die religiös geprägte Umwelt erfahren und befürchtet daher zu Recht, daß diese Qual aufs neue fortgesetzt und verstärkt wird.

Ein weiterer Aspekt des psychischen Wirkmusters der Zwangsstrukturen kommt in unserer Geschichte in der Macht zum Ausdruck. Für die Psychodynamik des Zwanges und der in ihm wirkenden Lebenskräfte ist der Umgang mit der Macht ein ganz wesentlicher Faktor. Während der Besessene die negativen Auswirkungen der Mächte, der Dämonen, erleiden muß, wird andererseits bei Jesus als Heiler und Therapeut die positive Seite der Macht in Gestalt der Voll-Macht demonstriert. Als Betrachter und Leser dieser Geschichte werden wir mit einbezogen in einen spannenden Machtkampf zwischen den Dämonen und dem ihnen gebietenden Sohn Gottes.

Mit den Erfahrungen der Macht ist aufs engste verknüpft die Magie sowie die Magie der Worte und der Sprache. Macht und Magie hingen sowohl begrifflich als auch inhaltlich aufs engste zusammen. Besonders auf seiten der Ohnmächtigen und Unterdrückten führt die ohnmächtige Wut und die gelähmte Lebensentfaltung häufig zu magischen Vorstellungen und Projektionen. Anstatt sich konkret mit den Mächtigen und Herrschenden auseinanderzusetzen, führen die individuellen und kollektiven Zwangsstrukturen dazu, hinter den realen Machtverhältnissen göttliche oder teuflische Mächte zu vermuten. Indem die realen Machtprobleme auf eine bewußtseinstranszendente Ebene verschoben werden, wird es wiederum für den «davon Besessenen» um so schwieriger, sich damit auseinanderzusetzen und zu befreien.

In ihrer ohnmächtigen Wut ergeht es heute vielen Menschen in ihren Zwängen ähnlich wie dem Besessenen zu Gerasa, sich zunehmend von den sogenannten normalen Mitmenschen zurückzuziehen in ein Eigenleben, das uns die biblischen Schriftsteller mit dem Bild der Gräber in schauderhafter Weise vor Augen stellen. Es ist kein beliebiges oder zufälliges Bild, sondern wird noch heute von Zwangsneurotikern häufig geäußert, indem mir z.B. von einer 52jährigen Zwangsneurotikerin in tiefer Erschütterung und mit Tränen berichtet wurde, daß sie sich wie lebendig begraben fühle, wie ein scheintoter Mensch, der bereits schon im Grabe ist.

Indem wir für unsere tiefenpsychologische Bibelauslegung den Zusammenhang zwischen den psychischen Wirkmustern des Zwanges und der literarischen Ausgestaltung annehmen und in Ansatz bringen, dürfte es auch nicht zufällig sein, daß die Macht und die Magie der Sprache in diesen Geschichten außerordentlich betont wird. Im Unterschied zu anderen Heilungsgeschichten, in denen Jesus eine Symbolhandlung vollzieht oder einen Kranken berührt, geschieht die sogenannte Dämonenaustreibung durch die *Macht des Wortes*. Es wurde schon erwähnt, daß die Zwangsstrukturen dazu führen, der Sprache und den Worten eine außerordentliche Macht und zauberhafte Wirkung zuzumessen. Dieser Zusammenhang läßt uns auch verständlich werden, daß der unsaubere Geist des Besessenen durch die vollmächtigen Worte des Heilers ausgetrieben werden kann. Auch in dem praktizierten Exorzismus in der katholischen Kirche durch die Jahrhunderte hin kommt dem gebietenden und beschwörenden Wort und den liturgischen Formeln eine ähnliche Funktion zu wie bei den Zauberworten von Medizinmännern und Schamanen. Wenn wir dabei einmal von geringen unterschiedlichen Bedeutungen in den verschiedenen Bereichen absehen, haben die magisch geladenen Worte stets eine ähnliche Bedeutung und Funktion. Mit diesen Deutungen wird keineswegs grundsätzlich bestritten, daß dem Wort Gottes und auch menschlichen Worten gelegentlich eine außerordentliche Macht innewohnen kann.

Schließlich kommen wir noch auf die furchterregten Reaktionen der Mitmenschen zu sprechen. In der Öffentlichkeit erregen seelische Zwänge und Zwangsmechanismen heute und frei florierende dämonische Kräfte damals meistens eine besondere Angst und Furcht. Damals flohen die Schweinehirten nach dem magischen Spektakel. Lukas schildert bei seiner Ausgestaltung der Geschichte, daß die ganze Menge des umliegenden Landes der Gerasener Jesus bat, daß er von ihnen gehe; denn es war sie eine große Furcht angekommen[31]. Im Unterschied zu anderen Heilungsgeschichten, die damit enden, daß der Geheilte und/oder die Volksmenge Gott loben, steht hier am Ende keine Gottesfurcht und kein Gotteslob, sondern eine Furcht vor Dämonen und magischen Wirkungen wie bei der Zauberei.

Unsere Geschichte findet deswegen keinen befriedigenden Abschluß, weil in der Überlieferung der biblischen Autoren zwei verschiedene nicht miteinander zu vereinbarende therapeutische Konzepte vermischt wurden. Eine Teufelsaustreibung zu damaliger Zeit und ein Exorzismus in der katholischen Tradition führen zu anderen Reaktionen als andere Heilungen Jesu damals und therapeutische Prozesse in der heutigen Psychotherapie. Durch den Exorzismus fahren die «Dämonen» in unschuldige Ersatzobjekte und zerstören diese wie die Schweineherde in Gerasa. Durch eine vertrauensvolle Übertragung, sprich Beziehung, zwischen einem von Zwängen gequälten Menschen und einem Therapeuten dagegen werden die beängstigenden zwanghaften Impulse und Inhalte des Unbewußten in eine neue Richtung gezwungen. In diesem therapeutischen Heilungsprozeß werden die zwanghaften Verzerrungen mit ihren magischen Vorstellungen von der Besessenheit durch Dämonen in normale Ängste und die Auseinandersetzung mit der Triebhaftigkeit abgewandelt.

Kollektive Zwangsmechanismen und Dämonenfurcht

Es wurde schon angesprochen, daß die individuelle Besessenheit von Komplexen und Zwängen in einem tiefen Zusammenhang steht mit kollektiven Zwangsmechanismen. Dem wollen wir jetzt nachspüren in der Auseinandersetzung Jesu mit der Gesetzlichkeit seiner religiösen Umwelt und mit den Schriftgelehrten als Vertretern dieser Gesetzlichkeit. Die übertriebenen moralischen Ansprüche und die vielen religiösen Gebote und Verbote führen zu einer Gesetzlichkeit, die einen tiefen Zwiespalt verursacht zwischen den psychischen und sexuellen Antrieben einerseits und der starken geistigen und rationalen Orientierung andererseits. Diese tiefenpsychologisch bezeichnende Ambivalenz und dieser Zwiespalt führen dazu, daß diese Menschen häufig religiös und ungläubig zugleich sind. Nach den tiefenpsychologischen und therapeutischen Erfahrungen verbinden sich die seelischen Zwangsmechanismen und die religiösen Zwangsstrukturen recht häufig miteinander. Dabei ist nicht genau auszumachen und zu unterscheiden, ob die religiöse Gesetzlichkeit die Ursache bildet für die seelischen Zwänge des einzelnen und für die Zwangsmechanismen in der jeweiligen Kultur oder ob diese letzteren zur Neurotisierung des Gottesbildes und zu Verzerrungen der religiösen Vorstellungen führen. Als Jesus zu Beginn seiner öffentlichen Wirksamkeit in der Synagoge zu Kapernaum diese Zusammenhänge berührt und aufspürt, merken dies die von der religiösen Gesetzlichkeit Unterdrückten sofort und erstaunen über seine Lehre, denn er lehrte gewaltig und nicht wie die Schriftgelehrten. Damit war auch der fortwährende Konflikt mit den Schriftgelehrten vorprogrammiert.

Jesus steht der jüdischen Schriftgelehrsamkeit seiner Zeit mit einer inneren Freiheit und souveränen Selbständigkeit gegenüber. Während diese das Gesetz Gottes auslegten und vor allem in mündlicher Tradition einen Zaun um die Thora (das Gesetzbuch) errichteten und damit den Weg zu Gott durch eine zwanghafte Gesetzlichkeit verbauten, lebt und predigt Jesus eine Unmittelbarkeit zu Gott und eine direkte und konkrete Gotteserfahrung. Das unterdrückte Volk und die einfachen Leute spürten dies sehr bald und projizierten auf Jesus ihre bisher unterdrückten Wünsche nach religiöser Freiheit. Dieses Wirkungsmuster im seelischen Hintergrund bildete zunehmend den entscheidenden Konfliktstoff für die radika-

le Auseinandersetzung zwischen dem Heiler und den Schriftgelehrten. In oftmals drastischer Weise soll Jesus sie attak-
kiert und kritisiert haben, wie zum Beispiel mit dem folgenden Wort: «Wehe euch, ihr Schriftgelehrten und Pharisäer,
ihr Heuchler! Ihr reinigt das Äußere des Bechers und der
Schüssel. Innen aber seid ihr voll von Raub und Unreinheit.
Wehe euch, ihr Schriftgelehrten und Pharisäer, ihr Heuchler,
ihr ähnelt getünchten Gräbern, die von außen schön scheinen, innen aber sind sie voll toter Knochen und Unreinheit!»[32] An anderer Stelle heißt Jesus sie Schlangen- und Ot-
terngezücht, Leute, die dem Volk schwere Lasten auflegen,
aber selber nicht daran denken, die religiösen Gesetze buchstäblich einzuhalten.

Durch zahlreiche weitere Beispiele könnte die Auseinandersetzung Jesu mit der Gesetzlichkeit der Schriftgelehrten be-
legt werden. Besonders im Markusevangelium wird uns Jesus
in einem starken Gegensatz zu den Schriftgelehrten geschildert. In ihnen sieht er die gefährlichsten religiösen Vertreter,
weil sie den Geist der Menschen durch religiöse Lehren im
Namen Gottes versklaven. Bis in unsere Tage ist dieses Phänomen bei dem «Bodenpersonal Gottes» ein aktuelles Problem geblieben, indem manche zwanghaft strukturierte Pfarrer und kirchliche Mitarbeiter ihre zum Teil gesetzliche
Frömmigkeit anderen aufzwingen wollen. Auch viele fanatische Sektenprediger fordern von den Zuhörern und der sogenannten Gemeinde oftmals eine übertriebene Einhaltung der
Gebote und der Gesetze Gottes, ohne daß sie selber im Pri-
vatleben dieses auch so realisieren.

Derartige Zwangsmechanismen wirkten sich damals durch
die Besetzung Israels durch die Römer in einer strengen
Zwangsherrschaft ebenso aus, wie auch in unserem Staatswe-
sen eine übertriebene Gesetzlichkeit zu seelischer Unfreiheit
führen kann. Mit dem unermüdlichen Bemühen, durch immer neue und kompliziertere Gesetze das Zusammenleben
der Menschen in der Gemeinschaft und im Staat zu ordnen,

werden die Selbstverantwortung des einzelnen wie die Selbstregulierungsprozesse im gesellschaftlichen System zunehmend beeinträchtigt und immer weniger persönliche Entfaltungsmöglichkeiten belassen. Werden diese Zwangsmechanismen der Gesellschaft und des Staates dann noch durch religiöse Zwangsstrukturen den Menschen andressiert und durch dauernde Schuldgefühle und Angst vor immer neuem Schuldigwerden aufrechterhalten, entstehen im Unbewußten des Volkes und der Masse häufig jene verzerrten Vorstellungen von Dämonen und Mächten, die den neutestamentlichen Phänomenen sehr ähnlich sind. Doch anstatt vorschnell von sogenannten Mächten und bösen Kräften zu sprechen, sollten vorerst die konkreten Machtverhältnisse im Staat, in der Kirche und in religiösen Institutionen unter die Lupe genommen und deren negative Auswirkungen auf das persönliche Erleben hinterfragt werden.

Wenn und wo diese Zusammenhänge von einem Seelsorger oder einem Therapeuten angesprochen werden, ähnlich wie bei dem Heiler Jesus damals, gibt es ein Aufhorchen und auch zugleich ein Losbrechen der kritischen Auseinandersetzung. Wenn zwanghaft beherrschte Menschen in ihrer inneren Not derart angesprochen werden wie durch Jesus damals oder durch einen guten Therapeuten heute, stellt sich ein Wissen und ein Erkennen ein, das schon damals den Dämonen nachgesagt wurde. Wiederholt heißt es in diesen Geschichten, daß die Dämonen Jesus kannten und erkannten und wußten, wer er war. Im heutigen tiefenpsychologischen Sinne würden wir dies als einen hilfreichen Akt der Bewußtwerdung und der Selbsterkenntnis verstehen, der dazu führt, daß Menschen wiederum zu einem normalen und ganzheitlichen Leben und Glauben geführt werden. Wenn damals schon die Dämonen sagten, daß ihrer eine Legion seien, dann ist für unsere Zeit hinzuzufügen, daß derer noch immer so viele sind oder sogar durch die kollektiven Zwangsmechanismen der Gegenwart ihrer noch mehr geworden sind.

Von der Blindheit
zum ganzheitlichen Sehen

Wenn wir uns jetzt mit der Heilung von Blinden befassen, soll dies in einer ganzheitlichen Betrachtungsweise geschehen. Es geht dabei nicht nur um den einzelnen erblindeten Menschen und sein tragisches Schicksal, sondern darüber hinaus auch um die Blindheit in einem übertragenen Sinne, von einem ganzen Volk oder einer Glaubensgemeinschaft. Wir vergessen dabei nicht den geschichtlichen Kontext, daß es zur Zeit Jesu infolge der weitverbreiteten Augenkrankheiten sehr viele Blinde in Israel gab. Sowohl durch mangelnde Gesundheitspflege als auch durch Ernährungsschwierigkeiten und das Klima sowie weitere krankmachende Faktoren war die Blindheit ein weitverbreitetes Übel jener Tage. Daher ist es zutiefst verständlich, daß sich mit der Hoffnung und Sehnsucht nach dem kommenden Messias schon bei den Propheten Israels auch die Heilung der Blinden verband, wie Jesaja schreibt: «Alsdann werden die Augen der Blinden aufgetan (bzw. aufgeschlossen)...»[1]

Doch zugleich haben auch die Propheten in ihrer symbolischen Redeweise die Blindheit im übertragenen Sinne angesprochen, indem sie die Uneinsichtigkeit des gottlosen Volkes für die Weisungen des Herrn anprangerten. Schon mit diesen wenigen Hinweisen dürfte uns deutlich werden, daß im Einzelfall die Blindheit und deren Heilung sehr konkret verstanden werden kann und darüber hinaus grade auch dieses Symptom nach einer symbolischen Deutung verlangt. Die symbolische Bedeutung der Blindheit und des Sehens, das bei den Menschen nicht zu einer Einsicht führt, kommt auch in dem folgenden Prophetenwort zum Ausdruck: «Hört nur,

höret, und unterscheidet nimmer, seh nur, sehet, und erkennet nimmer! Zu verfetten ist das Herz dieses Volkes, seine Ohren zu verstopfen, seine Augen zu verkleben, sonst könnte es mit seinen Augen sehn, mit seinen Ohren hören, in seinem Herzen unterscheiden, und Genesung würde ihm!»[2]
Auch in unserer Sprache gibt es zahlreiche volkstümliche Redewendungen, die den Augen und dem Sehvermögen eine symbolische Bedeutung geben. So können wir z.B. unser Augenmerk auf ganz bestimmte Dinge oder Personen richten. Wir können manchmal in übertragenem Sinne ein Auge zudrücken, oder bei anderer Gelegenheit springt oder gar sticht uns dies oder jenes ins Auge. Manchmal können auch starke Ambivalenzgefühle oder seelische Konflikte zu psychogenen Sehstörungen führen, wie E. Drewermann schreibt: «Die Augenmuskulatur kann beim Blinzeltick etwa zwischen neugierigem Hinsehen-Wollen und Nicht-sehen-Dürfen einen unheilvollen Kompromiß finden, indem jemand einerseits ‹ein Auge riskieren› möchte, aber andererseits sich doch aus Schuldgefühl wortwörtlich ‹blenden› lassen muß. Der dumpfe Augendruck oder gar beginnende Sehstörungen sind, wenn psychosomatisch bedingt, meist ein Zeichen dafür, daß jemand etwas ‹nicht mehr mitansehen kann›, ohne es doch aus seinem ‹Gesichtsfeld› entfernen zu können.»[3]

Ursachen für psychogene Erblindung

In vielen biblischen Kommentaren wird darauf hingewiesen, daß infolge ernährungsmäßiger oder hygienischer Mängel die Augenkrankheiten im Altertum weit verbreitet waren. Auch heute noch kennen wir aus vielen Ländern in Afrika und aus den Entwicklungsländern der Dritten Welt infolge von Armut und Verelendung die Erblindungen vieler Menschen. Bei der Beschreibung für die Ursachen der vielfältigen Augenkrankheiten sollten wir nicht nur das naturwissenschaftlichmedizinische Denken berücksichtigen, sondern auch subjektive und vor allem auch seelische Gründe hinzunehmen. Gerade letzteres macht einen tiefen Sinn, indem die Erblindeten das Elend nicht in jedem Augenblick ansehen müssen und damit nicht noch stärker in die Verelendung hineingezogen werden. Da die äußere Realität für viele nicht zu ändern ist, verschließen sie allmählich die Augen und ziehen sich in eine innere Welt zurück. In der Tiefenpsychologie und heutigen Therapie nennen wir dies eine psychogene Erblindung, weil geistige und seelische Ursachen zum Erlöschen des Augenlichtes entscheidend beitragen können. Im Sinne einer ganzheitlichen Betrachtungsweise sind die vielfältigen Formen der psychogenen Erblindung häufig auch mit körperlichen Krankheitsformen und sozialen wie existentiellen Notlagen verbunden, wie zum Beispiel die genannte Armut und die Ernährungsprobleme sowie hygienische Schwierigkeiten. Bei den von Jesus geheilten Blinden dürfte es sich um psychogene Erblindung gehandelt haben, die ihren Ort in den aufgezeichneten Problemzusammenhängen haben dürften. Lesen wir zunächst den biblischen Text von der Heilung des Blinden (Mk 8,22–26):

«Sie kamen nach Betsaida. Da brachte man einen Blinden zu Jesus und bat ihn, er möge ihn berühren. Er nahm den Blinden bei der Hand, führte ihn vor das Dorf hinaus, bestrich seine Augen mit Speichel, legte ihm die Hände auf und fragte ihn: Siehst du etwas? Der Mann blickte auf und sagte: Ich sehe Menschen; denn ich sehe etwas, das wie Bäume aussieht und umhergeht. Da legt er ihm nochmals die Hände auf die Augen; nun sah der Mann deutlich. Er war geheilt und konnte alles ganz genau sehen. Jesus schickte ihn nach Hause und sagte: Geh aber nicht in das Dorf hinein!»

Im Unterschied zu anderen Heilungsgeschichten, bei denen der Hilferuf direkt von den Kranken selber ausgeht, bitten und flehen hier andere Menschen für den Erblindeten, daß Jesus ihn berühre und heile. Obwohl wir keine direkten Beweggründe der Hilfesuchenden im Text genannt bekommen, dürfte die Handlungsweise aus sich selber heraus verständlich sein. Wer fortwährend mit Behinderten oder Kranken zusammenlebt, der ergreift in verständlicher Weise die Initiative, wenn sich die Chancen und Aussichten zu einer Heilung bieten. Wenn wir dagegen, wie bereits gesagt, von einer psychogenen Erblindung ausgehen, dann könnten auch die hilfsbereiten Mitmenschen mit daran beteiligt sein, daß dieser Mann jene Leute im Verlauf der Jahre einfach nicht mehr sehen konnte und wollte und zunehmend vor ihnen die Augen verschloß.

Nach heutigen Erfahrungen und Erkenntnissen kann nicht nur das geschilderte soziale Elend zu psychogenen und psychosomatischen Erkrankungen führen, sondern vor allem auch unabänderliche oder schicksalhafte menschliche Verstrickungen und Schwierigkeiten. Bei «unheilbaren» Leiden oder scheinbar nicht veränderbaren Schwierigkeiten ist die Zuflucht in eine psychogene Erblindung, Lähmung und andere psychosomatische Krankheitsformen oder in die Neurose nicht nur ein fauler Kompromiß, wie Gesundheitsfanatiker es manchmal meinen, sondern auch eine begrenzte Überlebenschance. Tiefenpsychologisch betrachtet sprechen wir von der Flucht in die Krankheit und sogar von einem sogenannten «Krankheitsgewinn»[4], indem Menschen durch ihre bewußten und darüber hinaus vor allem durch unbewußte Antriebskräfte und Motivationen sich mit Hilfe ihrer Symptombildungen in eine Ersatzwelt zurückziehen, gepanzert und gesichert wie Ritter in ihrer Burg oder wie Soldaten in ihren Befestigungsanlagen. Dieser symptomatische Rückzug aus den zwischenmenschlichen Beziehungen dürfte auch der entscheidende Beweggrund dafür sein, daß Jesus den Blinden bei der Hand nahm und ihn aus dem Dorf hinausführte und ihn dort behandelte. Für seelisch bedingte Erkrankungen ist es ganz besonders wichtig, daß diese Menschen einmal ganz besonders beiseite genommen werden und sich ein Heiler oder Therapeut in besonderer Weise ihrer annimmt.

Die Heilmethode Jesu mag manchem(er) aufgeklärten Leser(in) wie eine primitive Medizin erscheinen. Manche Mütter oder Väter dagegen mögen sich an ähnliche Handlungen erinnern, wie sie gelegentlich durch Pusten, Streicheln oder gar mit Speichel ihre Kinder behandelten, wenn diese sich verletzt hatten. Die Heilkraft des Speichels war übrigens in der Antike bekannt. Während die Angst und der Schmerz ein Kind isolieren und auf sich selber zurückgeworfen sein lassen kann, vermag die tröstende und mutmachende Beziehung gerade durch jene ursprünglichen Behandlungsweisen wiederhergestellt werden. Bei der Behandlung mit Speichel kann man auch an das instinktive Verhalten vieler Tiere denken, die ihre Wunden lecken. Ähnliche Methoden praktizieren noch heute die Medizinmänner und Schamanen in anderen Kulturen. Gerade bei psychogenen Erkrankungen geht es weniger um eine objektivierende Medizin als vor allem um subjektive Wirkfaktoren. Durch die Berührung und Handauflegung[5] öffnet Jesus dem Blinden wieder die Augen für die Außenwelt und das Leben.

Die unterschiedlichsten Mutmaßungen haben die Bibelausleger der letzten zwei Jahrtausende darüber angestellt, warum dem Blinden im Heilungsprozeß die Menschen zunächst erscheinen *wie* Bäume? Zunächst sei an die weitverbreitete Erfahrung erinnert, daß viele Menschen ihren Genesungsprozeß in kleinen Schritten erleben, indem sie erst langsam wieder normale und gesunde Reaktionen ihrer körperlichen und seelischen Fähigkeiten vollbringen können. Deutlicher als in der deutschen Übersetzung des Textes beschreiben die Verben des griechischen Urtextes die Abfolge des Heilungsprozesses, indem zunächst von Aufblicken oder Aufsehen die Rede ist. Danach eröffnet sich dem Blinden ein Durchblick, und schließlich kann er alles wieder ganz deutlich sehen und auch die Menschen ansehen. Wenn wir davon ausgehen, daß Markus nicht zufällig diese verschiedenen Worte ausgewählt hat, dann dürfen wir den verschiedenen Schritten des Sehens auch eine tiefenpsychologische Deutung geben. Nachdem dieser Mann vor seiner Erblindung die Menschen infolge des beschriebenen Elends und der zunehmend sich einstellenden inneren Blockaden und Hemmungen nicht mehr anblicken konnte und schließlich nichts mehr sehen wollte, blickte er nach seiner Erblindung nur noch nach innen.

In vielen heutigen Therapien wird die Zurücknahme der Aufmerksamkeit und der Projektionen auf äußere Dinge und reale Personen systematisch angegangen und die Introspektionsfähigkeit gefördert, indem die bewußten Ansichten über viele Dinge und die Menschen ergänzt werden durch innere Bilder und persönliche Einsichten. Auf diesem Wege wird auch die persönliche Einbildungskraft gefördert, worunter wir keine beliebigen oder gar krankhaften Vorstellungen oder gar «wilde Phantasien» verstehen, sondern die bildenden und therapeutischen Kräfte, die einem aus der innersten Quelle der Seele, dem Selbst, und aus dem Kern der Person zufließen. Durch die im therapeutischen Prozeß geförderte Einbildungskraft wird im Verlauf der Therapie eine therapeutische Kraft lebendig, die in den Träumen und in den verschiedenen Urbildern erscheinen kann. Zu diesen archetypischen Symbolen gehören insbesondere der Baum sowie das Gottesbild, die die Ganzwerdung und Heilung einer Person in besonderer Weise zu fördern vermögen. Gerade der Baum ist in seiner vielfältigen Gestalt nicht nur in seinen äußeren Erscheinungsformen für die Menschen ein Vorbild für das Wachstum der eigenen Person, sondern wir finden ihn auch in unserem Leib vor, z. B. im Bronchialbaum, unserem vielverzweigten Blutadernsystem und besonders im Lebensbaum des Gehirns, dem sogenannten arbor vitae. Auch wenn wir nicht bewußt daran denken, sind wir doch mit jedem Atemzug mit den Bäumen verbunden, indem wir den von ihnen gespendeten Sauerstoff einatmen und diese wiederum unsere verbrauchte Luft aufnehmen. Wenn nun ein Mensch durch seine Erblindung stark auf sich selber zurückgeworfen wird, beachtet und erlebt er viel stärker seine körperlichen Funktionen und belebt darüber hinaus die uns Menschen einprogrammierten Urbilder, wozu auch der Baum zählt[6].

Noch ein weiterer Aspekt scheint mir für diesen ersten Schritt der Heilung sehr wesentlich, wozu der Blinde zunächst die Menschen «wie Bäume» herumgehen sieht. Wir haben uns die ersten tastenden Versuche des beginnenden Sehvermögens nicht auf wenige Augenblicke oder Minuten begrenzt vorzustellen. Obwohl die biblischen Schriftsteller hier wie an zahlreichen anderen biblischen Stellen die Zeit sehr stark zusammengerafft und symbolisch als relativ beschreiben, haben wir doch die von Eugen Drewermann beschriebene Zeitzerdehnungsregel bei den tiefenpsychologischen Deutungen zu berücksichtigen, indem wir den zeitlichen Ablauf des Heilungsprozesses in unseren alltäglichen Erfahrungsbereich heimholen[7].

Neben diesem methodischen Hinweis erscheint mir jedoch eine praxisbezogene Erfahrung noch wesentlicher zu sein, daß nämlich in therapeutischen Prozessen und in den Träumen lange Zeit Ursymbole aus dem dinglichen und tierischen Bereich gewählt werden, um mit Hilfe der in ihnen schlummernden therapeutischen Kraft einen Kranken langsam wieder an den menschlichen Lebensbereich anzugliedern. Wer als neurotisch erkrankter Mensch durch bestimmte Mitmenschen sehr verletzende und kränkende Erfahrungen gemacht hat, der kann und mag auf lange Zeit diese Menschen nicht mehr sehen. Wenn das menschliche Erscheinungsbild nun durch negative Erfahrungen mit derart vielen Ängsten und Ablehnungen verbunden ist, dann muß zwangsläufig die Seele eine ganze Zeitlang andere Vorbilder und Urbilder wählen, damit ein Mensch langsam überhaupt wieder Zutrauen zu den Mitmenschen gewinnen kann. Dazu berichtet mir eine

Patientin in der Lebensmitte folgendes: «Seitdem ich die Menschen in ihrer kränkenden und verletzenden Weise über viele Jahre ausgehalten habe und daran krank geworden bin, begann ich als Ersatz die Blumen, Bäume und die Tiere zu lieben.» Zu einer ähnlichen Deutung kommt auch E. Drewermann in seinem Kommentar zu unserer biblischen Geschichte, indem er von dem Blinden schreibt: «Daß er aber gerade den Eindruck von ‹Bäumen› mit ‹Menschen› assoziiert, liegt wohl nicht nur an der undeutlichen Gestaltwahrnehmung selbst, sondern dürfte auch psychisch ‹determiniert› sein. Wären die Menschen wirklich wie ‹Bäume›, so würden sie niemals eine Gefahr bedeuten; sie böten im Gegenteil, wie in den Tagen der Urzeit, Halt und Geborgenheit, Nahrung und Schutz, Festigkeit und Zuflucht – tiefenpsychologisch sind ‹Bäume› ein weiblich/mütterliches Symbol, und man kann sich gut vorstellen, daß gerade dies der Aspekt ist, unter dem dieser Blinde die Menschen erst einmal auf lange Zeit hin sehen lernen muß, um wie ein Neugeborener das Augenlicht (wieder) zu gewinnen.»[8]

Es ist keineswegs nur eine neue tiefenpsychologische Erkenntnis unserer Tage, daß mit Hilfe der Einbildungskraft und der Träume die verschütteten therapeutischen Kräfte in einem Menschen erweckt werden können, sondern es war auch in Epidauros, worüber schon berichtet wurde, eine grundlegende Erfahrung in den 70 überlieferten Krankengeschichten. Eine eindrucksvolle Parallele zu unserem Text ist die folgende: «Alketas von Halees, dieser war blind und sah einen Traum: Es träumte ihm, der Gott komme zu ihm und öffne mit den Fingern seine Augen, da habe er zuerst die Bäume im Heiligtum gesehen. Als es Tag geworden, kam er gesund heraus.»[9] Nach Meinung einiger Kommentatoren dürfte es sich um einen Spasmus und eine Augenlidschwellung gehandelt haben, welche sich durch das mit starken Emotionen begleitete Traumbild vom Erscheinen des Heilgottes gelöst hat.

Die Zweifel an derartigen Heilmethoden sind recht alt und spiegeln sich auch in der folgenden Krankengeschichte einer Frau aus Athen wider: «Ambrosia von Athen, einäugig. Diese kam als Bittfleherin zu dem Gott. Als sie im Heiligtum herumging, lachte sie über einige von den Heilungen als unwahrscheinlich und unmöglich, daß Lahme und Blinde gesund werden sollen, nachdem sie nur einen Traum gesehen hätten. Als sie im Heilraum schlief, sah sie ein Gesicht: Es träumte ihr, der Gott trete vor sie und sage, daß er sie zwar gesund machen werde, aber als Lohn von ihr verlange, daß sie für das Heiligtum ein silbernes Schwein stifte als Erinnerung an ihre Unwissenheit. Nachdem er das gesagt, habe er ihr das kranke Auge aufgeschlitzt und ein Heilmittel eingegossen. Als es Tag geworden, kam sie gesund heraus.»[10] Diese Geschichte spiegelt wider, wie man sich auch in den ersten Jahrhunderten vor Christus in Epidauros bereits mit dem Unglauben auseinandersetzen mußte. Als Kommentar dazu schreibt R. Herzog: «Die Heilung der einäugigen Frau geschieht im Traum durch eine Operation, ...die in späterer Zeit bei Verwachsen der Augenlider angewendet wurde. Zugrunde liegt vielleicht mit starker Schwellung der Lider einhergehende einseitige Augenentzündung, die spontaner Heilung fähig ist.»[11] Die bereits beschriebene Einbildungskraft des Menschen und das Erscheinen des Gottesbildes, wie in Epidaurus des Heilgottes Asklepios, können damals wie heute zu spontanen Heilungen von seelisch bedingten Krankheiten führen.

Affekte als Heilungsimpulse

Als Überleitung zu der biblischen Geschichte von der Heilung eines Blinden möchte ich nochmals eine kurze Geschichte aus Epidauros erwähnen, die die Funktion und Bedeutung von seelischen Affekten und inneren Bildern im Prozeß der

Heilung verdeutlichen mag: «Ein blinder Mann. Dieser verlor im Bad seine Salbflasche. Als er im Heilraum schlief, träumte ihm, der Gott sage, er solle in der großen Herberge die Salbflasche suchen, zur Linken, wenn er hereinkomme. Als es Tag geworden, führte ihn der Diener zum Suchen. Als er in die Herberge eingetreten war, sah er plötzlich die Salbflasche, und darauf wurde er gesund.» [12]
Ähnlich aktiv wird auch der Blinde Bartimäus, der an der Straße bei Jericho bettelte. Im Unterschied zu dem namenlosen Blinden von Betsaida, der von den Leuten zu Jesus geführt wurde, schreit Bartimäus von sich aus um Hilfe und bittet Jesus um Erbarmen. Nach den mutmachenden Worten der Begleiter Jesu wirft er sogar seinen Mantel weg und läuft offensichtlich blind tappend in jene Richtung, in der er die Stimme Jesu gehört hatte. Diese Geschichte (Mk 10,46–52) lautet:

«Sie kamen nach Jericho. Als er mit seinen Jüngern und einer großen Menschenmenge Jericho wieder verließ, saß an der Straße ein blinder Bettler, Bartimäus, der Sohn des Timäus. Sobald er hörte, daß es Jesus von Nazareth war, rief er laut: Sohn Davids, Jesus, hab Erbarmen mit mir! Viele wurden ärgerlich und befahlen ihm zu schweigen. Er aber schrie noch viel lauter: Sohn Davids, hab Erbarmen mit mir! Jesus blieb stehen und sagte: Ruft ihn her! Sie riefen den Blinden und sagten zu ihm: Hab nur Mut, steh auf, er ruft dich. Da warf er seinen Mantel weg, sprang auf und lief auf Jesus zu. Und Jesus fragte ihn: Was soll ich dir tun? Der Blinde antwortete: Rabbuni, ich möchte wieder sehen können. Da sagte Jesus: Geh! Dein Glaube hat dir geholfen. Im gleichen Augenblick konnte er wieder sehen, und er folgte Jesus auf seinem Weg.»

Der blinde Bartimäus ruft in starker Ergriffenheit und Leidenschaft Jesus an und bittet um Erbarmen: «Erbarme dich meiner!»

Es ist ein besonderes Wort aus der christlichen Gebetssprache. In der Liturgie des Gottesdienstes geschieht der Anruf um Gnade und Barmherzigkeit mit den Worten: «Herr, erbarme dich!» oder «Kyrie eleison!», wie es im griechischen Urtext heißt. Mit Erbarmen ist im allgemeinen Sprachgebrauch annähernd das ausgesagt, was sonst mit einer tiefen und persönlichen Anteilnahme gemeint ist oder mit dem Mitleid und Mitgefühl. Es ist kein mitleidiges Gefühl, sondern ein Mitempfinden, weil es einem in der Seele wehtut. Wenn Bartimäus um Erbarmen ruft, zeigt er offen und leidenschaftlich sein Leiden und seine persönliche Not. Dieser Hilferuf spricht besonders die «Bauchseele Jesu» an und damit seine Empathiefähigkeit, das einfühlsame Mitleiden des Heilers.

In dieser Begegnung wird ein Verbundenheitsgefühl lebendig, das nur annähernd mit Worten wiedergegeben werden kann. Treffend beschreibt der Theologe Bultmann dieses empathische Mitgefühl als «ein ursprüngliches Sich-eins-Wissen und -Fühlen mit einem anderen, ist vor allem das Verbundenheitsgefühl des Vaters und der Mutter mit dem Kinde, der Brüder, der Gatten untereinander» [13]. Bultmann gibt in dem genannten Artikel zahlreiche Hinweise als Belegmaterial darüber, wie dieser Ruf nach dem Erbarmen Jesu in der biblischen Überlieferung in den vielfältigsten Zusammenhängen verwendet wird. Viele dieser Belegstellen spiegeln auch die starke seelische Ergriffenheit und persönliche Berührung wider, so daß die häufig gehörte theologische Kritik über das sogenannte Psychologisieren hinfällig wird.

Hilferufe werden zum Schweigen gebracht

Wir wenden uns jetzt einem schwierigen Aspekt der Blindenheilung zu, nämlich daß der Hilferuf des Blinden zum Schweigen gebracht werden soll. In geschickter Weise wissen die biblischen Schriftsteller unsere Geschichte zu dramatisieren. Bevor es zur Begegnung mit dem Heiler kommt, versucht die Menge und/oder das Volk den Blinden zum Schweigen zu bringen. Bei Markus heißt es: «Und viele bedrohten ihn, er solle schweigen.» In der Variante nach Matthäus ist es das Volk, das die (zwei) Blinden bedrohte, daß sie schweigen sollten. Für Lukas ist es wichtig zu betonen, daß diejenigen, die vornean gingen, den Blinden bedrohten, er solle schweigen. Wie bei einem heutigen Zeitungsbericht jeder Berichterstatter die für ihn am wichtigsten erscheinenden Gesichtspunkte hervorhebt, so geschieht es auch bei den biblischen Autoren. Wie verhält sich die Not eines einzelnen (nach Matthäus sind es allerdings zwei Blinde) zu dem Interesse der Volksmenge, zu dem, was den vielen im Augenblick gerade wichtig zu sein scheint? Damit ist eine Frage aufgeworfen, die bis in die Gegenwart von größter Aktualität ist. Stets versucht die Masse zu entscheiden, was im Augenblick wichtig ist, und bringt damit nicht selten die Not der einzelnen zum Schweigen.

Wir spüren den unterschiedlichen Beweggründen und Motivationen der Volksmenge und dem existentiellen Hilferuf des einzelnen weiter nach. Es bedarf wohl kaum einer ausführlichen Erklärung, warum und wozu der Blinde um Hilfe ruft. Wer in einer existentiellen Not, in einer Krankheit steckt, hat zu Recht nur den einen Gedanken und einen Wunsch, daß ihm geholfen werde. Derartige Hilferufe sind meistens knapp und formelhaft wie in unserer Geschichte: «Jesus, du Sohn Davids, erbarme dich meiner!» Im griechischen Urtext steht ein Wort, das uns aus der gottesdienstlichen Liturgie beim Kyrie eleison vertraut ist, nämlich: Eleison! Wenn wir den Wortlaut und den Klang dieses Hilferufes auf uns wirken lassen, können wir noch «Elend» daraus vernehmen. Der Hilferuf meint, daß das Elend und das persönliche Leiden aufhören mögen und Heilung möglich werde. Wie empfindungslos und herzlos muß dagegen das Begehren der Volksmasse erscheinen, daß ein derartiger Hilferuf verstummen möge.

Bis in unsere Tage hinein gibt es viele leidende Menschen, die sich von den Beschwichtigungen der «Normalen» und von den Bedrohungen der Masse derart beeindrucken lassen, daß sie sich schließlich in die Höhle ihres Leidens gänzlich zurückziehen und damit der Selbstzerstörung weiteren Raum geben. Es ist offensichtlich die Absicht unserer Geschichte, das Gegenteil zu bewirken, nämlich den Leidenden Mut zu machen, um so deutlicher und kräftiger nach Hilfe zu schreien. Eindrucksvoll formuliert Markus: Er aber schrie vielmehr: «Du Sohn Davids, erbarme dich meiner!» Es ist offensichtlich die seelsorgerliche Absicht der Urgemeinde, ihre Kranken und Leidenden zu motivieren, kräftig und laut nach Hilfe zu rufen. Daher können diese Geschichten bis in unsere Tage hinein ermutigend wirken, deutlich und vernehmbar die persönliche Not zu artikulieren.

Doch wir haben uns jetzt auch in die Motivation der Volksmenge und der vielen zu versetzen, die sie dazu treibt, die Blinden zum Schweigen zu bringen. Dazu gehen wir von einer alltäglichen Erfahrung aus, daß die Gesunden und sogenannten Normalen es in der Regel schwer haben, sich in das Erleben von Kranken und Patienten hineinzuversetzen und einzufühlen. Die Masse der Gesunden und Normalen hat verständlicherweise andere Interessen als die Kranken. Besonders bedenklich muß erscheinen, wenn eine religiöse Massenbewegung wie in den verschiedenen Gemeinschaften, Denominationen und Sekten derart mit ihren religiösen Programmen beschäftigt sind, daß sie für den Hilferuf des einzelnen wenig Zeit und Gespür haben. In unseren Geschichten spiegelt sich ein Widerspruch und ein Konflikt, der seit der christlichen Urgemeinde durch die Jahrhunderte und Jahrtausende hin aktuell geblieben ist.

Die Nachfolge Jesu Christi, die Mitgliedschaft in einer der Kirchen und die Verwirklichung der verschiedenen religiösen Ziele ist vielen Menschen offensichtlich wichtiger, als innezuhalten und ein Ohr zu haben für den Hilferuf eines einzelnen

Kranken. In der Variante nach Lukas sind es diejenigen, die vornean gingen, die den Blinden bedrohten, er solle schweigen. Im modernen Deutsch könnten wir wohl sagen, es sind die besonders Aktiven und Progressiven, die mit der Zukunft der Kirche derart intensiv beschäftigt sind, daß sie für den Hilferuf der Blinden am Weg kein Ohr mehr haben. Doch eine Glaubenshaltung und eine religiöse Orientierung, die derart stark mit den eigenen Zielen befaßt ist, daß die existentiellen Hilferufe von Kranken als störend empfunden werden, spricht sich selber das Urteil. Auch dieser Masse erteilt der Heiler eine Lektion, indem er sie den Blinden herrufen läßt. Oft ist es ein unbedachtsames Verhalten der Masse, das durch ein hilfreiches therapeutisches Verhalten korrigiert werden kann. Dieses Anliegen kommt in den textlichen Bearbeitungen nach Markus und Lukas besonders zum Ausdruck. Jesus steht still und läßt den Blinden durch die Leute, die ihn vorher zum Schweigen gebracht haben, jetzt rufen und zu sich führen. Bewundernd und staunend können wir vernehmen, wie weise und therapeutisch Jesus auch mit der Masse umgeht und sie durch seine «Verhaltenstherapie» in ihrem zunächst oberflächlichen und abwehrenden Verhalten korrigiert. Doch wenden wir uns jetzt der heilenden Begegnung Jesu mit dem Blinden zu.

Die heilende Begegnung

Wir lesen und erleben jetzt etwas mit, was für die heilende Begegnung zwischen einem leidenden Menschen, einem Patienten, und einem Therapeuten von grundlegender Bedeutung ist. Jesus der Heiler stellt eine wichtige therapeutische Frage: «Was willst du, daß ich dir tun soll?» Alle drei Evangelisten überliefern hier den gleichen Wortlaut. Ich deute dies so, daß sich trotz unterschiedlicher theologischer Akzentuierungen die biblischen Schriftsteller in den grundlegenden

Fragen einig sind. Wir können uns diesen Sachverhalt vielleicht am ehesten vergegenwärtigen durch die heutige Erfahrung, daß es bei den verschiedenen therapeutischen und tiefenpsychologischen Schulrichtungen mancherlei Streitigkeiten gibt, die es dennoch zulassen, daß man in den grundlegenden therapeutischen Methoden einer Meinung ist.

Mit der gestellten Frage will Jesus als Therapeut offensichtlich den Heilungswillen und den Lebensmut des Blinden stärken oder erwecken. Es ist wichtig, nicht blindlings irgendwo und irgendwelche Hilfe zu suchen, sondern sich bewußt für einen Therapeuten und dessen Möglichkeiten zu entscheiden. Gerade im seelischen Erfahrungsbereich wie auch in der geistigen Dimension des Menschen ist jeder Therapeut darauf angewiesen, daß ein Patient mitarbeitet, sich vertrauensvoll eröffnet und sich wissentlich und willentlich für eine Therapie entscheidet.

Von dem therapeutischen Verhalten Jesu können speziell all jene Seelsorger etwas lernen, für die die sogenannte nachgehende Seelsorge besonders wichtig ist. Es mag sein, daß in einzelnen Fällen dieses Bemühen angezeigt ist. Doch häufig wird diese sogenannte nachgehende Seelsorge auch wie eine Art von Nachlaufen erlebt, die letztlich bei den Menschen nichts bewirkt. Mancher Seelsorger, der diese Methode praktiziert, hätte sich seine Enttäuschungen und seine Bemühungen ersparen können, wenn er gleich am Anfang ein Gemeindeglied oder einen Ratsuchenden wie Jesus gefragt hätte: «Was willst du, daß ich dir tun soll?»

Mit dieser einleitenden Frage wird sozusagen das Arbeitsbündnis zwischen zwei Menschen geklärt und trotzdem die Eigenverantwortlichkeit des Patienten, des Ratsuchenden oder eines Gemeindegliedes aktiviert oder erweckt. Selbst wenn wir in guter Absicht anderen Menschen oder unseren eigenen Kindern etwas aufnötigen wollen, wird dies in der Regel doch nur zum Schaden sein. Auch wenn Jesus – wie jeder Therapeut heute, wenn er einem Patienten begegnet –

sieht und weiß, was dessen Not ist, wird doch die Antwort des Blinden abgewartet: «Meister, daß ich sehend werde!»

Wie Blinde im Traum sehen
Interview mit einer blinden Traumdeuterin

Bei dem Gespräch über die Blindenheilungen sind wir auch auf das innere Sehen zu sprechen gekommen. Mancher Kritiker könnte nun meinen, daß mit dieser Aufmerksamkeit für eine innere Wirklichkeit wenig oder keine Hilfe zu erwarten ist für das Leben in der Realität. Dabei stellt sich uns die Frage, was ist wirklich und real? Nach C.G. Jungs Definition ist alles wirklich, was wirkt, indem dies für den einen mehr in der äußeren Realität sichtbar wird und für andere eine innere Erfahrung sein kann. Genauer betrachtet, sollten wir diese Erfahrungsbereiche nicht nur auf verschiedene Menschen aufteilen, sondern sie als Möglichkeiten ansehen, die in jedem mehr oder weniger entfaltet und entwickelt sind.

Für eine ganz bestimmte Gruppe von behinderten Menschen ist dieses innere Sehen und auch das Träumen eine ganz wichtige Erfahrung, nämlich für die Blinden. Daher möchte ich hier ein Gespräch folgen lassen, das ich im Herbst 1987 mit der erblindeten Frau Hildegard Schwarz geführt habe, in dem sie bezeugt, wie sie durch ihre persönliche Traumarbeit wieder gelernt hat, innerlich zu sehen.

Hark: Frau Schwarz, Sie erzählen in ihrem Buch «Mit Träumen leben»[14], das mich stark beeindruckt hat, daß Sie erst nach ihrer Erblindung mit 50 Jahren innerlich zu sehen angefangen haben. Ich möchte Sie bitten, von diesem inneren Prozeß und diesem persönlichen Weg ein wenig zu erzählen.

Schwarz: Ich bin jetzt etwa 25 Jahre lang blind. Ich habe einmal sehen können und gehöre daher zu den Späterblindeten. Von Kindheit an war ich ein «Augenmensch» und habe vor allem auf die äußere Welt geachtet. Nach meiner Erblindung und dem damit verbundenen Verlust eines Teiles der äußeren Welt habe ich mir eine neue erobert. Ich habe mich den Träumen zugewandt, die mir eine innere Welt sichtbar machten. Nach meiner totalen Erblindung hatte ich zunächst das Gefühl, in einen dunklen Brunnen gestürzt zu sein. Das Raumgefühl ist plötzlich ganz anders, so, wie wenn der Raum eingefallen und zusammengestürzt wäre. Da kann man sich nicht mehr frei bewegen und sicher gehen. Wenn das Sehen ausfällt, wird die Bewegung im Raum ganz anders. Ich sehe nicht mehr, wo ich gehe. Ganz langsam habe ich aus diesem beengenden Raumgefühl herausgefunden. Es ist ein wichtiger Unterschied zwischen denjenigen, die von Geburt an blind sind, die es gar nicht anders kennen, und den später Erblindeten.

Hark: Wie oder wodurch sind Sie nun gerade in diesem tragischen Schicksalsschlag auf die Träume aufmerksam geworden? Aus Ihren persönlichen Zeugnissen in dem Buch entnehme ich, daß für Sie als erblindete Frau gerade das Jungsche Traumverständnis für die Entwicklung des inneren Sehvermögens hilfreich und wichtig wurde. Bitte erzählen Sie ein wenig über Ihre Entdeckungen der Bildersprache der Seele.

Schwarz: Damals habe ich zufällig am Radio eine Sendung gehört, in der aus Jungs Buch «Erinnerungen, Träume, Gedanken» vorgelesen wurde. Mich sprach spontan ganz besonders an, was da zum Verständnis und zum Umgang mit den Träumen gesagt wurde. Dies brachte mich auf die Idee, daß ich mich gerade als Erblindete mit meinen Träumen beschäftigen könnte und auf diese Weise zu einem inneren Sehen käme. Als ich damit anfing, merkte ich zu meinem größten Erstaunen, daß ich in meinen Träumen sehen konnte.

Hark: Das Bewußtwerden dieser bisher unbewußten und unbeachteten Möglichkeit, als erblindeter Mensch in den Träumen sehen zu können, wie jeder andere auch, spricht mich ganz tief an.

Schwarz: In meinen Träumen sehe ich alles so, wie es früher vor meiner Erblindung war. Ich sehe die Häuser, die Menschen, die Tiere, Wolken und alles andere. Auch die Farben sehe ich im Traum und die Bewegung der Dinge und Menschen. Es war für mich wie eine Erleuchtung, daß ich in den Träumen sehen kann und durch diese Erfahrung am Leben Anteil habe wie früher. Ich kann zwar am Tage nicht mehr sehen, aber nachts sehe ich alles.

Hark: Ihre Erfahrungen bestätigen meine Überlegungen und Pläne, blinden Menschen durch Anleitung zum persönlichen Umgang mit Träumen zu helfen, wenigstens innerlich wieder sehen zu können. Schon vor einigen Jahren bin ich durch einen Vortrag über Träume in einem Sanatorium für Blinde auf diese bisher nicht beachtete Möglichkeit aufmerksam geworden. Damals haben mir zahlreiche Kriegsblinde ihren Wunsch vorgetragen, ihre Ehepartnerinnen und ihre Kinder wenigstens im Traum einmal sehen zu können. Wie sehen und beurteilen Sie als blinde Frau diese Möglichkeiten, mit Hilfe von Träumen die Menschen und die Dinge in der Welt wieder sehen zu lernen?

Schwarz: Mir fällt als erstes die Erfahrung einer von Geburt an blinden Bekannten ein, die mir erzählte, wie sie sich innere Anschauungen bildet von den Dingen, mit denen sie umgeht. Wenn sie z.B. wiederholt eine bestimmte Treppe hochgeht, gewinnt sie im Laufe der Zeit eine ganz bestimmte Vorstellung von dieser Treppe. So könnte es sein, daß durch den tastenden Umgang mit den Dingen sich langsam im Traum dazu auch bestimmte Bilder entwickeln. Anders dagegen verhält es sich bei mir, weil ich früher die Menschen und die Dinge habe sehen können. All diese Eindrücke und das Gesehene bleibt auch in einem erblindeten Menschen vorhanden und kann in den Träumen wieder erscheinen.

Hark: C.G. Jung hat durch die Analyse und Bearbeitung von ca. 80 000 Träumen häufig die Erfahrung gemacht, daß nicht nur persönliche Erfahrungen und Eindrücke in unserem persönlichen Unbewußten gespeichert sind, sondern daß darüber hinaus in dem sogenannten kollektiven Unbewußten, in dem die grundlegenden menschlichen Erfahrungen unserer Ahnen und Vorfahren gespeichert sind, diese gelegentlich auch in Träumen in Erscheinung treten können. Könnte diese Erkenntnis nicht bedeuten, daß Blinde ebenfalls an den gespeicherten Schätzen dieses kollektiven Unbewußten Anteil haben und daß diese Bilder in ihren Träumen bei entsprechender Anleitung in Erscheinung treten können?

Schwarz: Das könnte ich mir vorstellen. Die Einführung in den persönlichen Umgang mit Träumen müßte jedoch sehr intensiv sein. Dies wäre vor allem möglich durch eine lange Traumanalyse. Auch wenn mit Blinden in Traumseminaren über dieses Thema intensiv gearbeitet würde, könnte die Bildersprache der Seele erweckt werden. Indem von Bildern und Formen und Gestalten des Lebens gesprochen wird und die Aufmerksamkeit ganz besonders darauf gerichtet wird, berührt dies auch das Vorstellungsvermögen und die Seele, die es dann durch die Träume vor dem inneren Auge erscheinen läßt. Ich habe in diesem Sinne mit Blinden über Formen und Gestalten gesprochen. Doch wir müßten darüber noch viel mehr Erfahrungen sammeln.

Hark: Erscheint es Ihnen denkbar, möglich und sinnvoll, in einer zentralen Blindenorganisation bei der Entwicklung eines Konzeptes zur Traumarbeit mit Blinden mitzuwirken? Nachdem Sie es so eindrucksvoll erzählt haben, daß Sie nach Ihrer Erblindung durch den persönlichen Umgang mit Ihren Träumen wieder das Sehen gelernt haben, könnten doch gerade Sie Ihren Schicksalsgefährten eine wichtige Hilfe werden.

Schwarz: Es würde mich sehr interessieren, und ich würde gerne mitarbeiten. Etwas habe ich mich bereits engagiert, indem meine Bücher über Träume in der sogenannten Hör-Bibliothek für Blinde auf Kassetten zu hören sind. Ich bin der Überzeugung, daß die Traumarbeit gerade für Blinde, wie auch für alle anderen Menschen, eine große Hilfe und eine

Chance werden können, nicht nur sehen zu lernen, sondern auch darüber hinaus zu Einsichten über sich selbst zu gelangen. Nachdem ich mir selber durch mühsame Arbeit in der Analyse und durch das autodidaktische Studium diese Kenntnisse erworben habe, würde ich sie gerne an andere Menschen weitergeben. Ich tue das bereits seit Jahren, indem ich in meinem Lebensbereich in Einzelgesprächen und auch in Gruppenarbeit Träumerinnen und Träumern dazu verhelfe, ihre eigenen Träume wieder verstehen zu lernen.

Hark: Ich führe seit mehreren Jahren Traumseminare durch und empfehle den Teilnehmerinnen und Teilnehmern nach mehreren Aufbaukursen über wichtige Aspekte der Traumpsychologie, die Gespräche über die eigenen Träume in Selbsthilfegruppen fortzusetzen. Ich habe dabei die Erfahrung gemacht, daß Träume nicht nur wichtig in der Therapie sind, sondern daß jeder «normale» Mensch das Urheberrecht hat, die Botschaft seiner Träume zu verstehen und daraus Anregungen zu entnehmen für die persönliche Lebensgestaltung. Ähnlich wie ein Patient in der analytischen Therapie lernt, mit seinen Träumen umzugehen, so können nach meinen Erfahrungen auch Menschen mit durchschnittlichen Lebensschwierigkeiten es lernen, ihre Träume als Ratgeber zu verstehen. Ähnlich wie es die Selbsthilfegruppen der anonymen Alkoholiker, die AE (Anonyme Emotionale) und zahlreiche weitere Selbsthilfegruppen gibt, so rege ich nach entsprechenden Einführungen Selbsthilfegruppen mit Gesprächen über persönliche Träume an. Wie sehen und beurteilen Sie dieses Unternehmen?

Schwarz: Besonders in den letzten Jahren und Jahrzehnten, in denen die neurotischen Störungen und Schwierigkeiten so zunehmen, erscheint mir die Gruppenarbeit und die Gespräche über Träume sehr wichtig und hilfreich. Ich habe ebenfalls wie Sie positive Erfahrungen mit Gruppen in meinen Traumseminaren gemacht. Hier lernen und üben die Leute, einfühlsam und verantwortlich mit den eigenen Träumen und den Träumen anderer umzugehen. Indem wir nach bestimmten Regeln mit den Träumen arbeiten, habe ich es bisher noch niemals erlebt, daß jemand in persönliche Schwierigkeiten geraten ist oder Schaden an seiner Seele genommen hat.

Hark: Zum Abschluß unseres Gespräches möchte ich gerne noch auf die biblischen Heilungsgeschichten und insbesondere auf die Heilungen von Blinden zu sprechen kommen. Jesus hat nach den biblischen Zeugnissen auch einige Blinde geheilt. Können Sie sich vorstellen, daß Jesus ähnlich oder genau so wie ein heutiger Psychotherapeut gearbeitet und geheilt hat?

Schwarz: Das kann ich mir gut vorstellen. Sie kennen ja sicher das Buch von Hanna Wolf: «Jesus als Psychotherapeut»[15], das ich mir mit großem Interesse habe vorlesen lassen. Dieses Buch ist mir sehr hilfreich geworden für meine eigenen tiefenpsychologischen Deutungen der Heilungen und Handlungen Jesu. Bei den Heilungen Jesu hat mich ganz besonders die Frage an die Kranken «Willst du gesund werden?» beeindruckt. Wenn dieser innerste Wille zur Heilung und zum Leben angesprochen und erweckt wird, können auch heute noch wunderbare Heilungen geschehen. Glauben Sie mir, daß mir mein Blindsein überhaupt nichts mehr ausmacht!

Hark: Würden Sie sagen, daß Sie durch die Traumarbeit mit der Behinderung und der Erblindung versöhnt wurden?

Schwarz: Ja, dies ist durch die Traumarbeit geschehen. Nur durch die Träume war es möglich. Dadurch habe ich meinen inneren Frieden gefunden. Seitdem kann ich die Erblindung annehmen und kann damit leben. Ich lebe gern und kann dabei froh sein.

Die psychosomatischen Leiden einer Frau

Nachdem wir im vorigen Kapitel die Not des blinden Menschen kennengelernt haben, vertiefen wir uns jetzt in die gynäkologischen und psychosomatischen Leiden einer unbekannten Frau. In vielen Bibeln wird diese Geschichte[1] mit der Überschrift versehen: «Die blutflüssige Frau». Wir orientieren uns in unserer tiefenpsychologischen Auslegung hauptsächlich an der Textüberlieferung nach Markus, weil er die grundlegenden und wesentlichen Stilelemente der biblischen Heilungsgeschichten erhalten hat und überliefert. Folgende Struktur (und Wirkungsmuster) läßt sich mit der entsprechenden Aufgliederung des Textes deutlich herausarbeiten, wobei uns gerade dieser biblische Autor, ähnlich wie Lukas, noch reflektierende Interpretationen hinzufügt, die ich im folgenden Schema in einer Spalte gesondert aufführe.

Psychodynamisches Strukturmuster
für eine Heilungsgeschichte (Markus 5,25–34)

A Biblischer Bericht	B Reflektierende Interpretation
1. Diagnostik mit Krankheitsdarstellung *Viele Menschen folgten ihm und drängten sich um ihn. Darunter war eine Frau, die schon zwölf Jahre an Blutungen litt. (V. 25)*	1. Bisherige Erfahrungen der Patientin *Sie war von vielen Ärzten behandelt worden und hatte dabei sehr zu leiden; ihr ganzes Vermögen hatte sie ausgegeben, aber es hatte ihr nichts genutzt, sondern ihr Zustand war immer schlimmer geworden. (V. 26)*

A Biblischer Bericht	B Reflektierende Interpretation
2. Behandlung durch heilende Begegnung *Sie hatte von Jesus gehört. Nun drängte sie sich in der Menge von hinten an ihn heran und berührte sein Gewand. (V. 27)* *Sofort hörte die Blutung auf, und sie spürte deutlich, daß sie von ihrem Leiden geheilt war. (V. 29)*	**2. Persönliche Motivation und Selbstreflexion** *Denn sie sagte sich: Wenn ich auch nur sein Gewand berühre, werde ich geheilt. (V. 28)*
3. Heilung durch Geisteskraft *Im selben Augenblick fühlte Jesus, daß eine Kraft von ihm ausströmte, und er wandte sich in dem Gedränge um und fragte: Wer hat mein Gewand berührt? (V. 32)* *Er blickte umher, um zu sehen, wer es getan hatte. (V. 32)*	**3. Reaktionen der Jünger** *Seine Jünger sagten zu ihm: Du siehst doch, wie sich die Leute um dich drängen, und da fragst du: Wer hat mich berührt? (V. 31)*
4. Reaktion der Frau *Da kam die Frau, zitternd vor Furcht, weil sie wußte, was mit ihr geschehen war; sie fiel vor ihm nieder und sagte ihm die Wahrheit. (V. 33)*	**4. Bestätigung der Heilung** *Er aber sagte zu ihr: Meine Tochter, dein Glaube hat dir geholfen. Geh in Frieden! Du sollst von deinem Leiden geheilt sein. (V. 34)*

Lukas folgt in seiner Komposition des Textes weitgehend der Vorlage von Markus. Lediglich das Selbstgespräch der Frau, das bei Markus einen breiten Raum einnahm, läßt er ausfallen. Da sich gerade dieser Autor sehr nahe an die Überlieferung seines Kollegen Markus anlehnt, dürfte er vielleicht in seiner Erstfassung des Textes auch die Selbstbesinnung der Frau enthalten haben. Es erscheint mir gut denkbar, daß die starken Vormachtsstellungen der Männer im Judentum und in den judenchristlichen Gemeinden auch in den folgenden Generationen in den hellenistisch geprägten Gemeinden unterschwellig noch lange nachwirkte. So könnte es bei den mündlichen Zeugnissen in der Gemeinde und bei der schriftlichen Schlußredaktion den herrschenden Männern einfach zuviel geworden sein, und sie haben die Gedanken und Selbstreflexionen der Frau einfach gestrichen. Bekanntlich ist dies zu allen Zeiten eine übl(ich)e Methode der Herrschenden, zu verschweigen, zu streichen und wegzulassen, was nicht in die derzeitige Konzeption paßt.

Lukas hat ferner in seiner Überarbeitung[2] die Handlung stärker auf Jesus bezogen:

Da fragte Jesus: Wer hat mich berührt? Als alle es abstritten, sagten Petrus und seine Gefährten: Meister, die Leute drängen sich doch von allen Seiten um dich und erdrücken dich fast. Jesus erwiderte: Es hat mich jemand berührt; denn ich fühlte, wie eine Kraft von mir ausströmte. Als die Frau merkte, daß sie es nicht verheimlichen konnte, kam sie zitternd zu ihm, fiel vor ihm nieder und erzählte vor allen Leuten, warum sie ihn berührt hatte und wie sie durch die Berührung sofort gesund geworden war. Da sagte er zu ihr: Meine Tochter, dein Glaube hat dir geholfen. Geh in Frieden.

Während Markus annimmt, daß die Frau lediglich das Gewand Jesu berührt habe und damit die Heilkraft auf sie überging, stellt Lukas fest, daß Jesus direkt in seiner Person angerührt worden sei. Wir kommen damit zu der Einsicht und dem Ergebnis, daß Lukas und die von ihm vertretene Linie der Theologie kein Feind der Frauen ist, sondern sich als frauenfreundlich erweist.

Eine beiläufige Erwähnung soll noch die plausible Erklärung des Petrus finden: «Meister, die Leute drängen sich doch von allen Seiten um dich und erdrücken dich fast.»[3] Das Leugnen der Menge, daß einer von ihnen Jesus angerührt haben könne, läßt es Petrus angeraten erscheinen, die weiteren Nachfragen und Nachforschungen einzustellen. Was dem gesunden Menschenverstand einsichtig erscheint, ist in der Sichtweise des Meisters nur die halbe Wahrheit. Indirekt kritisiert Jesus derartige Haltungen und Halbwahrheiten und läßt die Jünger

Abb. 3
Die Heilung der blutflüssigen Frau,
Teil eines Sarkophagreliefs, 3. Jahrh., Lateran-Museum, Rom

miterleben, wie er Menschen dazu führt, daß sie von sich aus die ganze Wahrheit sagen wie diese Frau[4].

Bedenken wir dabei schließlich noch, daß dieser Text in der Endredaktion verabschiedet wurde zu einer Zeit, als Petrus sich längst zum «Fels der Kirche» hochgearbeitet hatte, dann dürfte den damaligen Hörern und den späteren Lesern die Kritik und das Stückchen Ironie nicht verborgen geblieben sein. Es erscheint mir bis in unsere Tage hinein als ein fragwürdiges Unterfangen, wenn kirchliche Mitarbeiter und Theologen über bestimmte Ereignisse plausible Erklärungen oder Halbwahrheiten verbreiten, anstatt wie in unserer Geschichte die Beteiligten zu motivieren, von sich aus die ganze Wahrheit an den Tag zu bringen. Viele Theologen, die sich ähnlich wie Petrus und seine Anhänger dazu motiviert füh-

Zu Abb. 3: Der heilende Christus von Cäsarea Philippi

Es handelt sich um eine der ältesten Christusdarstellungen. Vorbild war ein Erzstandbild nach dem Augenzeugenbericht des Theologen Eusebius (260–339, bekannt durch die erste christliche Kirchengeschichte). Dieses stand vor dem Hause der blutflüssigen Frau in Cäsarea Philippi. Sie hatte es aus Dankbarkeit und zur Erinnerung an ihre Heilung anfertigen lassen. Eusebius hat dieses Standbild vor dem Haus der Blutflüssigen mitten in der Stadt selber gesehen. Da es sich um eine «Auftragsarbeit» der geheilten Frau handeln soll, dürfte der Künstler versucht haben, den heilenden Christus in größtmöglicher Ähnlichkeit mit dem Urbild darzustellen.
Ähnlich wie die Christusgestalt soll auch die kniende Frau mit ihren ausgestreckten Händen bildnisgetreu dargestellt sein. Wie bei heutigen Auftragswerken in der Kunst oder bei Porträts die Auftraggeber auf einen charakteristischen Ausdruck der eigenen Person Wert legen, dürfte es auch damals der Fall gewesen sein. Manche Kunsthistoriker meinten, daß eine Asklepiosstatue Vorbild gewesen sei. Durch den Hellenismus war der griechische Heilgott als Kunsttypus in Israel verbreitet. Doch wenn auch manche Gnostiker den Asklepios als Vorbild für Christus ansahen und auch in der Missionspraxis manche andere Gestalten mit Christus identifiziert wurden, so entspricht der heilende Christus auf diesem Bild nicht einem anderen antiken Vorbild. Eusebius sagte ausdrücklich, daß der dargestellte Heiler Christus gewesen sei.

177

len, in so manchen Situationen vorschnell zu reden, könnten von Jesus lernen, wie man durch wiederholtes Nachfragen Leute zum Reden motiviert und auf diese Weise die persönliche Wahrheit zur Sprache kommt.

Schließlich möchte ich noch einige Anmerkungen machen zu der stark verkürzten Variante bei Matthäus[5]. In dieser gekürzten Fassung fehlt die Erwähnung der Volksmenge und die Einschaltung der Jünger. Für den auch sonst recht sensibel beschreibenden Matthäus scheint es wichtig zu sein, daß Jesus im vertrauten Gespräch und bei der Heilung der Frau mit ihr alleine ist. Da Matthäus als Judenchrist um die Sitten und Gebräuche der Juden weiß – insbesondere auch darum, daß eine vom Blutfluß verunreinigte Frau keinen Mann berühren darf –, verstärkt seine gekürzte Fassung noch die Verwunderung über die Heilung der Frau. Den Mittelpunkt der Szene bildet hier das Selbstgespräch der Frau, indem sie bei sich selbst sagt: Wenn ich nur sein Kleid anrühre, werde ich gesund werden. Im Vergleich mit Markus und Lukas ist die Selbstreflexion bei Matthäus am stärksten betont.

Damit leite ich über zu dem für die tiefenpsychologische Auslegung wesentlichen Aspekt der Erfahrung und der Erfahrbarkeit, die an den Selbsterfahrungen der blutflüssigen Frau aufgezeigt werden. Danach wird die Psychodynamik des Leidens und der Symptome beschrieben und als dritter Aspekt die Symbolik in dem Wirkmuster dieser Geschichte aufgezeigt.

Die kränkenden Erfahrungen der Blutflüssigen

Die vorliegende Geschichte ist gänzlich erfüllt von den schmerzlichen Erfahrungen und gynäkologischen Qualen einer Frau und ihrer Heilung durch einen kompetenten Therapeuten. Diese Erfahrungen dem heutigen Leser oder Hörer durchsichtig zu machen, sollte nicht als «Psychologisierung des Textes» mißachtet werden, wie dies zu Unrecht noch immer von vielen Bibelauslegern und Theologen befürchtet wird. Was den Theologen Markus und Lukas und ihrer Zeit recht und billig war, indem sie durch die reflektierende Interpretation (siehe unser Strukturmodell dieser Heilungsgeschichte) sowie durch die psychologisierende Kommentierung den biblischen Bericht egänzten, müßte auch einer tiefenpsychologisch orientierten Auslegung zugestanden werden. Ich jedenfalls fühle mich mit diesem Anliegen ganz stark im Gefolge der biblischen Autoren.

Die bisherigen negativen Erfahrungen der blutflüssigen Frau mit den behandelnden Ärzten dürfte durchaus kein Einzelschicksal gewesen sein. Nach der Auffassung einiger Exegeten dürfte es sich um eine «krankhaft starke Menstruations- oder vielleicht um chronische Gebärmutterblutung gehandelt haben»[6]. Da der Blutfluß die Frauen (und auch Männer) «unrein» machte, waren die folgenden Reinlichkeitsvorschriften aus dem Buch Levitikus (drittes Buch Mose)[7] streng zu befolgen:

«Hat eine Frau Blutfluß und ist solches Blut an ihrem Körper, soll sie sieben Tage lang in der Unreinheit ihrer Regel verbleiben. Wer sie berührt, ist unrein bis zum Abend. Alles, worauf sie sich in diesem Zustand legt, ist unrein, alles, worauf sie sich setzt, ist unrein. Wer ihr Lager berührt, muß seine Kleider waschen, sich in Wasser baden und ist unrein bis zum Abend. Wer irgendeinen Gegenstand berührt, auf dem sie saß, muß seine Kleider waschen, sich in Wasser baden und ist unrein bis zum Abend. Befindet sich etwas auf dem Bett oder auf dem Gegenstand, auf dem sie saß, wird derjenige, der es berührt, unrein bis zum Abend. Schläft ein Mann mit ihr, so kommt die Unreinheit ihrer Regel auf ihn. Er wird für sieben Tage unrein. Jedes Lager, auf das er sich legt, wird unrein. Hat eine Frau mehrere Tage außerhalb der Zeit ihrer Regel einen Blutfluß oder hält ihre Regel länger an, ist sie für die ganze Dauer dieses Ausflusses im gleichen Zustand der Unreinheit wie während der Zeit ihrer Regel. Jedes Lager, auf das sie sich während der ganzen Dauer ihres Ausflusses legt, ist so wie ihr Lager, auf dem sie während ihrer Regel liegt. Jeder Gegenstand, auf den sie sich setzt, wird unrein wie bei der Unreinheit ihrer Regel. Jeder, der diese Gegenstände berührt, wird unrein; er muß seine Kleider waschen, sich in Wasser baden und ist unrein bis zum Abend.

Ist sie von ihrem Ausfluß rein, soll sie sieben Tage zählen und dann rein sein. Am achten Tag soll sie zwei Turteltauben oder zwei junge Tauben nehmen und sie dem Priester zum Eingang des Offenbarungszeltes bringen. Der Priester soll die eine als Sündopfer und die andere als Brandopfer verwenden. Er soll sie so vor dem Herrn wegen ihres verunreinigenden Ausflusses entsühnen. Ihr sollt die Israeliten vor ihrer Unreinheit warnen, damit sie nicht in ihr sterben müssen, weil sie meine Wohnstätte in ihrer Mitte verunreinigen.

Das ist das Gesetz für einen Mann, der einen Ausfluß hat, für einen, den ein Samenerguß unrein gemacht hat, und für die Frau in der Unreinheit ihrer Regel, also für den Mann oder die Frau mit Ausfluß und den Mann, der mit einer unreinen Frau schläft.»

Abgesehen von der notwendigen Hygiene waren die Frauen in der Zeit ihrer Unreinheit auch vom Betreten des Tempels und von der Teilnahme an den religiösen Festen ausgeschlossen. Was die am fortwährenden Blutfluß leidende Frau körperlich, seelisch und vor allem auch religiös erlitten hat, kann in unseren Tagen vielleicht besonders gut eine gläubige Katholikin empfinden, die aufgrund besonderer Verfehlungen und «Sünden» für längere Zeit von der Teilnahme an der Eucharistie ausgeschlossen wurde.

Die damalige jüdisch-ärztliche Behandlung verordnete gegen den Blutfluß folgendes: «Man nehme eine Handvoll Kümmel, eine Handvoll Krokus und eine Handvoll Fönnkraut, koche es in Wein, lasse es sie trinken und sage zu ihr: Steh auf aus deinem Blutfluß!» Wiederholt finden wir am Ende von ähnlichen Anweisungen diese abschließende ermutigende Heilformel «Steh auf aus deinen Blutfluß!»[8] Doch bei unserer Patientin hat die Behandlung nicht angeschlagen. Sie konnte es wohl deswegen nicht, weil es sich nicht um ein natürliches gynäkologisches Leiden handelte, sondern um eine psychosomatische Reaktion, deren unbewußte Ursache ich im nächsten Abschnitt aufzeigen werde.

Ein wesentlicher Aspekt der Selbsterfahrung und Heilung dieser Frau ist ihre veränderte Einstellung zur Therapie, wie es ja bei jeder Krankheit auf die Änderung der eigenen Einstellung ankommt. Nachdem sie sich jahrelang hat behandeln lassen, wird sie selber zur Handelnden. Als sie von Jesus hört, wie Markus ausdrücklich vermerkt, drängt sie sich in der Menge von hinten an Jesus heran und berührt sein Gewand. Ohne diesem Heiler bisher persönlich begegnet zu sein, zieht sie aus dem von ihm Gehörten für sich persönlich Konsequenzen und entscheidet sich für einen (vielleicht letzten) Heilungsversuch bei ihm. Auch durch die Volksmenge läßt sie sich von ihrem Entschluß nicht mehr abhalten, überwindet ihre Berührungsängste, die ihr von den religiösen Reinlichkeitsvorschriften eingetrichtert worden waren, und erfährt endlich Hilfe. Für alle psychosomatischen Störungen, die seelisch bedingt sind, ist die Eigeninitiative des Patienten bereits ein erster wesentlicher Schritt für die Heilung.

Die Psychodynamik eines Symptoms

Unter Psychodynamik werden in der Tiefenpsychologie die bewegenden und treibenden Motive im Seelenleben verstanden, die vor allem aus der unbewußten Seelentiefe das bewußte Leben und Handeln steuern und motivieren. Die antreibenden und bewegenden Lebenskräfte können sich in positiver oder in negativer Weise äußern, indem sie die Lebenslust und Freude sowie die Fülle des Lebens ermöglichen oder in negativer Weise sich in den Krankheitssymptomen äußern. Das Drängen der grundlegenden Lebensantriebe zur Lebensgestaltung einerseits und das Ver-drängen des moralischen Bewußtseins, des Gewissens sowie das Über-Ich erzeugen eine widerstreitende Psychodynamik, die zu den krankhaften und neurotischen Symptombildungen führt. Die heutige psychosomatische Medizin kennt zahlreiche Krankheitsbilder, die auf seelische Ursachen zurückgeführt werden können. Auch im Bereich der Frauenkrankheiten können psychosomatische Einflüsse diagnostiziert und beschrieben werden. Mehr als andere Körperfunktionen ist gerade die weibliche

Geschlechtlichkeit und die Menstruation der Frau für psychogene und psychosomatische Ausgestaltungen geeignet. Nach den Schilderungen der Frauenärzte sind gerade die Menstruationsbeschwerden ein Sammelbecken für alle möglichen neurotischen Konflikte. Besonders dieser intime Lebensbereich eignet sich vorzüglich als Projektionsfeld für sexuelle Phantasien und unbewußte Wünsche. Aus der heutigen Psychosomatik der Frauenheilkunde und aus der Psychotherapie ist bekannt, daß ohne Analyse und Aufdeckung der hintergründigen seelischen Konflikte die bloß medizinische Behandlung der Symptome ergebnislos bleibt.

Eine wichtige Verstehensmöglichkeit für die Psychodynamik von seelisch bedingten Leiden ist das sogenannte Konversionsmodell. Bei der sogenannten Konversion ereignet sich ein «Sprung» und ein Übertragen der seelischen und sexuellen Antriebe in den körperlichen Bereich und löst hier Funktionsstörungen aus. Obwohl diese Übertragung vom seelischen in den körperlichen Bereich ein fauler Kompromiß ist, können doch die libidinösen Antriebskräfte abgeführt werden und damit der moralischen Einstellung des Bewußtseins zum Frieden verhelfen. Wichtig ist, daß die körperlichen Symptome symbolisch betrachtet und einer sinnvollen Deutung unterzogen werden.

Mit dieser allgemeinen Einleitung können wir jetzt vielleicht verstehen, warum die schon seit 12 Jahren an Blutungen leidende Frau bisher von keinem Arzt geheilt werden konnte. Vermutlich haben alle Ärzte nur an dem Symptom auf traditionelle Weise kuriert und hat sich keiner für die innere und verborgene Not der Frau und den Sinn ihrer Krankheit interessiert. Nach dem kurz geschilderten Konversionsmodell der Psychoanalyse und der Tiefenpsychologie dürfte die Frau mit ihrem fortwährenden Blutfluß alle Zuwendungen von Männern von sich ferngehalten haben. Ihr Leiden war damit eine äußerst wirksame Waffe, alle Verführungen und vielleicht auch sexuelles Versagen von sich fernzuhalten. Nach dem

Fortgang unserer biblischen Geschichte zu urteilen, scheint es sich zutiefst um eine Beziehungsstörung zu handeln, die in dem Symptom auf symbolische Weise ausgedrückt wird. In Jesus nun begegnet ihr nach 12 Jahren zum erstenmal ein Mann und ein Therapeut, dem sie sich auf vertrauensvolle Weise zu nähern wagt.

An den beiden zentralen Gestalten unserer Geschichte, der Patientin und dem Heiler, wird aufgezeigt, wie sich die Psychodynamik bei dem einen positiv auswirkt, indem die Geistes- und Heilkraft Jesu bei der Frau die Therapie bewirkt, während sich bei dieser in den zurückliegenden Jahren die antreibenden Lebenskräfte überwiegend negativ in dem Blutfluß ausgewirkt haben. In etwas vereinfachender Weise könnten wir auch sagen, daß die am Blutfluß leidende Frau durch die Begegnung und die Berührung mit Jesus neu «gepolt» wurde, so daß ihre Energien sich fortan wieder positiv in ihrem Leben auswirken konnten.

Die Psychodynamik als bewegende Lebensenergie und als Motivation für alle Handlungen (Unterlassungen) äußert sich nicht nur in den Krankheitssymptomen eines Menschen, sondern ist auch Teil jener Geisteskraft, die unsere biblischen Schriftsteller bei ihrer literarischen Arbeit antrieb und motivierte. Während sie den einen Autor dazu bewegte, «alles aufs genaueste nachzuforschen»[9], kann sie Matthäus dazu motivieren, wiederum andere Akzente als Markus zu setzen. Die geschilderten Kürzungen des Matthäus wiederum müssen nicht unbedingt vom Heiligen Geist eingeflößt und inspiriert worden sein, sondern könnten sich ganz einfach aus der derzeitigen psychodynamisch bestimmten Gesamtsituation des Lebens und Glaubens ergeben haben. Ich bin der Auffassung, daß in allen biblischen Geschichten, wie in jeglicher Form von Literatur in der Ausgestaltung von bestimmten Wirkmustern und Sprachformen die Psychodynamik wirksam ist. Ähnlich wie ohne das pulsierende Herz kein Leben möglich ist, so ist auch ohne motivierende Geisteskraft und ohne Psychodynamik des Innenlebens kein Leben und kein Glaube denkbar. Diese Psychodynamik ist auch wirksam in der nun zu schildernden heilenden Berührung.

Die heilende Berührung

In der Heilungsgeschichte von der blutflüssigen Frau kommen einige therapeutische Aspekte zur Darstellung, die sowohl für das biblische als auch für das heutige Verständnis von Therapie von grundlegender Bedeutung sind. Es ist zum einen die Kraftübertragung in der heilenden Berührung, zum andern der Glaube als ein neugewonnenes Vertrauen und die Offenheit für eine ganzheitliche Beziehung. Da wir dieser Erfahrung in einem gesonderten Abschnitt nachspüren wollen, wenden wir uns zunächst der heilenden Kraft zu. Unsere Geschichte weiß davon zu berichten, daß die therapeutische Kraft durch die Berührung und reale Beziehung wirksam werden kann. Doch dazu müßte ein Tabu gebrochen werden, weil es im Judentum einer Frau nicht erlaubt war, während der Menstruation oder infolge einer Regelstörung mit fortwährendem Blutfluß einen Mann zu berühren. Da sich die Frau seit 12 Jahren mit dieser Störung abquälte, dürfte sich zu den körperlichen Qualen auch noch so etwas wie eine psychische Berührungsangst entwickelt haben.

Anschaulich schildern uns die Texte bei Markus und Lukas[10], daß die Frau von den bisher behandelnden Ärzten viel erlitten habe. Zusätzlich zu den leiblichen und seelischen Qualen hatte sie noch ihr ganzes Hab und Gut für das Arzthonorar aufgewendet, ohne daß ihr geholfen wurde. Es war vielmehr noch schlimmer geworden. Lukas weiß noch zu berichten, daß die Frau auch all ihre Nahrung an die Ärzte drangegeben habe, also mit Naturalien bezahlt hatte. Wenn auch mehrere alte Textzeugen diese Worte weglassen, dürften diese Hinweise nicht nur eine literarische Ausschmückung sein, sondern reale Erfahrungen widerspiegeln (die sich bis in die Gegenwart wiederholen können). Da sich diese gynäkologischen Störungen zunehmend chronifizierten, hatte die Frau mit dennoch immer neuem Vertrauen einen Arzt aufgesucht. Wie demütigend oder schambesetzt diese gynäkologischen Untersuchungen für die Frau im Verlaufe der Jahre gewesen sein mögen, können sicher die meisten Frauen nachfühlen. Es ist anzunehmen, daß die Ärzte (wie auch heute) die richtige Diagnose stellten, aber die Heilungsversuche scheiterten, weil offensichtlich keiner den wunden Punkt erkannte und beachtete. Schließlich und endlich griff die Frau zur Selbsthilfe und verschaffte sich auf unkonventionelle Weise die so lange vergeblich gesuchte Heilkraft, indem sie es wagte, den Heiler von hinten zu berühren. Wer es so oft vergeblich auf dem ordentlichen und üblichen Weg versucht hat, die Heilung zu bekommen, dem wird es wohl jeder einfühlsame Mensch nachsehen (und damit rechnen wohl die Schriftsteller Markus und Lukas), wenn er es einmal «hintenherum» versucht.

Es ist bei Psychotherapeuten eine alltägliche Erfahrung, daß manche Patienten(-innen) ihnen Kraft und Lebensenergien «abzapfen», und sie dadurch erschöpft werden oder alsbald ermüden. Viele empfindsame und sensible Menschen wissen von ähnlichen Erfahrungen zu berichten, daß ihnen bei bestimmten Menschen (häufig bei depressiven) eigene Energien und Kräfte «abgesaugt» werden. Nach tiefenpsychologischen Erfahrungen und Erkenntnissen gibt es nicht nur in jedem Menschen bestimmte Energiefelder und psychoenergetische Komplexe, sondern bilden und konstellieren sich diese auch in zwischenmenschlichen Beziehungen in positiver und/oder negativer Weise. Wenn Jesus daher fühlte, «daß eine Kraft von ihm ausströmte», so ist dies nach dem oben Gesagten keineswegs eine absonderliche oder außergewöhnliche Erfahrung. Wird dagegen diese therapeutische Erfahrung der Übertragungs-Beziehung nicht in Ansatz gebracht, versteigen sich die theologischen Ausleger auf die merkwürdigsten Vorstellungen und sprechen von einem «manahaften Fluidum, das von Jesus auf die blutflüssige Frau übergreift»[11]. Andererseits sieht Theißen in der Kraftübertragung durch Handauflegung eine heilende Berührung und ein therapeutisches Motiv und erkennt darin Analogien zu gegenwärtigen segnenden und ordinierenden Handauflegungen in kirchlichen Handlungen. Der Theologe Schmauch spricht in seiner Auslegung der Geschichte nach Matthäus bei der Übertragung der heilenden Kraft von einer «magischen Anschauung» im Zeugnis des Glaubens dieser Frau, das «aber zugleich wie ein dünnes Gespinst menschlicher Meinung ist, das jetzt allein in dem Licht eines göttlich rettenden Glaubens funkelt»[12]. Der Kundige kann sich nur wundern, zu welchen Konstruktionen sich manche Theologen versteigen und andererseits oft empirische Verstehensmöglichkeiten als «Psychologisierung» eines Textes verurteilen. Anstatt weitere Belege für derartige theologische Konstruktionen aus den üblichen exegetischen Kommentaren zu bringen, wende ich mich lieber der konstruktiven biblischen Zusammenschau von Heilung und Heil zu.

«Dein Glaube hat dir geholfen»

Unsere Heilungsgeschichte ist die einzige, in der alle drei Evangelisten bezeugen, daß der Glaube, das Vertrauen dieser Frau geholfen habe, gesund zu werden. Diese seltene Übereinstimmung dürfte nicht zufällig sein, sondern ist ein Ausdruck dafür, daß der Glaube oder das Gottvertrauen als innerste Motivation des Menschen therapeutische Kräfte freisetzen kann. Es wird nicht allgemein und unpersönlich von «dem» Glauben gesprochen, sondern der persönliche Glaube dieser Frau wird bestätigt: «Dein Glaube hat dir geholfen!» Bisher scheint die Leidende gar nicht beachtet zu haben, welche Heilkräfte in ihr selber und ihrem Glauben und Vertrauen schlummern. Obwohl die Evangelisten das Heilungswunder so schildern, daß die Heilkraft von Jesus ausgeht, verweist sie nicht auf Gott, daß dieser das Wunder getan habe. Auch bindet Jesus die Frau nicht an sich als begeisterte Nachfolgerin mit einem wunderwirkenden Glauben. Er schickt sie im Frieden fort[13] und gibt ihr zu verstehen: In dir selber steckt die heilende Kraft, gesund zu werden und dir selber zu helfen.

Viele Schriftgelehrte und Theologen jener Zeit empfanden die modernen Therapiemethoden Jesu und dessen theologische Deutungen ähnlich Anstoß erregend, wie in unserer Zeit gerade für kirchlich gebundene Menschen und für viele traditionell denkende Theologen Begriffe wie Selbstverwirklichung oder Individuation negativ besetzte Reizwörter sind. Unzählige Male habe ich bei solchen unergiebigen Debatten erlebt, wie bestimmte Vorurteile und ein undifferenziertes Verständnis dieser Begriffe zu Mißverständnissen führen. Ähnliche Zusammenstöße gab es damals wiederholt zwischen Jesus und den Schriftgelehrten, die zu Unrecht befürchteten, daß die Heiligkeit Gottes und seine heiligen Gebote und Gesetze mißachtet würden. Doch bei den seit Jahrhunderten währenden Bemühungen, das Heil und die Heiligkeit Gottes zu objektivieren und zu schützen (als ob der lebendige Gott auf derartige theologische Maßnahmen seines «Bodenpersonals» angewiesen sei!), wurde die Kraft des Heils in den leiblichen und seelischen Heilungen immer weniger erfahrbar. Jesus dagegen hat neben der Objektivität des Heils vor allem wieder die Heilungserfahrungen in der Subjektsphäre der Menschen zur Geltung gebracht. Für ihn gehören das Heil und die Heilungen unlöslich zusammen. Diese ganzheitliche Sichtweise möchte ich durch unsere Geschichte und weitere biblische Befunde belegen.

Wenn Jesus sagt: «Dein Glaube hat dir geholfen», dann meint der griechische Urtext der Bibel mit *«sozein»*: heilen, ganz werden, retten. Zu dem Bedeutungsspektrum dieses zentralen Begriffes gehören nach dem Wörterbuch von W. Bauer[14]

1. Vor natürlichen Gefahren und Nöten bewahren, aus ihnen erretten und unversehrt erhalten;
ferner jemanden heil aus einer Lage herausführen oder von Krankheiten heilen.

2. Die Überführung in eine Art Heils- und höheren Lebenszustand durch Gott oder Christus oder durch Menschen, die das göttliche Heil vermitteln. In passiven Ausdrucksformen heißt es gerettet werden, sich retten lassen, das Heil erlangen. Der durch zahlreiche Bibelstellen belegte Befund läßt erkennen, daß die menschliche und subjektive Erfahrung von Hilfe und Heilung unlöslich verbunden und verquickt ist mit dem göttlichen Heil.

Es gehört zur Ganzheitsschau des Neuen Testamentes, den Menschen stets als ganzen zu sehen und nicht das Heil nur für die Seele und den «inneren Menschen» zu reservieren und die Heilung für den Leib und das äußere Leben. Die dogmatischen Aussagen vom Heil und die theologische Verkündigung des Heils wird nach den mir vorliegenden Erfahrungsberichten von vielen Menschen als derart realitätsfern und stark rationalisiert oder spiritualisiert erlebt, daß damit die biblische ganzheitliche Zusammenschau von Heil und Heilung zerrissen wird. Es sollte in kirchlichen Aussagen und theologischen Auslegungen endlich Schluß damit gemacht werden, fälschliche Alternativen zwischen Heil – und Heilung zu konstruieren, und beides auf die ganzheitlichen Erfahrungen des Menschen bezogen bleiben.

Ähnlich wie Jesus als Heiler und Zeuge des Heils von dieser Ganzheit erfüllt war, sind es auch die biblischen Autoren mit ihren Zeugnissen. Bei allen unterschiedlichen theologischen Akzenten und Schwerpunkten in der Überlieferung einer biblischen Geschichte führt die Ergriffenheit von der Ganzheit und das Widerfahrnis des Heils in den Heilungen zum Glauben und zu ganzheitlichen Beziehungen und Verstehensmöglichkeiten zwischen den Menschen. Tiefenpsychologisch betrachtet können wir dieses Phänomen als ein archetypisches Wirkungsfeld beschreiben, das den Fluß der komplexen und vielschichtigen Lebensenergien strukturiert. Bei dem psychosomatischen Leiden der Frau mit dem Blutfluß waren die Lebenskräfte des Leibes, der Seele und des Geistes in den Symptomen negativ gepolt. Durch die Begegnung mit Jesus und die Berührung wurde die leidende Frau schließlich wieder positiv «gepolt» und konnte den gestörten Bereich wieder leidenschaftlich erleben. Der aufmerksame Leser wird sich denken können, daß die Worte leiden und leidenschaftlich nicht zufällig in einem Zusammenhang gebracht worden sind, sondern zum einen den positiven Aspekt der Lebenskraft meinen und zum anderen den negativen Ausdruck in den Symptomen beschreiben. Auf eine vereinfachende Formel gebracht, können wir damit sagen: Wer die Leidenschaft fürchtet, schafft sich (unbewußt) Leiden.

Zur Ganzwerdung und Heilung gehört damals wie heute, die ganze Wahrheit über sich selber, seine Leiden und seine Wege zu erkennen und anzuerkennen. Wir erinnern uns dazu nochmals an den Text: «Da kam die Frau, zitternd vor Furcht, weil sie wußte, was mit ihr geschehen war; sie fiel vor ihm nieder und sagte ihm die ganze Wahrheit.» Verschiedene Aspekte der Ganzheitserfahrung werden hier in beeindruckender Einfachheit und Gerafftheit zusammengefaßt. Furcht und Zittern oder, wie der Religionswissenschaftler Rudolf Otto[15] betont: das Faszinosum und das Tremendum, gehören zur Ganzheits- und Gotteserfahrung. Es ist eine Ergriffenheit und eine Erschütterung bis in Mark und Bein. Während sich die Schriftgelehrten der damaligen Zeit und viele Geistliche und Theologen heute leidenschaftlich darum bemühen, die Gefühle auszuklammern und zu verdrängen, schildern die biblischen Autoren in großer Offenheit die emotionalen Erschütterungen eines Menschen.

Die emotionale Erschütterung im Prozeß des Heilwerdens

und der Aufbruch der neurotischen Blockaden an Leib und Seele ermöglichen auch ein vertieftes Selbstverständnis und ein Wissen und Ahnen der ganzen Wahrheit um sich selbst wie bei dieser Frau. Es ist kein bloßes rationales Wissen, sondern eine persönliche Weisheit, die bisher durch Selbsterfahrung oder Meinungen anderer sowie religiöser Vorstellungen verstellt und verschüttet war. Durch emotionale Erschütterungen können die blockierten Lebenskräfte wieder in Fluß kommen und damit zugleich den Erkenntnisprozeß über das eigene Leben sowie über «Gott und die Welt» beleben und fördern. Andererseits kennen viele wohl auch die negative Erfahrung, daß die «Verhärtung des Herzens»[16], die von den Propheten und Jesus kritisiert wird, auch das Glaubensleben und das Erkenntnisvermögen lähmen.

Wenn die geheilte Frau «wußte, was mit ihr geschehen war», dann dürfte ihr nicht nur das vergangene Leiden mit den unsäglichen Qualen bewußt geworden sein oder eine bloße Wahrnehmung der eingetretenen Heilung, sondern ihr wurde ein tiefes Wissen um die ganze Wahrheit zuteil. Das an dieser Stelle für das Wissen verwendete griechische Wort *«oida»* kennen wir aus zahlreichen anderen biblischen Geschichten, wie z. B. die Dämonen des besessenen Mannes von Gerasa «wissen», wer Jesus ist. Durch dieses Wissen wird nicht nur gesehen, was vor aller Augen sichtbar ist oder was mit allen Sinnen wahrgenommen wird, sondern man sieht die ganze Gestalt, das Urbild hinter dem Erscheinungsbild, eben die ganze Wahrheit. Alle bisherigen Vorstellungen von Gott und von sich selber werden durch diesen Durchblick und dieses Wissen aufgehoben. Dieses Wissen um die Tiefe der Wahrheit ist nach dem Text der eigentliche Grund für die Furcht und das Zittern der Frau.

Ganzheitserfahrungen und Heilungsprozesse machen einen Menschen auch demütig und erzeugen in ihm das Bedürfnis nach bestimmten Gebärden und Ritualen. Was im Geiste bewußt geworden ist (siehe *oida*) und im psychosomatischen

Erlebnisbereich erfahren wurde (Furcht und Zittern) möchte auch der Körper in einer ihm möglichen Gebärdensprache nachvollziehen. Wir erkennen als Leser und Betrachter in dieser gedrängten Aufzählung ein ganzheitliches Menschenbild, das stets Leib, Seele und Geist in gleicher Weise beteiligt sein läßt. Ich habe mehrfach in Selbsterfahrungsgruppen und Traumseminaren erlebt, daß auch durch die Gebärdensprache, wie sie vor allem in der Gestalttherapie praktiziert wird, Menschen zu sich selber finden und damit ein weiteres Stück ihres wahren Selbstbildes und ihrer Ganzheit finden.

Interview mit der Frauenärztin Dr. med. Gabriel

Hark: Frau Dr. Gabriel, Sie sind Frauenärztin, und Sie beziehen neben der traditionellen medizinischen Behandlung der vielfältigen Frauenleiden auch psychosomatische Gesichtspunkte ein. Darüber hinaus haben Sie sich bemüht, durch eigene Analyse und durch zahlreiche andere Fortbildungen die seelischen Antriebskräfte und unbewußten Motivationen des Menschen näher kennenzulernen. Wenn also Frauen zu Ihnen kommen und über körperliche Symptome und sexuelle Schwierigkeiten sprechen wollen, stehen Ihnen mehrdimensionale Verstehensmöglichkeiten zur Verfügung. Oder um es in einem Bild auszudrücken: Sie sehen die Frauen in Ihrer Praxis nicht nur durch die traditionelle medizinische Brille, sondern versuchen hinter den sichtbaren Symptomen auch die existentielle Not und die seelischen Schwierigkeiten zu sehen und behutsam in die Behandlung einzubeziehen. Welche Erfahrungen haben Sie als Ärztin zu dieser ganzheitlichen Betrachtungsweise geführt, und welche Erfahrungen haben Sie bisher damit gemacht?
Gabriel: Ich erlebe oft, daß Frauen überrascht sind, wenn ich sie im Zusammenhang mit der ärztlichen Untersuchung nach ihrer persönlichen Geschichte und ihren sexuellen Erfahrun-

gen frage. Viele Frauen sind es von anderen Arztbesuchen her nicht gewohnt, wenn ein Arzt die vorgebrachten Beschwerden in den Wechseljahren, Schwierigkeiten mit der Pilleneinnahme, Beschwerden bei den Monatsblutungen oder Schmerzen beim Geschlechtsverkehr im Zusammenhang mit der Partnerbeziehung sieht oder mit einer unbewußten Angst oder Abwehr der Sexualität. Meistens sind die Frauen erleichtert, wenn sie im Gespräch erkennen, daß ihr Körper z.B. die Pille und andere Verhütungsmittel nicht verträgt, weil der Wunsch nach einem Kind viel stärker ist und sie im Grunde gar nicht verhüten wollen. Wenn es manchmal gelingt, den Hintergrund aufzuhellen, bessern sich die körperlichen Symptome. Ich persönlich denke, daß es für beide Seiten eine befriedigendere und erfolgreichere Arbeit ist, wenn man auch die Phantasien, Wünsche und Träume der Frauen beim ärztlichen Gespräch berücksichtigt.

Zu dem ganzen Bereich der gynäkologischen Krankheitsbilder möchte ich noch grundsätzlich sagen, daß sie sehr komplex und vielschichtig sind, wie unser Leben sehr vielfältig ist. Nach meinen Erfahrungen wirken sich alle persönlichen und vor allem sexuellen Beziehungsstörungen auch auf die weiblichen Organe aus. Dies möchte ich an dem Beispiel von Zyklusstörungen bei jungen Frauen oder auch bei Frauen von 30 Jahren verdeutlichen. Wenn sich die Periode zu früh oder zu spät einstellt oder es häufig zu Zwischenblutungen kommt, bestehen (wie sich auch durch wissenschaftliche Untersuchungen belegen läßt) bei 80 bis 90% der Frauen Partnerprobleme.

Hark: Zu den angesprochenen seelischen Ursachen bei gynäkologischen und sexuellen Störungen würden manche Frauen gerne noch viel mehr erfahren. Sicher auch darüber, wie durch eine tiefenpsychologische Analyse und Psychotherapie die krankmachenden Lebensmuster bewußt gemacht und aufgelöst werden könnten. Inzwischen gibt es ja nicht nur zahlreiche Fachbücher, in denen solche analytischen Erfahrungen beschrieben werden, sondern auch den von einer Frau geschriebenen Roman einer Analyse «Schattenmund». Die Autorin hat sich wegen ständiger Blutungen mit dreißig Jahren in Analyse begeben. Zu diesen körperlichen Störungen kamen noch Ängste und Halluzinationen, die alle Beziehungen zur Außenwelt und zu den Mitmenschen zerstörten. In der Analyse lernt die Autorin, sich nicht nur mit ihrer kaltherzigen Mutter und den Zwängen einer bürgerlichen Gesellschaft auseinanderzusetzen, sondern auch wieder einen Platz im Leben einzunehmen. Wie beurteilen Sie als Frauenärztin diese Analyse von Marie Cardinal?

Gabriel: An dieser Frau beeindruckt mich, daß sie in einem jahrelangen inneren und äußeren Kampf ihren eigenen Weg sucht und schließlich sich selber findet. Nach sieben Jahren hat sie ihre seelischen Störungen und ihre psychosomatische Krankheit überwunden. Aus dem menschlichen Wrack ist eine selbstbewußte und neugierige Frau geworden. Trotz jahrelanger ärztlicher Behandlung konnte ihr Blutfluß nicht behoben werden. Die verschiedenen Ärzte, die sie aufsuchte, waren alle nur bemüht, ihr Symptom zu beheben. Keiner fragte sie nach den tieferen Ursachen und was in ihrem Inneren vorging. Dazu schreibt Frau Cardinal: «Ich schämte mich für das, was sich in meinem Innersten abspielte. Ich schämte mich für das Chaos, diese Unordnung, diese Erregtheit. Niemand durfte da hineinschauen, niemand davon erfahren, nicht einmal der Doktor.» [17]

Hark: Wie erklären Sie sich als Medizinerin, daß eine Frau dadurch, daß sie ihr Leben selber in die Hand nimmt, bestimmte Zusammenhänge ihres Erlebens erkennt und das Puzzle ihres Lebens zusammenfügt, schließlich mit Hilfe einer langjährigen psychotherapeutischen Behandlung die gynäkologischen Störungen verschwinden? Ist es so zu verstehen, wie es die amerikanische Medizinerin J. Achterberg [18] beschreibt, daß bestimmte Vorstellungen und Bilder mit Hilfe der Einbildungskraft auf das Immunsystem und das Hormonsystem des Menschen wirken? Könnten wir es für den Laien in folgender Weise verständlich machen, daß die Regel der Frau ähnlich gesteuert wird wie ein Regelkreis in der Technik?

Gabriel: Wir wissen, daß es zwischen dem Gehirn, genauer gesagt, zwischen der Großhirnrinde, dem Zwischenhirn, der Hirnanhangdrüse und den Eierstöcken bestimmte Zusammenhänge gibt. Wenn Frauen mit Regelstörungen zu mir in die Praxis kommen, erkläre ich ihnen die Beziehungen und Wirkungen zwischen den genannten 4 Faktoren. Ich erkläre den Frauen, daß die Eierstöcke bestimmte Hormone bilden, die wiederum auf die Gebärmutter wirken. Dort wächst dann die Schleimhaut, und bei der Regel kommt es zur Blutung. Um die Funktion der Eierstöcke zu verstehen und die Hormone, die dort produziert werden, müssen wir wiederum die Befehle und Impulse beachten, die die Eierstöcke von der Hirnanhangdrüse bekommen. Je nachdem, wie die Eierstökke arbeiten, gehen wiederum Informationen an die Hirnanhangdrüse zurück. Die Hirnanhangdrüse wiederum arbeitet auch nicht unabhängig, sondern wird wechselseitig gesteuert vom Zwischenhirn. Darüber befindet sich das Großhirn, das von äußeren und inneren Vorgängen und Bildern beeinflußt wird. Wenn nun diese oberste Instanz in dem genannten Regelkreis die Störungen in der Partnerbeziehung und in der Sexualität aufnimmt und diese an das Zwischenhirn sowie an die Hirnanhangdrüse weitermeldet, kommt es zu den Störungen in den Eierstöcken und im Geschlechtsorgan.

Hark: Nehmen Sie an, daß die negativen Vorstellungen von Sexualität (natürlich auch die positiven!) und die verschiedensten Erfahrungen in der Partnerbeziehung über die Rezeptoren im Großhirn sich über die genannten Instanzen auswirken bis hin zu den unstillbaren Regelblutungen, wie z. B. bei Marie Cardinal?

Gabriel: Ja, das nehme ich an und erfahre es so in meiner Praxis. Viele Beschwerden beim Geschlechtsverkehr z. B. hängen damit zusammen, daß Frauen keine Lust haben, aber dies nicht bewußt zum Ausdruck bringen und sagen können. So weiß ich z. B. aus dem ärztlichen Gespräch mit einer jungen Frau, daß ihr beim Intimverkehr immer wieder bestimmte verbietende Worte der Mutter einfallen, die sie dann hemmen, sich ganz der Liebe hinzugeben. Ähnliche Störungen können auch ausgehen von Unsicherheiten oder Minderwertigkeitsgefühlen.

Hark: Manche Kritiker werden meinen, daß solche Erfahrungen sehr vereinzelt sind und in der allgemeinen ärztlichen Frauenheilkunde kaum vorkommen. Ich nehme an, daß so nur jemand urteilen kann, dem die psychosomatische Betrachtensweise fremd ist. Ähnlich dürfte es sich auch bei den seelischen Ursachen der Frauenkrankheiten verhalten. Wer hier nicht durch eigene analytische oder tiefenpsychologische Erfahrung gelernt hat, tiefer zu sehen und die psychischen Ursachen der Störung wahrzunehmen, kommt natürlich zu einer ganz anderen Beurteilung und Deutung von gynäkologischen Erkrankungen und Störungen. Wie hoch schätzen Sie aus Ihrer Praxis und aus der Kenntnis der allgemeinen medizinischen Diskussion in Prozenten die psychosomatischen Störungen ein, und wie hoch würden Sie die seelischen Ursachen ansehen?

Gabriel: In meiner Praxis sind dies sicherlich mehr als 50%. Aus der ärztlichen Diskussion weiß ich, daß dieser Gesichtspunkt immer mehr einbezogen wird und anerkannt ist. Doch ich würde anstatt von psychosomatischen Störungen lieber sagen, daß das ganzheitliche Erleben einer Frau gestört ist[19].

Hark: Ähnlich wie die anderen Krankheiten der Menschen sind auch Frauenleiden uralt. In der Bibel wird von einer Frau berichtet, die viele Jahre lang an einem unstillbaren Blutfluß litt und alle Habe für die ärztliche Behandlung ausgegeben hatte. In der Begegnung mit Jesus wagt sie wohl nach langer Zeit wieder, einen Mann anzurühren. Erscheint es Ihnen denkbar, daß diese Frau mit ihrem unstillbaren

Blutfluß die Annäherung von Männern und Beziehungen ab-
wehren wollte? Wenn es sich um ein sogenanntes psychoso-
matisches Leiden bei dieser Frau gehandelt haben sollte,
könnte dann der Glaube und das Vertrauen zu dem heilenden Mann Jesus den bisher unstillbaren Blutfluß endlich zum
Stillstand gebracht haben?

Gabriel: Ja, das kann ich mir gut vorstellen! Ich weiß von vielen Frauen, daß geistige Gespräche und religiöse Fragen sie
nicht nur in ein geistiges Hochgefühl versetzen, sondern häufig auch sexuell stimulieren. Ähnlich wie bei Frau Cardinal
die starken Blutungen aufhörten, als ein neues Selbstvertrau-
en durch die Therapie gewachsen ist, so dürfte es auch bei der
blutflüssigen Frau in der Bibel geschehen sein.

Hark: Frau Dr. Gabriel, ich danke Ihnen sehr, daß Sie als
Frauenärztin dieses Thema mit mir besprochen haben und
damit für viele Leserinnen und Leser die Erfahrungen der
blutflüssigen Frau und vieler Frauen heute beleuchtet haben
und so auch Frauen Mut machen, sich nicht willenlos den
Ärzten auszuliefern, sondern auch auf die Impulse von innen
und auf die eigenen seelischen Reaktionen bewußter zu achten.

Die Heilung von Aussatz
und Hautkrankheiten

Bereits mit der Wortwahl in der Überschrift möchte ich zum Ausdruck bringen, daß es nicht nur um die Heilung des Aussatzes als einer chronischen Infektionskrankheit geht, sondern darüber hinaus vor allem um das menschliche Schicksal. Besonders tragisch war für diese Kranken, daß sie nach dem Gesetz Mose[1] für unrein erklärt wurden und damit von der menschlichen Gemeinschaft wegen der Ansteckungsgefahr abgesondert wurden und zugleich vom religiösen Kult ausgeschlossen waren. So waren diese Kranken buchstäblich von Gott und den Menschen verlassen. Es dürfte daher verständlich sein, daß mit den Erwartungen des kommenden Messias und der damit anbrechenden Heilszeit auch die Hoffnung auf Heilung dieser Volksseuche verbunden war. Jesus Christus hat diese Erwartungen und Hoffnungen eingelöst und Aussätzige geheilt.

Aussatz ist in der Bibel ein Sammelbegriff für medizinisch schwer zu definierende verschiedene Hautkrankheiten. Dort wird zwischen unheilbarem und heilbarem Aussatz unterschieden. So wird z.B. berichtet, daß während des langjährigen Exodus Israels aus der Knechtschaft in Ägypten Mirjam, die Schwester des Mose, zusammen mit ihrem Bruder Aaron sich darüber aufregten, daß ihr Bruder Mose sich eine fremde kuschitische Frau genommen hatte. Kurz nachdem die drei von Gott in die Stiftshütte (Offenbarungszelt, in dem Jahwe erschien) gerufen wurden, «war Mirjam weiß wie Schnee vor Aussatz. Aaron wandte sich Mirjam zu und sah: Sie war aussätzig. Da sagte Aaron zu Mose: Mein Herr, ich bitte dich, laß uns nicht die Folgen der Sünde tragen, die wir leichtfertig begangen haben. ... Da schrie Mose zum Herrn: Ach, heile sie doch!»[2] Zur Beschämung und zur Strafe wurde Mirjam sieben Tage lang aus der Gemeinschaft und dem Lager Israels ausgesperrt und danach wieder als geheilt aufgenommen. Es dürfte nicht schwerfallen, sich diese gutartige Form des Aussatzes als eine psychosomatische Reaktion vorzustellen, die sich auf der Haut zeigte. Diese Frauengeschichte war den Geschwistern also nicht nur unter die Haut gegangen, sondern wurde auch sichtbar, ähnlich wie die weitverbreiteten Hautrötungen bei seelischen und erotischen Erregungen[3].

Bevor ich zu dem eigentlichen Thema der Heilung von Aussätzigen in der neutestamentlichen Überlieferung zu sprechen komme, möchte ich einige Formen dieser schuppenden Hautkrankheiten nennen. Die «Lepra maculosa alba»[4], bei der das Haar pigmentlos wird, «tritt infolge trophoneurotischer Störungen auf»[5]. Es ist jene Form der Neurose, die «die mangelhafte Gewebsernährung und damit Schwunderscheinungen an Organen zur Folge hat»[6]. Eine weitere Form dieser Hauterkrankung ist der sogenannte Knollen-Aussatz mit teilweise zurückgebildeten Lepraknoten, bei denen «helle, erhabene Flecken mit pigmentlosem Haar zurückbleiben, an der Oberfläche: lepröses Geschwür mit dunkelrotkörnigem Grund»[7]. Schließlich sei noch die Psoriasis vulgaris genannt mit «trockenen, silberweißen Schuppen auf geröteter Basis, bes. an der Steckseite der Extremitäten. Beim Abkratzen der Schuppen zeigen sich punktförmige Blutungen»[8]. Um welche Form der Hauterkrankung es sich bei der neutestamentlichen Heilung des Aussätzigen handelte, läßt sich aus dem griechischen Urtext nicht eindeutig rekonstruieren. Was sich jedoch aus dem Text (Mk 1,40–45) eindrucksvoll zeigen läßt, sind die Beziehungen und Entsprechungen zwischen der Symptomatik des Aussätzigen und den Symbolhandlungen bei der Heilung:

Die Leiden des Aussätzigen (Symptomatik)	Die Heilung durch Christus (heilende Symbolik)
Ein Aussätziger kam zu Jesus und bat ihn um Hilfe; er fiel vor ihm auf die Knie und sagte: Wenn du willst, kannst du machen, daß ich rein werde. (V. 40)	*Jesus hatte Mitleid mit ihm; er streckte die Hand aus, berührte ihn und sagte: «Ich will es – werde rein»! (V. 41)*
Im gleichen Augenblick verschwand der Aussatz, und der Mann war rein. (V. 42)	*Jesus schickte ihn weg und schärfte ihm ein: (V. 43)*
Nimm dich in acht! Erzähl niemand etwas davon, sondern geh, zeig dich dem Priester und bring das Reinigungsopfer dar, das Mose angeordnet hat. Das soll für sie ein Beweis (meiner Gesetzestreue) sein. (V. 44)	
Der Mann aber ging weg und erzählte bei jeder Gelegenheit, was geschehen war; er verbreitete die ganze Geschichte. (V. 45 a)	*so daß sich Jesus in keiner Stadt mehr zeigen konnte; er hielt sich nur noch außerhalb der Städte an einsamen Orten auf. Dennoch kamen die Leute von überallher zu ihm. (V. 45 b)*

Im folgenden möchte ich die im Text schon deutlich gemachten Entsprechungen zwischen der Symptomatik und der Symbolik der Heilung weiter verdeutlichen. Zum grundsätzlichen Verständnis von Heilung und Therapie möchte ich hier vermerken, daß die verschiedensten Entsprechungen ein sehr wesentliches Element des Heilungsprozesses sind. Ganz allgemein kann gesagt werden, daß ein Therapeut in seiner Persönlichkeitsstruktur und in seiner Behandlungsmethode dem Wesen des Patienten und seiner Erkrankung entsprechen sollte. Durch derartige Entsprechungen entwickelt sich eine zwischenmenschliche Beziehung, die der Therapie förderlich ist. In der Regel spüren die meisten Patienten auch, ob die Therapeutin oder der Therapeut ihnen entspricht und helfen kann. Mit Entsprechung in dem hier vertretenen Sinne ist eine Übereinstimmung, eine Gleichheit oder zumindest eine Ähnlichkeit zwischen den psychischen Systemen des Patienten und des Therapeuten gemeint. Nur wenn diese zwei Menschen zusammenpassen und ihre Energiefelder einander korrespondieren, kann der Therapeut das Leiden des Patienten annehmen und sich dieser wiederum auf den Weg und das Wagnis in der Begleitung des Heilers einlassen.

Nach dieser allgemeinen Charakterisierung der Entsprechungen im therapeutischen Prozeß nun zu unserem Text. Der Bitte des Aussätzigen um Hilfe entspricht bei Jesus das erweckte Mitleid. Mancher weiß wohl aus eigener Erfahrung, daß nicht jeder Hilferuf die persönliche Bereitschaft zu helfen hervorrufen kann.

Neben der emotionalen Komponente, die in jedem Hilferuf mitschwingt, sind die Gebärde und die Körpersprache ein besonders ansprechender Ausdruck. Aus der Verhaltensforschung ist hinlänglich bekannt, daß die Rituale und die Körpersprache eine vielschichtige Kommunikation ermöglichen. Zum besseren Verständnis für unsere menschliche Wahrnehmungsfähigkeiten hat Frederic Vester wichtige Arbeiten vorgelegt, um die ständigen Wechselwirkungen und Beziehungen zwischen Gehirn, Organismus und Umwelt als ein vernetztes System verstehen zu lernen; er schreibt: «Die Fähigkeit des menschlichen Auges, Muster zu erkennen, wird selbst von den modernsten Computern nicht annähernd erreicht. Denn gerade im Erfassen des ‹Wesentlichen› tun diese sich sehr schwer, während unser Gesichtssinn hier ein Meister ist. Unser Gehirn besitzt in der visuellen Wahrnehmung ein System, das auf einen Schlag eine gewaltige Informationsfülle als Muster erfaßt und dadurch im Erkennen unser vernetzten Realität, im Erkennen von Systemen, weitaus mehr leistet als das Gehör, der Geruch, der Geschmack oder das Tasten.»[9] Das Erkennen und Sehen derartiger Lebensmuster verdeutlicht der Autor mit einem Computer-Bild des Präsidenten Lincoln. Nach meiner langjährigen Beschäftigung mit den biblischen Heilungsgeschichten habe ich den Eindruck gewonnen, daß die biblischen Autoren uns einen heilenden Christus vor Augen stellen, der sich auf die Körpersprache verstand und die

Lebensmuster erkannte. Wie jeder intuitive Mensch eine besondere Wahrnehmungsfähigkeit entwickeln kann, so erfassen die Heiler in der Antike und die heutigen Therapeuten mit ihrem Gesichtssinn die Körpersprache und die Lebensmuster, um daraus ein Bild zu gewinnen von der inneren Befindlichkeit des Patienten. Auf diesem Hintergrund gewinnt der Kniefall des Hilfe suchenden Aussätzigen eine völlig andere Bedeutung als in der üblichen moralischen oder religiösen Auslegung, daß sich der Aussätzige in demütiger Gebärde vor dem göttlichen Heiler beugt. Wenn wir die Entsprechungen im therapeutischen Prozeß beachten lernen, so ist es wichtig, daß der Therapeut nicht nur das Lebensmuster bei dem Patienten erkennt, sondern auch entsprechend reagiert und handelt. Bei dem heilenden Christus geschieht das in der Weise, daß er die Hand ausstreckt und den Aussätzigen berührt. Ohne diese Berührung wäre die Entsprechung zwischen der Symptomatik des Aussätzigen und der Symbolhandlung des Heilers nicht ganz vollständig.

Erst an dritter Stelle beschreiben die fachkundigen biblischen Schriftsteller den Hilferuf des Aussätzigen mit den Worten: «Wenn du willst, kannst du machen, daß ich rein werde.» In diesen Worten zeigt sich nach meiner Auffassung etwas von dem tiefen Zutrauen des Aussätzigen in die therapeutische Kompetenz des heilenden Christus. Auch hier können wir wiederum das esoterische Wissen der biblischen Autoren bewundern, wie sie schon damals über die vielschichtigen menschlichen Begegnungen Erkenntnisse hatten, die wir erst in unserem Jahrhundert durch die Tiefenpsychologie wieder aufdeckten[10]. Damals wie heute geschieht Heilung jeweils dann, wenn die bereitliegenden Lebensmuster und die archetypischen Symbole bei entsprechenden Begegnungen aktualisiert werden.

Aus dem bisher Gesagten möchte ich für den heutigen Umgang speziell mit seelisch Kranken hervorheben, daß die Beachtung der Eigenmotivation des Patienten ein grundlegender Faktor ist. So wie damals der Aussätzige von sich aus zu Jesus kam und ihn um Hilfe bat, so achten wir Therapeuten besonders darauf, ob und wie ein Patient zur Therapie motiviert ist. In der kirchlichen Seelsorge blieb dieser Gesichtspunkt lange Zeit unbeachtet, und es entwickelte sich eine sogenannte «nachlaufende Seelsorge», die nicht selten Mißerfolge heraufbeschwor. Solange Seelsorge als Verkündigung verstanden wird in dem Sinne, daß ich als Christ dem anderen Menschen das Wort schuldig bin, gewinne ich kaum jene Grundeinstellung, die für das heilende Handeln notwendig ist. Die Eigenmotivation eines Hilfesuchenden kann in den beschriebenen drei Ebenen zum Ausdruck kommen, indem er von sich aus um Hilfe bittet, in seiner instinktiv gezeigten Gebärdensprache signalisiert, wie wichtig ihm die Hilfe ist. Schließlich sollte ein Ratsuchender uns auch in knappen Worten sagen können, was er von uns will und welche Hilfe er wünscht. Es ist dabei meistens nicht ausschlaggebend, daß ich als Therapeut helfen will oder eine bestimmte Methode verfolge, sondern wichtig ist, was der Patient abruft. Auch bei diesem Aspekt wäre wieder ein kritisches Wort zu der traditionellen Seelsorge in kirchlichen Bereichen zu sagen. Weitgehend besteht und bestand die Seelsorgs-Ausbildung an den Universitäten darin, zu zeigen, wie sich die angehenden Theologen in bestimmten Situationen der Not und des Hilferufes verhalten sollten. Demzufolge wendeten sie häufig in bestimmten Situationen angelernte Konzepte an und waren enttäuscht darüber, wenn die erwartete Hilfe ausblieb.

Die augenblickliche Heilung

in der therapeutischen Arbeit und Praxis gibt es immer wieder besondere Augenblicke, in denen sich die Zeit verdichtet. Es sind jene beglückenden Augenblicke, in welchen das therapeutische Geschehen handgreiflich zu fassen ist. Es sind jene Augenblicke, in denen Patient und Therapeut spüren, daß Ganzwerdung und Heilung eingetreten sind oder im Begriffe sind einzutreten. Während das verwendete Sprachbild vom Eintreten der Heilung oder von der Heilung und Schließung einer Wunde einerseits räumliche Vorstellungen erweckt, ist andererseits bei jeder Heilung der Zeitfaktor ein wesentlicher Aspekt.

In unserem Text heißt es: «Im gleichen Augenblick verschwand der Aussatz, und der Mann war rein.» Im griechischen Urtext steht hier ein Adverb, das wir auch mit «sofort» oder «sogleich» übersetzen können. Die Evangelisten verwenden dieses Wort dann, wenn Menschen etwas Außergewöhnliches in einem besonderen Augenblick widerfährt. Es sind die besonderen Augenblicke einer Gotteserfahrung, einer Einweihung oder einer Heilung, in denen diese andere Zeitqualität spürbar wird. So sah Jesus z. B. während seiner Taufe «sofort», als er aus dem Wasser stieg, daß sich der Himmel öffnete und der Geist wie eine Taube auf ihn herabkam. Ferner heißt es dann, daß der Geist Jesus «sofort» in die Wüste trieb[11]. Auch die besonderen Augenblicke, wenn wir das Wort Gottes hören und die frohe Botschaft bei uns ankommt, ist durch dieses Adverb gekennzeichnet[12]. Schließlich sei noch der besondere Augenblick des Verrates Christi durch Judas und die anschließende Verherrlichung des Herrn erwähnt, die ebenfalls durch dieses Adverb besonders gekennzeichnet sind[13]. Die Verherrlichung als ein Aufscheinen der göttlichen Wirklichkeit im Leben Jesu, ähnlich wie bei seiner Taufe, verweisen uns auf die besondere Gotteserfahrung in diesen Augenblicken. Da nun dieses Adverb auch in der Heilungsgeschichte von dem Aussätzigen verwendet wird, schließe ich aus diesem Befund, daß die Heilung eine gleichgewichtige Gotteserfahrung ist wie die Taufe oder die Verklärung als ein Sichtbarwerden der Wirklichkeit Gottes.

Für die tiefenpsychologische Deutung derartiger besonderer Augenblicke möchte ich schließlich noch die von Eugen Dre-

Abb. 4
Heilung des Aussätzigen,
Buchmalerei aus dem Limburger Evangeliar,
Reichenauer Schule, 1000–1010 n. Chr.,
Kölner Domschatz

wermann eingeführte Zeitrafferregel erwähnen: «Bei der Übertragung der Symbolsprache in die Wirklichkeit wird man davon ausgehen müssen, daß in den archetypischen Bildern ganze Lebensabschnitte in einer einzigen Szene verdichtet sind; das bedeutet eine oft erhebliche Raffung der zeitlichen Erstreckung, und entsprechend muß man Begebenheiten, die in den Erzählungen das Werk eines Augenblickes zu sein scheinen, sich in der Wirklichkeit unter Umständen als Geschehnisse vorstellen, die Jahrzehnte im Leben eines einzelnen, Jahrhunderte im Leben eines Volkes und Jahrtausende im Leben der Menschheit umfassen können.»[14] Ähnlich wie jeder Kranke, so mögen auch diese Aussätzigen auf den Augenblick ihrer Heilung seit Jahren, vielleicht sogar seit Jahrzehnten gewartet haben. Wenn wir in diesem Zusammenhang auch die Geschichte von den zehn Aussätzigen nach Lukas[15] einbeziehen, so dürfen wir aus der Reaktion des einen Geheilten wohl schließen, daß diese Verhaltensweise in einem Zusammenhang steht mit der seit Jahren geleisteten

Zu Abb. 4: Heilung des Aussätzigen

Im Unterschied zu anderen Darstellungen in der Buchmalerei, in denen der Aussätzige und der heilende Christus durch einen Baum oder eine Heilpflanze getrennt erscheinen, finden wir in dem Bildtypus des Evangeliars aus Limburg eine Säule. Sie trägt eine Doppelarkade und wird in der Ottonischen Malerei häufig als Ordnungs- und Strukturschema verwandt. Nach dem klaren symmetrischen Aufbau des Bildes schwebt über beiden Personengruppen eine je eigene Stadt. Die Aussätzigen damals und die unzähligen Hauterkrankten und Allergiker heute fühlen sich in ihrem subjektiven Erleben nicht in der gleichen Stadt zu Hause wie die «Normalen».
Doch neben dem Trennenden gibt es auch in den Gebärden der Hände etwas Verbindendes und Heilendes. Daher sind im Mittelpunkt des Bildes die nach Hilfe flehende Hand des Aussätzigen und die heilende Hand des Heilers zu sehen. Die ausdrucksstarken Gebärden der beiden Hauptfiguren vor der Säule signalisieren ergreifend das Verbindende. Darüber hinaus wäre noch zu erwähnen, daß die Hand in der tiefenpsychologischen Deutung oft auch die Be-hand-lung symbolisiert. Da sich Allergiker und Hautkranke häufig von den anderen Menschen isoliert fühlen, sind gerade für sie therapeutische Handreichungen not-wendig.

inneren Arbeit und Vorbereitung auf den Augenblick der Heilung. Während die anderen 9 nur ihre Gesundheit im Blick hatten und sich schließlich in das Gesundheitssystem ihrer Zeit einfügten, «sieht» der eine, daß er geheilt worden war, kehrte um und pries Gott.

Schließlich sei zu der augenblicklichen Heilung auch an die Wunderheilungen von Epidauros erinnert, über die schon berichtet wurde. Bevor die Kranken dort den Durchbruch ihrer Heilung in einem Traum erlebten, waren sie in der Regel bereits für einige Wochen in jener «psychosomatischen Klinik» in Behandlung und hatten die verschiedensten Anwendungen der gebotenen Therapiemöglichkeiten erfahren. Was die Augen seit Monaten oder Jahren an helfenden Bildern und heilenden Symbolen erblickten, kann schließlich in jenem besonderen Augenblick der Heilung zum Durchbruch verhelfen.

Sehen und nichts sagen

Im Unterschied zu den traditionellen Auslegungen des Abschlusses dieser Geschichte mit der Anweisung, zur «Gesundheitspolizei» (damals eine Funktion des Priesters) zu gehen und die körperliche wie kultische Reinheit feststellen zu lassen, möchte ich hier nach dem griechischen Urtext einen anderen Aspekt hervorheben. Nach der Heilung sagt Jesus dem Aussätzigen: «Sehe und sage nichts!» Der Urtext verstärkt in einer doppelten Verneinung dieses Verbot: «Sage keinem etwas!» Nur sehen soll der Aussätzige, aber nichts sagen. Dieses Verbot läßt sich als paradoxe Intervention im familientherapeutischen Sinne verstehen[16], nämlich daß das Gesagte zum Widerspruch reizen und das Gegenteil heraufbeschwören soll, nämlich das, was eigentlich gewünscht wird. Der Fortgang des Textes gibt dieser Verstehensmöglichkeit recht, indem der Geheilte viel von der Erfahrung erzählt und sich wegen des Wunders nicht mehr öffentlich zeigen konnte.

Im Urtext zeigt sich an dieser Stelle eine merkwürdige und zugleich geheimnisvolle «Verschmelzung» zwischen dem Geheilten und dem Heiler. Manche Übersetzer stellen es so dar, daß Jesus sich nicht mehr öffentlich zeigen konnte, andere übersetzen zu Recht, daß der Aussätzige draußen vor der Stadt an einem Wüstenort war, und die Leute suchten ihn dort auf, um seinen Rat zu hören. Es war ein ähnlicher Ort wie zur Zeit seiner Krankheit, doch jetzt kamen die Leute zu ihm, manche um das Wunder zu bestaunen, andere um etwas über den Weg zur eigenen Heilung zu erfahren. So dürfen wir wohl auch die Variante nach Lukas verstehen, daß viel Volk zusammenkam, daß sie hörten und durch ihn gesund würden. Auch hier läßt die sprachliche Verwischung offen, ob der Geheilte oder der Heiler der eigentlich Handelnde ist. Heute ist es ebenfalls häufig so, daß Menschen, die Hilfe und Heilung erfahren haben, anderen Menschen in ähnlichen Fällen eine Hilfe sein können und Hinweise auf Heilungsmöglichkeiten geben, eben wie es damals auch gewesen sein könnte. Wenn Menschen nach der Wiedererlangung der Gesundheit im Sinne des geltenden Gesundheitssystems dem Auftrag Jesu gemäß auch «sehend» werden, so sollten sie die Heilung in einem ganzheitlichen Zusammenhang sehen. Wer so zu sehen beginnt und tiefe Einsichten erlangt, fühlt sich heute wie damals in dem Gesundheitssystem seiner Gesellschaft einsam und manchmal sogar isoliert.

Gesundheit oder Reinheit?

Die verschiedenen Geschichten von der Heilung eines Aussätzigen oder einer ganzen Gruppe von Menschen mit dieser Krankheit lenken unsere Aufmerksamkeit in besonderer Weise auf bestimmte Hintergründe, die für ein ganzheitliches Verständnis von Krankheit auch für uns heute wichtig sind. Um es gleich vorweg zu sagen, dem Aussätzigen und Jesus dem Heiler scheint es nicht nur um die Gesundheit zu gehen, sondern vor allem um die «Reinheit» und damit um eine ganzheitliche Heilung. Während sich heute viele Menschen mit dem Slogan identifizieren «Hauptsache ist die Gesundheit!» und damit für die Hintergründe und den Sinn ihrer Erkrankung sowie für eine ganzheitliche Betrachtung dieser Erfahrung wenig Interesse zeigen, war es damals ganz anders. Wenn uns die verschiedenen biblischen Autoren, die Geschichten von der Heilung eines Aussätzigen überliefern, übereinstimmend berichten, daß die Kranken um Reinheit bitten und nicht um Gesundheit und auch Jesus sie «reinigt» und nicht gesund macht, dann dürfte damals die Reinheit ein größerer Wert gewesen sein als die Gesundheit. Aussätzige Menschen waren damals von der Gemeinschaft mit ihrer Familie sowie von Gottesdienst und Kult ausgeschlossen. Waren einerseits die Schmerzen durch das Zerfressen der Haut, des Fleisches und der Glieder sehr schlimm, so war es andererseits für viele noch schlimmer, kein Glied ihrer Familie und der religiösen Gemeinschaft mehr zu sein. Als Aussätzige waren sie buchstäblich ausgesetzt und ausgestoßen. Sie vegetierten außerhalb der menschlichen Wohngemeinschaften, in etwa zu vergleichen mit den Ausgestoßenen, Asylanten und Asozialen in unserer Gesellschaft, die häufig auch außerhalb der gepflegten und besseren Wohnbereiche ihre behelfsmäßigen Unterkünfte haben. Die Aussätzigen damals waren sowohl menschlich als auch religiös in die äußerste Isolation gedrängt.

Diese zunächst nur kurz beschriebene tragische Situation findet auch ihren Ausdruck in der Komposition der biblischen Geschichten. Der Aussätzige bittet nicht nur um Gesundheit oder Heilung von seinem Aussatz, sondern darum, daß er «rein» werde. Er äußert damit den uns zutiefst verständlichen Wunsch, nicht mehr von menschlichen Beziehungen ausgeschlossen zu sein, sondern wieder integriert zu werden. Er wollte nicht mehr ein «Unberührbarer» sein, mit dem niemand wegen der Ansteckungsgefahr in Kontakt kommen durfte, sondern er hatte eine tiefe Sehnsucht nach Berührung und Beziehung. Dies scheint auch Jesus besonders deutlich wahrgenommen zu haben, weil ausdrücklich erwähnt wird, daß er ein tiefes Mitleid hatte und seine Hand ausstreckte und den Aussätzigen berührte. Durch diese Berührung wurde die Beziehung zu einem bisher Unberührbaren dokumentiert. Jesus verstieß mit dieser Handlung zunächst gegen das mosaische Gesetz, das ausdrücklich vorschrieb, daß ein an Aussatz Erkrankter nicht berührt werden durfte. Während das Gesetz diese Menschen isolierte und in eine noch größere innere wie äußere Not hineintrieb, beginnt die Therapie Jesu mit einer tiefen menschlichen Rührung (psychischer wie allgemeinmenschlicher Art) und mit der genannten Berührung. Nach meiner tiefenpsychologischen Deutung gehören die Erregung und der Zorn Jesu zu dem beginnenden therapeutischen Prozeß. Bei seelischen und psychosomatischen Heilungen sind meistens auch starke Erschütterungen und besondere Kraftwirkungen mitbeteiligt[17]. Jesus steht «erbittert der furchtbaren Krankheit des Aussatzes gegenüber»[18]. Andere Theologen sehen in dem Zorn und in dem Erregungszustand Jesu während der Heilung ein erbittertes Ringen mit der todesgleichen Krankheit[19]. Ähnlich starke Gemütsbewegungen zeigt Jesus bei der Erweckung des Lazarus. Als Jesus Maria, die Schwester des Verstorbenen, weinen sah, «ergrimmte er im Geist und betrübte sich»[20]. In dieser Erregung und starken Gemütsbewegung Jesu sieht der Theologe Fuller «ein Anzeichen, daß die Wunderkraft gleichsam in ihn einströmt»[21]. Die tiefenpsychologische Deutung von der besonderen Kraftwirkung bei einer Heilung ist keineswegs eine Hineinlegung in den alten Text, sondern findet sich auch in den Beschreibungen von Heilungen im antiken Griechenland und in der beschriebenen Kraft Gottes bei den biblischen Heilungen[22]. Ohne speziellen Bezug auf die Tiefenpsychologie nehmen dagegen einige Theologen, wie z. B. C. Bonner, an, daß auch die

biblischen Autoren in ihren Wundergeschichten damals geläufige therapeutische Anschauungen aufnahmen: «Was der Hörer zu erwarten gelernt hatte, wußte der Erzähler zu bieten; und es würde sehr seltsam sein, wenn die Erzähler von Jesu Leben und Taten in ihre Geschichten von seinen Wundern nicht einige Züge der konventionellen thaumaturgischen Technik hineingewoben hätten.»[23] Schließlich sei zu diesem Aspekt der Geschichte noch die Meinung des Theologen Mussner erwähnt, der zu dem Ergebnis kommt, daß Jesus «nicht zornig über die Macht des Todes wird, wie man vermutet hat, sondern über das Unrecht, das man in Israel den Aussätzigen antat. Jesus streckt deshalb seine Hand aus über den Kranken, wie Gott nach der Bibel seine Hand ausstreckt, um jemand in Schutz zu nehmen. Jesus nimmt damit den Kranken unter den Schutz Gottes, und durch das Berühren des Kranken stiftet er Gemeinschaft mit ihm. Dies alles geschieht sehr demonstrativ. Das Tun Jesu hat deutlich antirabbinische Bedeutung! Und das scheint auch der Grund zu sein, daß Jesus den Geheilten nach der Heilung ‹anschnaubt und wegjagt› und zum Priester schickt ‹zum Zeugnis gegen sie›. Das alles sind Äußerungen des göttlichen Zornes gegen die falsche Gesetzlichkeit, mit der in Israel gegen die Aussätzigen vorgegangen wurde, und gegen die Pseudotheologie, die man in ihrem Falle entwickelt hatte. Diese werden von Jesus durch die Heilung des Aussätzigen entlarvt; darum wirkt seine Tat ‹als Zeugnis gegen sie›, nämlich gegen ihre Selbstgerechtigkeit, die sowohl den Aussätzigen falsch sieht wie auch jenen, mit dem die eschatologische Gottesherrschaft, die die Kranken, Armen und Sünder unter ihren Schutz nimmt, schon mächtig in Israel und in der Welt anbricht.»[24]
Für die vergegenwärtigende tiefenpsychologische Deutung ist mir bei dem geschilderten Erregungszustand Jesu als Heiler noch etwas anderes wichtig. Jesus dürfte in seinem tiefen Mitleid mit dem Aussätzigen und durch seine vegetative Erschütterung in der «Bauchseele» die verdrängten Gefühle des

Aussätzigen und dessen seelische Bewegtheit dargestellt haben. In der psychotherapeutischen Praxiserfahrung verhält es sich in der Übertragungs-Beziehung[25] zwischen Therapeut und Patient häufig so, daß dieser die vom Patienten verdrängten Gefühle und unbewußten Reaktionen spürt und wahrnimmt und dies dann behutsam mitteilt und dem Analysanden Stück um Stück zurückerstattet. Im tiefen komplexen und vielschichtigen Prozeß lernt der Patient seine verborgenen Anteile kennen und übt sich darin, unter dem fachkundigen Beistand des Therapeuten seine Gefühle zu integrieren und damit an seiner Ganzwerdung und seinem persönlichen Wachstum zu arbeiten.

Damit der weniger Kundige sich von dem bisher Gesagten eine konkretere Vorstellung machen kann, möchte ich einige Beispiele aus der Praxis erzählen. Wenn ich in einem therapeutischen Gespräch plötzlich Bauch- oder Herzschmerzen bekomme (ohne daß bei mir dafür persönliche Ursachen vorliegen), teile ich dies dem Patienten mit und überlege mit ihm, inwiefern dies mit seinen Schwierigkeiten oder verdrängten Wahrnehmungen zu tun habe. Es können auch plötzlich auftretende starke Müdigkeit, Kopfschmerzen oder andere körperliche Reaktionen sein. Bei längerer therapeutischer Erfahrung mit zunehmender Empathie (einfühlsames Mitleiden) und Sensibilität wird der gute Therapeut mit Leib und Seele zu einem Behandlungsinstrument. Was für den Außenstehenden zunächst wie Hexerei aussieht, hat aber auch Aspekte, die außerhalb der analytisch-therapeutischen Beziehung im allgemeinen menschlichen Erfahrungsbereich erlebt werden können. Eine weitverbreitete Erfahrung ist, daß man sich in einer Gruppe von Menschen plötzlich recht unwohl zu fühlen beginnt, weil bestimmte Äußerungen oder auch etwas Verschwiegenes in uns bestimmte Stimmungen und Gefühle auslösen. Eine andere Erfahrung kann sein, daß man sich in der Gegenwart eines bestimmten Menschen recht schnell aggressiv gereizt oder bei anderen deprimiert fühlen kann. Jeder wird in diesem Bereich seine bestimmten Erfahrungen und Beobachtungen gemacht haben und damit das Gesagte bestätigen können, daß wir mit unserer Bauchseele oftmals mehr wahrnehmen, als was wir bewußt mit den Ohren hören und mit den Augen sehen. Diese Hinweise mögen genügen, um wiederum zu dem Heilungsprozeß bei dem Aussätzigen zurückzukehren.

Der Leser möge sich ein eigenes Urteil darüber bilden, ob die geschilderte therapeutische Übertragungsbeziehung nicht eine plausiblere und überzeugendere Modellvorstellung für den Erregungszustand Jesu ist als jene zahlreichen theologischen Deutungen, die der Behandlungsweise Jesu eine «anti-rabbinische Bedeutung» (Mussner) oder eine der vielen anderen theologischen-rationalen Erklärungen geben.

«Es geht mir unter die Haut»

Schließlich wende ich mich der Psychosomatik heutiger Hautkrankheiten zu. Auch wenn in unseren Breitengraden kaum noch Aussatz oder Lepra vorkommen, so gibt es eine Vielzahl von Hauterkrankungen mit vielschichtigen seelischen Anteilen. Neben der physiologischen Aufgabe der Haut mit der Wärme- und Flüssigkeitsregulierung hat sie vor allem eine Schutzfunktion für den gesamten Körper. Alles, was dem Menschen zustößt, berührt zunächst seine Haut, bevor es unter die Haut und in das Innere dringt. Viele vegetative Prozesse spiegeln sich auf der Haut, indem wir z.B. eine Gänsehaut bekommen und der Angstschweiß ausbricht oder wir vor Scham erröten. Die Haut ist ein Ausdrucks- und Darstellungsorgan für seelische Vorgänge. Wir können unsere Haut wie eine Projektionsleinwand ansehen, auf der unbewußte seelische Prozesse sichtbar werden. Unsere Umgangssprache hat viele bildhafte Redewendungen und Ausdrücke aufbewahrt, die auf diese Zusammenhänge hinweisen.

Neben den schon erwähnten Ausdrücken mit überwiegend psychosomatischen Reaktionen auf der Haut verwenden wir die Haut auch als Sprachbild für den Charakter und das Wesen eines Menschen. So sagen wir, daß ein empfindsamer und sensibler Mensch eine dünne Haut und ein widerstandsfähiger Mensch ein dickes Fell habe. Manche Menschen können in der Erregung oder aus Wut aus der Haut fahren, oder was uns verletzt und besonders berührt, geht unter die Haut. Wenn ein Unfall glimpflich verlaufen ist, kann jemand sagen, daß er mit heiler Haut davongekommen sei.

Die Haut hat nicht nur körperlich betrachtet die Funktion einer Abgrenzung zwischen innen und außen, sondern auch eine besondere symbolische Bedeutung für die Beziehung des Menschen. Wir zeigen einem anderen Menschen unsere Zuneigung oder unsere Liebe, indem wir seine Haut streicheln und berühren. Die Haut ist ferner ein wichtiges Sinnesorgan für die erotische Stimulierung und die sexuelle Erregung. Besonders bei Säuglingen und Kindern ist die Haut das wichtigste Kontaktorgan. Der Verlust dieses Hautkontaktes und fehlende Liebe führen häufig zu Hauterkrankungen bei diesen Kindern[26]. Auch bei vielen Erwachsenen zeigen sich die seelischen sowie die sexuellen verdrängten Konflikte auf der Haut in einer der weitverbreiteten chronischen Hautkrankheiten. Unter einem Ekzem ist eine in vielen Formen auftretende juckende Hautentzündung zu verstehen. Der Juckreiz (Proritus) kann einen Menschen, der davon gequält wird, nahezu zur Verzweiflung bringen. Bereits der Begriff Juck-Reiz macht uns auf psychosomatische Zusammenhänge aufmerksam. Der Reiz kann als eine seelische Erregung beim Kennenlernen von etwas Neuem, einem anderen Menschen oder auch bei sexuellen Erregungen auftreten. Diese sinnliche Erfahrung wird dann auf die Haut als Sinnesorgan übertragen und verursacht hier einen Juckreiz. Durch eine aufdeckende Gesprächstherapie sollte versucht werden, die verborgenen und unbewußten Motive für diesen Juckreiz aufzudecken.

Einen starken Juckreiz verursacht auch die Nesselsucht (Urtikaria), deren Hauptsymptome die unterschiedlich großen rotgefärbten Schwellungen sind. Als Ursache für die Nesselsucht wird meist eine allergische Bereitschaft angenommen gegenüber bestimmten Nahrungsmitteln, Medikamenten oder sonstigen Krankheitsursachen. Charakteristisch sind ferner bestimmte psychosomatische Reaktionen bei bestimmten Persönlichkeitsstrukturen mit zumeist neurotischer Erlebnisverarbeitung. Als Beispiel hierfür mag die Leidensgeschichte einer 43jährigen, kleinen, schmächtigen und farblos wirkenden Frau geschildert werden. Sie litt bereits seit 20 Jahren unter Nesselsucht. Bei der Untersuchung berichtet sie, daß sie in dieser Zeit ihren späteren Ehemann kennengelernt habe. Der Bericht fährt fort[27]: «Nach 2jähriger Bekanntschaft heirateten sie. Sie, die bis dahin gut katholisch war, wurde von ihrem Ehemann in eine neuapostolische Gemeinde gebracht, wo er Prediger war. Sie vermochte sich seinem fordernden und tyrannischen Wesen bei gleichzeitigen moralischen Vorhaltungen jedenfalls von Anfang an nicht zu widersetzen. Schon als Verlobte wie auch später als Frau war er auf sie in einer absurden Weise eifersüchtig. Die oberflächlichsten Beziehungen zu Nachbarn, ja selbst zu Tieren wurden zum Gegenstand strengster Vorhaltungen gemacht. Zu Hause war er tyrannisch, mit dem Essen unzufrieden, und wenn es ihm nicht richtig zubereitet schien, konnte er sie brutal schlagen. Im Sexuellen war er immer rücksichtslos, egoistisch, ohne Gefühl für die Bedürfnisse des Partners. Später verfolgte er die eigene Tochter mit der gleichen Eifersucht. Er mißhandelte diese einmal so, daß die Polizei einschreiten mußte. Die Tochter machte mit 17 Jahren aus Verzweiflung über das Leben zu Hause einen Selbstmordversuch. Weder die Tochter noch die Patientin selbst wagten aber damals bei Besprechungen mit den Ärzten der Medizinischen und der Psychiatrischen Klinik Auskünfte über die wahren Verhältnisse zu Hause und den Anlaß des Selbstmordversuches zu geben. Gegenüber Außenstehenden erschien der Ehemann entweder als der moralische und eifernde Prediger, sich selbstgefällig und heuchlerisch aufspielend oder weinend und demütig, immer wieder Besserung versprechend. Die Patientin hatte vor Jahren Rechtsanwälte aufgesucht, diese hatten ihr von einer Scheidung abgeraten, dabei auf die schlechten finanziellen Verhältnisse hingewiesen. In den letzten Jahren hatten sich die Konflikte noch zugespitzt, da die Tochter aus dem Hause war und sie sich allein ihrem Mann ausgeliefert fand.» Bei dieser ausweglosen und schwierigen Lebenssituation dürfte zutiefst verständlich sein, daß diese Frau sich in ihrer Haut nicht wohl fühlte und andererseits nicht aus ihrer Haut heraus konnte. Diese ausweglose Situation und die Ambivalenz der Gefühle führten schließlich zu der chronischen Hauterkrankung, die den Sinn hat, eine Änderung herbeizuführen.

Wenn jemand unter einer Hauterkrankung leidet, sollte er sich daher neben der Behandlung durch den Hautarzt auch überlegen, ob er sich einer psychotherapeutischen Behandlung unterziehen sollte. Auch nach Meinung der Mediziner ist eine therapeutische Behandlung angezeigt: «Die Neurodermitis stellt durchaus eine Indikation für eine aufdeckende psychotherapeutische Behandlung dar. Gewöhnlich besteht echter Leidensdruck, bei Reflexionsfähigkeit ist eine analytische Psychotherapie indiziert, vor allem bei jüngeren Menschen, wobei gewöhnlich nicht nur die Hautkrankheit, sondern auch eine ganze Reihe anderer neurotischer und psychosomatischer Symptome eine Besserung erfahren können und gewöhnlich auch die Familiensituation dabei profitiert.» [28]

Abschließend gebe ich zur Selbstprüfung und zum Nachdenken über die seelischen Ursachen bei Hautkrankheiten den folgenden Fragenkatalog von Dethlefsen wieder, der empfiehlt, bei Ausschlägen und Hautproblemen folgenden Fragen nachzugehen [29]:

1. Grenze ich mich zu sehr ab?
2. Wie steht es um meine Kontaktfähigkeit?
3. Steht hinter meiner ablehnenden Haltung der verdrängte Wunsch nach Nähe?
4. Was ist es, das die Grenze durchbrechen will, um an die Sichtbarkeit zu kommen? (Sexualität, Trieb, Leidenschaft, Aggression, Begeisterung)
5. Was juckt mich in Wirklichkeit?
6. Habe ich mich in eine Isolation verbannt?

Die Weisheit-Sophia als Heilkraft

In den Heilungsgeschichten des Neuen Testamentes spiegeln sich verschiedene Aspekte der Weisheit wider[30]. Der Theologe Felix Christ hat in seinem grundlegenden Werk «Jesus Sophia»[31] den Nachweis erbracht, daß Jesus bereits in der synoptischen Tradition des Neuen Testaments als Träger der Weisheit und auch als diese selbst erscheint. Schon in der Geburtsgeschichte Jesu wird gesagt, daß er heranwuchs und Gott ihn erfüllte mit Weisheit und seine Gnade auf ihm ruhte[32]. Einige Jahre später wird bei dem 12jährigen Jesus im Tempel gesagt, daß seine Weisheit zunahm und er Gnade und Gefallen fand bei Gott und den Menschen[33]. Nachdem Jesus seine öffentliche Wirksamkeit begonnen und einige Heilungen vollbracht hatte, fragt die Menge erstaunt: «Woher hat er diese Weisheit (Sophia) und Kraft (Dynamis)?»[34] Insbesondere der sogenannte Heilandsruf stellt Jesus als Heiler in die Tradition der Weisheit, indem er spricht: «Kommt alle zu mir, die Ihr Euch plagt und schwere Lasten zu tragen habt. Ich werde Euch Ruhe verschaffen. Nehmt mein Joch auf Euch und lernt von mir; denn ich bin gütig und von Herzen demütig; so werdet Ihr Ruhe finden für Eure Seele.»[35] Das hier genannte Ruhe-Finden für die Seele beinhaltet wesentliche Elemente dessen, was ich in meiner tiefenpsychologischen Deutung als Ganzwerdung und Heilung bezeichne. Hier ruft also ein heilender Christus die Kranken und Beladenen zu sich und verheißt ihnen Heilung.

Es dürfte kein Zufall sein, sondern entspricht ganz der Konzeption des Matthäus, wenn er in seiner Parallele der Geschichte von der Heilung des Aussätzigen nach der sogenannten Bergpredigt (Matthäus 5–7) mit dieser Geschichte die Taten des heilenden Christus beginnen läßt.[36]

Zum weiteren Kontext dieser Heilungsgeschichten gehört schließlich noch die Heilung von den zehn Aussätzigen, wie sie Lukas berichtet. Der Text lautet (17,11–19):

Auf dem Weg nach Jerusalem zog Jesus durch das Grenzgebiet von Samarien und Galiläa. Als er in ein Dorf hineingehen wollte, kamen ihm zehn Aussätzige entgegen. Sie blieben in der Ferne stehen und riefen: Jesus, Meister, hab Erbarmen mit uns! Als er sie sah, sagte er zu ihnen: Geht, zeigt Euch den Priestern! Und während sie zu den Priestern gingen, wurden sie rein. Einer von ihnen aber kehrte um, als er sah, daß er geheilt war; und er lobte Gott mit lauter Stimme. Er warf sich vor den Füßen Jesu zu Boden und dankte ihm. Dieser Mann war aus Samarien. Da sagte Jesus: Es sind doch alle Zehn rein geworden. Wo sind die übrigen Neun? Ist denn keiner umgekehrt, um Gott zu ehren, außer diesem Fremden? Und er sagte zu ihm: Steh auf und geh! Dein Glaube hat Dir geholfen.

Ein neuer Aspekt in dieser Heilungsgeschichte ist, daß die Aussätzigen Jesus um das göttliche Erbarmen bitten. Mit Erbarmen ist in der Kirchensprache gemeint, sich eines Armen anzunehmen und ihm zu helfen[37]. Zu diesem Wortfeld gehört auch «barmherzig», das Melzer als «Herzwort der christlichen Sprache» bezeichnet[38]. Mit «barmherzig» ist die Gesinnung des Herzens gemeint, und es charakterisiert einen Menschen, der ein Herz für die Armen und Notleidenden hat[39]. Der Ruf um das göttliche Erbarmen ist Christen auch vertraut aus der kirchlichen Liturgie, in der gebetet wird: «Herr, erbarme Dich!» Vielfach wird in der Bibel bezeugt, daß Gott barmherzig und gnädig ist, geduldig und von großer Güte[40].

Lukas führt uns in dieser Geschichte auch vor Augen, wie unterschiedlich Menschen die erfahrene Gesundwerdung aufnehmen und darauf reagieren. Während alle 10 gesund und rein wurden, erkennt und sieht nur einer, daß er geheilt worden war, und lobt Gott. Offensichtlich scheinen die anderen geheilten 9 Aussätzigen nicht gesehen und wahrgenommen zu haben, was mit ihnen in tieferem Sinne geschehen ist. Die darin anklingende Kritik ist auch für die Gegenwart von besonderer Aktualität. Auch in unserem heutigen medizinischen Gesundheitssystem geht es doch wohl überwiegend um Gesundheit und weniger um Heilung des ganzen Menschen mit all seinen Beziehungen. In diesem Zusammenhang möchte ich nochmals erinnern an die Einführung des Begriffes «Lebensgesundheit» durch den Arzt G. Blome, dessen Heilungskonzept ich in dem einleitenden Interview vorgestellt habe.

Aspekte der Heilung nach dem Sefiroth-Baum

In dieser symbolischen Gestalt eines Baumes wurden von G. Scholem[41] und anderen jüdischen Mystikern die 10 Ausstrahlungen oder Auswirkungen der Gottheit auf die Welt und die Menschen dargestellt. Wir können uns diesen Weg auch als 10 Visionen oder archetypische Imaginationen für den Weg eines Menschen zu seiner Ganzwerdung und Heilung sowie auf seinem Wege zu Gott vorstellen. Nach meiner Auffassung sind es auch nicht zufällig 10 Aussätzige, die hier geheilt werden, oder 10 Jungfrauen in dem Gleichnis, die auf ihren Bräutigam warten, sondern diese 10-Zahl verweist uns bereits auf die Symbolik des Sefiroth-Baumes.

Da wir uns bereits mit der Weisheit in Zusammenhang mit

Der Sefiroth-Baum

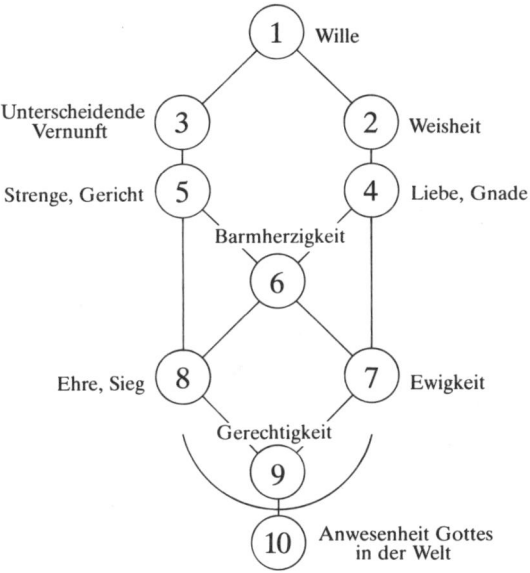

der Heilung der Aussätzigen befaßt haben, beginnen wir den Gang durch die 10 Sefiroth mit Nummer 2, der «Weisheit». Der heilende Christus ist Träger dieser Weisheit, die zugleich auch das Wissen im Menschen erweckt um die persönlichen Heilungskräfte. Zur Weisheit gehört das Kundigsein des Menschen und sein Wissen sowie die Lebensklugheit, Hilfe und Heilung zu erlangen[42].

Der erste Schritt, die Krone des Sefiroth-Baumes, ist der «Wille». Durch den Willen wird die verborgene Potenz und Kraft im Menschen und in den Dingen zur positiven Wirksamkeit erweckt. Wir erinnern uns hierzu an den eingangs zitierten Text des Aussätzigen, der vor Jesus auf die Knie fiel und sagte: «Wenn Du willst, kannst Du machen, daß ich rein werde. Jesus hatte Mitleid mit ihm, er streckte die Hand aus, berührte ihn und sagte: «Ich will es – werde rein!»

Die dritte Sefira mit der Bedeutung der «unterscheidenden Vernunft» sehe ich in der kritischen Frage Jesu angewendet, wo die übrigen 9 Geheilten seien, die nicht umgekehrt sind und Gott lobten[43]. Nach meiner Auffassung wird in dieser Geschichte der Unterschied herausgestellt zwischen Gesundwerden und Heilung im Sinne einer ganzheitlichen Erfahrung. Die 9 anderen Geheilten sind zwar gesund geworden und haben sich in das Gesundheitssystem jener Zeit eingefügt, indem sie sich dem Priester gezeigt haben. Da sie jedoch Gott nicht die Ehre erwiesen haben, sind sie nicht in die Sphäre der achten Sefira, genannt «Ehre, Sieg», eingetreten. Nur einer lobte Gott mit lauter Stimme und kehrte wieder um zu Jesus. Der Sieg über die Krankheit im Sinne der achten Sefira wird schließlich von dem einzelnen Geheilten bei Markus proklamiert. «Der Mann aber ging weg und erzählte bei jeder Gelegenheit, was geschehen war; er verbreitete die ganze Geschichte, so daß sich Jesus in keiner Stadt mehr zeigen konnte.»[44] Im griechischen Urtext werden dafür Fachbegriffe verwendet, die besagen, daß er «verkündigt» (oder predigt) und das Wort (im Sinne von Wort Gottes) weitersagte. Diese Reaktion hängt auch mit der 9. Safira zusammen, der «Gerechtigkeit». Denn wie in der Krankheit oder in der Neurose die persönliche Wahrheit verdunkelt und die existentielle Gerechtigkeit als eine Ausbalancierung der Gegensätze des Lebens gestört ist, so treten sie in der Ganzwerdung und Heilung wieder in Erscheinung.

Nachdem wir auf unserem Weg durch das Sefiroth-System vorausgeeilt sind, möchte ich mich jetzt auf die fünfte Sefira beziehen, die «Strenge, Gericht» bedeutet, ferner auch Furcht und Schrecken sowie Stärke im Sinne der Konzentration. Dieses energetische Wirkungsfeld sehe ich bei Jesus dargestellt, indem er «ergrimmte», indem ihn ein Zorn überkam. Doch auch die Abschwächung dieses Begriffes in den meisten griechischen Texten und die Wiedergabe mit «Mitleid haben» ergibt einen Sinn und führt uns zu der sechsten Sefira, der «Barmherzigkeit». Jesus hatte ein Herz für die Armen (dies besagt Barmherzigkeit wortwörtlich), und seine Fähigkeit zum Mitleiden gab ihm die Kraft, die Kranken zu heilen. Auch in anderen Heilungsgeschichten ist das Mitleid und die Barmherzigkeit ein entscheidendes Motiv. Nach diesem biblischen Befund ist kritisch zu fragen, warum die Kirche in ihren sieben leiblichen sowie geistigen Werken der Barmherzigkeit die Heilung und Therapie nicht aufführt.

Bei der Annahme, daß die Symbolik des Sefiroth-Baumes die verborgene Struktur unserer Heilungsgeschichte bildet, gelangen wir jetzt zu dem siebenten Energiefeld, «Ewigkeit» und auch Sieges- oder Dauerkraft genannt. Diese Sefira kennzeichnet das Einstrahlen der göttlichen Kraft, insbesondere der Heilkraft, in das Hier und Jetzt eines Kranken. Vergegenwärtigen wir uns nochmals den Zusammenhang: «Jesus hatte Mitleid mit ihm; er streckte die Hand aus, berührte ihn und sagte: Ich will es – werde rein! Im gleichen Augenblick verschwand der Aussatz, und der Mann war rein.»[45] Das Wort des griechischen Urtextes «euthys», das in allen Parallelen verwendet wird, bedeutet sofort und sogleich. Die biblischen Autoren wollen damit sagen, daß, wenn Jesus spricht und handelt, die Zeit erfüllt ist und Menschen zu ihrer Ganzheit gelangen und heil werden. Jesus vertröstet nicht auf später, wie dies so oft in der christlichen Verkündigung geschieht, sondern bei ihm wird das Heil in der Heilung gegenwärtig.

Wo Heilung geschieht, erscheint die Schechina, die 10. Sefira, die «Anwesenheit Gottes in der Welt». So wie sich der rechte Glaube zeigt in einer ganzheitlichen Beziehung zu Gott, so führt die Gegenwart des Heils zur Heilung. Nach dem biblischen Zeugnis gehören die Heilung und die Verkündigung des Reiches Gottes unlöslich zusammen. «Er zog in ganz Galiläa umher, lehrte in den Synagogen, verkündigte das Evangelium vom Reich und heilte im Volk alle Krankheiten und Leiden.»[46] Als Jesus später seine Jünger beruft, «gab er ihnen die Vollmacht, die unreinen Geister auszutreiben und alle Krankheiten und Leiden zu heilen»[47]. Für die notwendige Erneuerung der Kirche in der Gegenwart scheint es mir sehr wichtig zu sein, daß sich die Seelsorger, die Mitarbeiter der Kirche und alle Christen auf diese besondere Aufgabe der Heilung wieder besinnen.

Es bleibt noch die 4. Safira: «Liebe, Gnade». Damit ist sowohl die Liebe Gottes gemeint wie auch die christliche Nächstenliebe. In der Heilung und Ganzwerdung wird es dem Menschen erst oder wieder möglich, sich selbst zu lieben, was zu den Voraussetzungen gehört, um andere zu lieben. Jesus selber faßt das in der Lehre zusammen: «Du sollst den Herrn, deinen Gott, lieben mit *ganzem* Herzen und *ganzer* Seele, mit all deinen Gedanken und all deiner Kraft. Als zweites kommt hinzu: Du sollst deinen Nächsten lieben *wie dich selbst.*» (Mk 12,30 f.)

Die Heilungskräfte fließen uns nach der Sefiroth-Symbolik vor allem aus der rechten Seite des Baumes, der auch die weibliche Erscheinungsform genannt wird, zu. Indem wir uns in die Kraftfelder der Weisheit und der Gnade begeben sowie aus «Barmherzigkeit» heraus handeln, werden wir Heiler und können andere heilen. Die bisher noch vorherrschenden Urkräfte des Männlichen, die in der linken Seite des Sefiroth-Baumes, die auch die Härte genannt wird, ihren Sitz haben, bedürfen dringend der Ergänzung durch die rechte Seite der Barmherzigkeit, wozu in der Gegenwart insbesondere auch die Heilung gehört.

Glaubensheilung und Imagination

Für die Glaubensheilung ist die Imagination im Sinne von erweckten und wirksamen Vorstellungsbildern ein bisher kaum beachteter Wirkfaktor im Glauben und in der Heilung. Daher möchte ich zunächst aus der biblischen Überlieferung den Zusammenhang zwischen Glauben und Bildern sowie der Imagination (von imago = Bild) beschreiben. Die Vorstellungsbilder des Menschen und seine Phantasien gehören zum ganzheitlichen seelischen und geistigen Erleben. Wie dieses wiederum mit dem Glauben und der ganzheitlichen Beziehung des Menschen zu Gott verbunden ist, beschreibt Jesus mit den Worten: «Du sollst Gott, deinen Herrn, lieben von ganzem Herzen, aus ganzer Seele, mit deinem ganzen Denkvermögen und aus aller deiner Kraft, und den Nächsten wie dich selbst!»[1] In diesem grundlegenden Wort sind das ganze Gesetz Mose und die Botschaft der Propheten zusammengefaßt. Zu dieser ganzheitlichen Beziehung gehört auch die Bilderwelt, die ihren Sitz in der Seele hat, und das Herz als Wirkstätte der Symbole. Auch das angesprochene Denkvermögen des Menschen ist nicht ohne die Vorstellungsbilder vorstellbar. Zur Denktätigkeit des Menschen mit der Fähigkeit zum Reflektieren gehören unlöslich die Vorstellungen und Bilder. Diese Bilderwelt, die in der Seele eines jeden Menschen schlummert, hat Jesus bei seinen heilenden Begegnungen angesprochen und erweckt. Die für das menschliche Leben und besonders für das seelische Erleben grundlegende Fähigkeit, im Bilde zu sein und zu leben sowie nach den Bildern das Leben zu entwerfen, gilt es zunächst aus der Bibel zu begründen.

Die biblische Schöpfungsgeschichte berichtet von einer göttlichen Selbstentschließung: «Laßt uns Menschen machen nach unserem Bild und Gleichnis.»[2] Nach alter Überlieferung und nach dem Glauben der Christenheit sind wir Menschen als Abbild oder Ebenbild Gottes geschaffen. Weil der Mensch als irdisches Abbild Gottes geschaffen ist, hat er mit Hilfe der Bilder die Möglichkeit und die Fähigkeit, mit dem Urbild in Beziehung zu treten. Mit dieser Bildhaftigkeit ist nach der Deutung des Theologen Gerhard von Rad folgendes gemeint: «Bild ist nicht als wirklichkeitsfremde, nur im Bewußtsein vorhandene Größe zu verstehen, sondern es hat teil an der Wirklichkeit, ja, es ist eigentlich die Wirklichkeit selbst.»[3] Diese Gottebenbildlichkeit des Menschen ist durch den sogenannten «Sündenfall» nicht verlorengegangen, wie so viele Christen und Theologen meinen. G. von Rad verweist in diesem Zusammenhang auf die Geschlechtertafeln mit dem Verzeichnis der Nachkommenschaft Adams, die alle die Gestalt und das Bild des ersten Menschen tragen und folgert daraus: «Der Satz ist von großer Wichtigkeit; er sichert die theologische Aktualität des Zeugnisses von der Gottesebenbildlichkeit für alle Generationen...»[4] Der bekannte Theologe von Rad kommt nach seiner Auslegung der einschlägigen Bibelstellen zu dem Schluß: «Davon, daß die Gottesebenbildlichkeit für den Menschen nunmehr verloren sei, weiß das Alte Testament nichts.»[5]

Eine weitere zentrale Aussage zum biblischen Menschenbild findet sich im Neuen Testament, wenn von Christus bezeugt wird, daß er das Ebenbild Gottes sei[6]. In den ersten Jahrhunderten nach Christus wurde dann das Bekenntnis formuliert, daß er sowohl wahrer und ganzer Mensch gewesen sei als zugleich auch wahrer Gott. Es ist anzunehmen, daß Christus aus dieser Ganzheit heraus sowohl Gott als auch die Mitmenschen und insbesondere die Kranken lieben konnte von ganzem Herzen, aus ganzer Seele, mit seinem ganzen Denkvermögen und aus aller Kraft[7]. Mit der von ihm ausgehenden

geistigen Kraft in seinen Worten brachte er die im Leid ver-
stummten Menschen wieder zum Sprechen. Indem sie um
Hilfe riefen und nach erfolgter Heilung den Mitmenschen
das Wunder bezeugten, kamen die erlahmten geistigen Kräfte
wieder in Bewegung. So faßten die Geheilten den Entschluß,
das Leben wieder selber in die Hand zu nehmen und selber
für sich zu sorgen, anstatt sich als Blinde von anderen führen
zu lassen oder als Gelähmte von Freunden getragen und von
Mitmenschen ertragen zu werden. Ferner hat bei Jesus die genannte Liebe zu Gott von ganzem Herzen aus ganzer Seele
auch seine mitmenschlichen Beziehungen geprägt, so daß er
die Hilfesuchenden und Kranken von ganzem Herzen liebte.
Erfahrungsgemäß spüren Patienten recht genau, ob ein Therapeut oder Arzt sie liebt. Sobald sie es merken, fangen auch
sie ihrerseits an, ihn zu lieben und haben damit unmerklich
auch begonnen, sich wieder selber lieben zu lernen. Diese
wiederentdeckte Liebe ist zugleich eine grundlegende Wirk-
kraft zur Heilung. Jesus wurde damit als Heiler und Hoff-
nungsträger seiner Zeit in allem, was von seiner Person ausging, selber zu einer Arznei. Indem er in sich das Bild Gottes
widerspiegelte, erinnerte er zugleich die Kranken auch an
ihre Gottesebenbildlichkeit und erweckte damit die schlummernden und brachliegenden Heilungskräfte zu neuem Leben.
Neben den Worten und der Sprache waren für Jesus gerade
die Bilder und Symbole, z. B. in Gestalt seiner Gleichnisse
und Bildreden, ein wesentlicher Ausdruck seiner Gottesseben-
bildlichkeit. In zahlreichen Verben des «Sehens» beschreibt
das Neue Testament die Begegnungen Jesu mit den Mitmenschen, insbesondere auch mit den Kranken. Wir erinnern uns
in diesem Zusammenhang an die Heilung des Gelähmten, wo
gesagt wird, daß Jesus ihren Glauben sah. In der anschließen-
den kritischen Auseinandersetzung mit den Schriftgelehrten
wird ebenfalls vermerkt, daß Jesus ihre Gedanken sah und
was sie Böses in ihrem Herzen dachten[8].

Ich gehe auf die Bedeutung und die Funktion des Sehens sowie der Vorstellungsbilder hier aus zwei Gründen ein. Zum einen möchte ich die Bedeutung der Bilder für den Glauben und für die Glaubensheilung wieder in Erinnerung rufen und zum anderen ein kritisches Wort gegen die fundamentalistische Verurteilung von Psychotherapie, innerer Heilung und Imagination sagen. So sprechen z. B. einige amerikanische Autoren von «der Verführung der Christenheit durch Psychotherapie, Visualisierung, Meditation, Biorhythmus, positives Denken, Hypnose, Ganzheitsmedizin…, die alle in den Arbeitsfeldern der Kirche einen festen Platz gefunden hätten»[9]. Ohne offensichtliche Fachkenntnis werden hier wissenschaftlich anerkannte Therapiemethoden mit sektiererischen Machenschaften in einem Zusammenhang gesehen und mit Hilfe einiger Bibelzitate abgeurteilt. Insbesondere haben es diese Kritiker auf die in Amerika weit verbreiteten «Visualisierungen» abgesehen, in denen es um die Erweckung von Vorstellungsbildern und auch Gottesbildern geht. Die Autoren kritisieren, daß es in Amerika weit verbreitet sei, daß Menschen Heilung oder Erfolg suchen, vor sich oder in sich ein Vorstellungsbild von Jesus entstehen lassen und mit diesem aus sich selber entstandenen Jesusbild Mißbrauch treiben. «Überall in den Vereinigten Staaten leiten Spezialisten für die Heilung durch Erinnerung ganze Gemeinden dazu an, sich in einer Vision vorzustellen, daß Jesus bei einem traumatischen Kindheitserlebnis oder sogar bei einem vorgeburtlichen Anlaß gegenwärtig war; damit heiligt, vergibt oder verändert er diese Situation, und in diesem Vorgang erlöst er die Menschen von ihrer Vergangenheit. Andere Leute, die nicht unbedingt dieselbe Art der inneren Heilung vertreten, fördern auch eine ähnliche Visualisierung Jesu.»[10] Es wird befürchtet, daß Menschen mit den Erscheinungsbildern Jesu oder mit einem Gottesbild Mißbrauch treiben können. Nach meinen Erfahrungen werden die von ausgebildeten Psychotherapeuten durchgführten Imaginationen sehr verantwortlich geleitet und sind die befürchteten Mißbräuche ausgeschlossen.

Durch die Imagination wird die «Einbildungskraft» geweckt und damit die Selbstheilungskräfte gefördert. So haben z. B. der amerikanische Arzt O. Carrell Simonton und die Psychologin Stefanie Simonton in der langjährigen Behandlung von krebskranken Menschen mit der Imagination und Meditation, mit Übungen zur Entspannung und zur Visualisierung die Selbstheilungskräfte bei den Patienten und ihre Gesundung mit diesen Methoden wesentlich gefördert[11]. Diese Autoren sehen die Bedeutung positiver Vorstellungsbilder darin, daß sie das Immunsystem der Kranken stärken und die Heilchancen verbessern. So leiten sie z. B. die Patienten mit Vorstellungsbildern von den weißen Blutkörperchen an, den Kampf gegen die Krebszellen zu verstärken. «Das Bild für die weißen Blutkörperchen – die Leukozyten – ist unserer Ansicht nach das entscheidende Symbol des Visualisierungsverfahrens, da es die Einstellungen eines Menschen hinsichtlich seiner natürlichen Abwehrkräfte zum Ausdruck bringt. Ausschlaggebend für die Beziehung zwischen den weißen Blutkörperchen und dem Krebs ist die Anzahl der Leukozyten im Verhältnis zur Anzahl der Krebszellen. In den Bildern, die die Heilung am stärksten fördern, sind die weißen Blutkörperchen den Krebszellen zahlenmäßig weit überlegen.»[12] Die Autoren vertreten einen ganzheitlichen Behandlungsansatz und haben in den letzten Jahren den Nachweis erbracht, daß bestimmte psychotherapeutische Maßnahmen zu deutlich sichtbaren positiven Ergebnissen führten.

Die heilende Kraft der Imagination ist durch C. G. Jung in die Psychotherapie zur Behandlung seelischer Schwierigkeiten eingeführt worden. Eine gute Darstellung dieser Methode und die Entwicklung der aktiven Imagination im Gesamtwerk von C. G. Jung bietet A. N. Ammann und neuerdings Verena Kast[13]. In der Imagination im Sinne C. G. Jungs werden die inneren und unbewußten Bilder aktiv hervorgerufen.

Als Ausgangspunkt kann ein Traum, eine sich aufdrängende Phantasie, eine seelische Stimmung, ein Bild oder Affekt oder ein sonstwie gestörter Gemütszustand gewählt werden. Im Unterschied zum nächtlichen Traum, bei dem das Bewußtsein weitgehend ausgeschaltet ist, ist bei der Imagination das Ich aktiv beteiligt und verfolgt mit wachen Sinnen die ablaufende innere Bildgeschichte. Das ganze Geschehen steht unter der Führung des Selbst[14].

Als Anwendungsmöglichkeiten und therapeutische Ziele für die aktive Imagination nennt Ammann u. a. folgende Möglichkeiten:

– Ergänzung und Vertiefung des Individuationsprozesses bei fortgeschrittener Analyse;

– Entwicklung der schöpferischen Möglichkeiten im Analysanden;

– Förderung der Selbständigkeit und Unabhängigkeit des Analysanden vom Therapeuten, insbesondere wenn der Analytiker nicht zur Verfügung steht;

– Bearbeitung und Selbstbefreiung von starken Affekten und Gefühlen.

– Durch die aktive Imagination kann sich der Therapeut, ein Berater oder Seelsorger selber wieder in Ordnung bringen.

– Diese Methode ist zu empfehlen, wenn entweder zu viele oder zu wenig Träume in das Bewußtsein gelangen.

– In der aktiven Imagination können die Träume mit Hilfe des inneren Therapeuten besprochen und bearbeitet werden.

Die heilende Wirkung
des Christus-Bildes

Wer das Buch bis hierher gelesen hat, oder zumindest einige einschlägige Kapitel daraus, der wird sich vermutlich die Frage gestellt haben, ob und wie Christus denn heute und gegenwärtig seine heilende Wirkung ausstrahle und erweise? Darauf antworte ich, daß die Erscheinungen des auferstandenen Christus keineswegs einige Zeit nach Ostern aufgehört haben, wie so viele Theologen durch die Jahrhunderte hin behauptet haben, sondern daß es immer wieder derartige Erfahrungen gibt, die eine helfende und heilende Wirkung auf die betroffenen Menschen haben[1]. Doch ich möchte hier nicht auf frühere Jahrhunderte zurückgreifen, sondern aus der gegenwärtigen Praxis berichten, wie in besonderen Krisenzeiten des Lebens die Christuserscheinungen eine positive Auswirkung für die Betreffenden hatten[2]. Bevor ich auf die Beispiele zu sprechen komme, möchte ich einleitend erwähnen, daß neben dem Christusbild auch zahlreiche andere archetypische Urbilder, die uns in der Therapie begegnen, eine helfende und heilende Wirkung haben[3]. Ähnlich wie der heilende Christus während seiner Erdentage die Aussätzigen, die Blinden, die Lahmen und andere Kranke heilte, so geht auch gegenwärtig eine starke therapeutische Wirkung von seinem Erscheinungsbild in Träumen aus[4]. Diese besondere Wirkung des Gottesbildes bzw. des Christusbildes hängt damit zusammen, daß der Mensch als Abbild oder Ebenbild Gottes geschaffen wurde und daher eine besondere und tiefe Affinität besteht zwischen Mensch und Gott[5]. Wenn Menschen im Glauben und in ihrer Vorstellungskraft mit diesem verinnerlichten Gottesbild vertraut sind, kann es geschehen, daß in Augenblicken großer Not oder in besonderen Krisenzeiten der helfende und heilende Christus erscheint und als gegenwärtig erfahren wird. Die volkstümliche Weisheit hat diese Erfahrung in der Redensart festgehalten: In der größten Not sind wir Gott am nächsten[6]. Wie ist nun tiefenpsychologisch eine derartige therapeutische Wirkung von göttlichen Erscheinungsbildern zu beschreiben und zu erklären?

In der Psychotherapie machen wir die Erfahrung, daß in den Bildern und Symbolen, die unser Geist aus der Bilderwelt unserer Seele hervorbringt, eine wirkungsvolle Heilkraft enthalten ist. Zu den stärksten Bildwirkungen gehören die archetypischen Symbole, die unserem gesamten Leben ihre Ordnung und Struktur geben. Die Forschungen im Bereich der Neurophysiologie, besonders in den USA, sind damit befaßt, die Übertragung der Botschaften und Wirkungen in den Vorstellungsbildern auf den Körper im zentralen Nervensystem genauer zu untersuchen. Daß Wechselbeziehungen zwischen Leib, Seele und Geist bestehen, ist für jedermann eine alltägliche Erfahrung und wird zum Beispiel im autogenen Training genutzt, indem die Entspannung der Muskulatur, die Funktion des Atmens und des Herzens durch bestimmte Vorsätze beeinflußt werden kann. Doch auch außerhalb dieser Methode kennt wohl jedermann Situationen, in denen bestimmte Erfahrungen und/oder Vorstellungsbilder uns unangenehme Empfindungen oder Angst einflößen und bestimmte Körperreaktionen auslösen. Besonders sensibel reagiert auch unser vegetatives Nervensystem, wenn uns ein Ekelgefühl oder eine dreckige Umgebung das Essen unbekömmlich macht. Unsere Vorstellungen und die Einbildungskraft haben eine nachweisliche Auswirkung auf das gesamte geistig/seelische Erleben und auf das körperliche Befinden.

Bevor ich ein ausführliches Beispiel für die hilfreiche Wirkung einer Christuserscheinung bringe, möchte ich drei kurze Erfahrungen berichten, um die Vielfältigkeit der Erscheinungen und der Krisensituationen deutlich zu machen. So berichtete eine 55jährige katholische Frau, daß sie in den Nach-kriegstagen, als ihre Familie sich in größter Not befand, abends, als sie aus dem Fenster schaute, eine Christuserschei-nung am Himmel gesehen habe, die sie einerseits sehr er-schreckt habe und andererseits die Hoffnung erweckte, daß nun alle Not ein Ende haben würde. Diese Frau bezeugte vor einer Gruppe im Traumseminar 1987, daß diese Erscheinung sie noch immer begleite und in ihrem Leben eine Realisie-rung erfahren habe. Von diesem Augenblick an habe sie we-der unter Krankheiten noch unter existentiellen Nöten zu lei-den gehabt.

Eine ähnliche Christuserscheinung erlebte eine protestanti-sche Ärztin auf dem Höhepunkt ihrer Ehekrise, als sich ihr Mann von ihr trennte. Sie sah, wie sich Christus in einem hel-len Licht zeigte und sie tröstlich anblickte. Über Jahre hin vermittelte ihr diese Erscheinung eine besondere innere Kraft, die Krise zu meistern und nicht daran zu zerbrechen.

Manchmal kann das Christusbild auch eine Ähnlichkeit ha-ben mit dem Erscheinungsbild des griechischen Heilgottes Asklepios, wie wir es aus zahlreichen Darstellungen kennen. So berichtet eine katholische Frau, die sich am Anfang der dritten Lebenshälfte befindet, den folgenden Traum:

«Ich befinde mich in einer Kirche, deren Dach sehr weit nach oben gehoben ist. Aus dieser Höhe erscheint mir Christus mit feurigen strahlenden Augen und sieht mich durchdringend an. Er wirft mir einen Stab zu, als wolle er sagen, ich reiche an euch den Heilstab des Asklepios weiter. Mit dieser Handlung hört die Erscheinung auf.»

Den zugeworfenen Heilstab bringt die Träumerin mit dem Heilgott Asklepios in Beziehung. Beide Symbolgestalten, As-klepios und Christus, sowie deren Darstellungsformen in der Kunst sind dieser Frau vertraut. Auch diese Träumerin hat jenen Traum in einer besonderen Krisenzeit des Lebens, als es ihr sowohl gesundheitlich schlecht ging als auch in ihrer Ehe große Schwierigkeiten bestanden. So waren Depressionen und Kraftlosigkeit eine oft zu beobachtende Folge dieser Schwierigkeiten. Die in das Unbewußte abgesunkenen Lebensenergien kommen in diesem archetypischen Bild in den feurigen und strahlenden Augen zum Ausdruck. Indem die Träumerin sich dieses Bild wiederholt vor Augen führte und meditierte, konnte sie zunehmend ihre Lebenskraft wiedergewinnen.

Eine wichtige Neuorientierung erlebte eine 49jährige Frau in ihrer Ehe- und Lebenskrise in dem folgenden Christus-Traum. Zur Lebenssituation von Frau Heer (Pseudonym) sei kurz vermerkt, daß sie zwei erwachsene Söhne hat, von denen auch der Jüngere vor vier Wochen ausgezogen ist. Der Ehemann war bereits vor zweieinhalb Jahren aus der Wohnung ausgezogen und hat sich getrennt. «So lebte ich nun allein und war mit einer ganz neuen Lebenssituation konfrontiert. Auf der einen Seite war eine gewisse Leere da und auch Ängste, andererseits genoß ich sehr, nun unabhängig und frei zu sein und meine Zeit einteilen zu können. Natürlich schlich sich immer wieder eine leise Trauer über das Gewesene ein und Fragen, wie ich mein weiteres Leben gestalten wollte. Doch dies alles war noch nicht so stark an der Oberfläche und in meinem Bewußtsein. Damals hatte ich viele Träume von Umzügen und auch daß ich schwanger wäre und noch einmal ein Baby bekäme. Dann kam der mich sehr bewegende und erschütternde folgende Traum:

Ich bin in einem Haus und suche etwas, ich möchte etwas herausfinden. Dann komme ich in einen Raum, der dunstig, nebelig und undurchsichtig ist. Aus diesem Dunst kommt ein heller, blonder junger Mann auf mich zu. Er hält mir seine Handflächen entgegen, auf deren linker das bekannte Erscheinungsbild der Hildegard von Bingen zu sehen ist. Auf der anderen Hand hat er eine Frage und den Lebenskonflikt oder etwas ähnliches zu lesen. Ich weiß, daß ich Jesus begegnen will. Doch dazu muß ich und will ich diese Fragen lösen. Ich denke nach, überlege, spreche, stottere, quäle mich ab und will unbedingt die Sache lösen, aber es gelingt mir nicht. So geht es nicht, meint der Jüngling und verschwindet wieder. Ich bin traurig, mir zieht es das Herz zusammen, daß ich es nicht geschafft habe.

Doch nun kommt er ein zweites Mal. Es sind nun zwei junge Männer. Wieder diese offenen Hände mit dem Bild auf der einen Seite und der Frage auf der anderen Seite. Sie sagen mir eine Art Geschichte, die ich zum richtigen Ende bringen soll, und Fragen, die richtig beantwortet werden sollen. Doch alles, was ich sage, ist nicht richtig. Es quält mich sehr, es ist sehr schmerzlich. Ich bin sehr unglücklich.

Doch sie kommen ein drittes Mal. Mit meinem ganzen Schmerz, meiner Trauer und Qual weiß ich, daß ich keine Antwort mehr weiß, sondern es bleibt mir nur noch, mich auf die Knie zu werfen, den Boden mit meinem Gesicht zu berühren und voll Demut zu hoffen, daß es eine Lösung gibt. In diesem Moment, als ich das tue, weiß ich sofort, daß das die richtige Lösung war und daß ich nun Jesus begegnen werde. Meine Tränen netzen seine Füße. Ich weiß, daß es die Füße Jesu sind. Ich sehe nun eine helle Gestalt in einem strahlenden, leuchtenden Oval stehen – das ist Jesus. Ich wache ganz erschüttert und auch erschreckt auf. Ich spüre noch lange die tiefen Gefühle, die ich im Traum hatte.

In dem Traum sind deutlich die drei Abschnitte mit verschiedenen Erscheinungsbildern und seelischen wie spirituellen Erfahrungen zu erkennen. Auch die verschiedenen Gefühle und Empfindungen der Träumereien in der eingangs genannten Lebenssituation spiegeln sich in diesem Traum und werden durch die Traumarbeit der Seele nicht nur bewußter gemacht, sondern darüber hinaus mit dem höheren Selbst, dem Christus-Bild, in Beziehung gebracht.

Das ist die eigentliche Absicht und Zielrichtung des Traumes.

In verschiedenen Anläufen führt die Seele die Träumerin zur Begegnung mit dem spirituellen Selbst, dem Erscheinungsbild Christi. Verfolgen wir die einzelnen Schritte von der Erlebnisverarbeitung und den sogenannten Tagesresten bis hin zu der Annäherung an das Christus-Bild.

Anfangs befindet sich die Träumerin in einem Haus, in ihrem realen Lebensbereich. Dort sieht es so aus, wie in ihrem derzeitigen Befinden, «undurchsichtig und nebelig». Der Traumregisseur verwendet hier Ausdrucksbilder, die jedermann vertraut sein dürften. Wenn wir uns in schwierigen Lebenssituationen befinden und dazu noch von Ängsten oder Depressionen bedrängt werden, fühlen wir uns wie im Nebel. In solchen Situationen sehnt man sich nach einem Helfer oder Retter. Dieser tritt ihr in Gestalt des jungen blonden Mannes entgegen. Indem in der nächsten Szene noch ein zweiter Mann dazu erscheint, ist zunächst an die beiden Söhne von Frau Heer zu denken, von denen sie sich, wie so viele Mütter, eine Hilfe erhoffte.

Da die beiden Jünglinge die Träumerin aber nicht an ihre Söhne erinnern und mit den Händen zwar eine Frage und den Lebenskonflikt anzeigen sowie in der linken Hand das beigefügte Gottesbild der Hildegard von Bingen zeigen, so ist bei diesen Gestalten an transpersonale und überpersönliche Erscheinungen zu denken. Ähnlich wie in anderen archetypischen und biblischen Geschichten bestimmte Jünglinge die Bedeutung von Boten oder Engeln haben, so haben diese jungen Männer eine hinweisende Funktion. Mit ihren Händen zeigen sie die derzeit wichtigsten Probleme an, an deren Lösung Frau Heer arbeiten muß. Auf der rechten Hand, die wir in der tiefenpsychologischen Symbolik mit der bewußten Seite des Lebens in Verbindung bringen, liegen der Lebenskonflikt und die brennenden Fragen. Sie liegen buchstäblich auf der Hand, wie die volkstümliche Redensart und Weisheit es auszudrücken pflegt. Obwohl die realen Lebensschwierigkeiten der Träumerin bewußt sind und offen zutage liegen, kann sie jedoch durch Nachdenken, Überlegen und durch Willensanstrengung die Fragen nicht beantworten und den Lebenskonflikt nicht lösen. Wir können es wohl nachfühlen, daß die Träumerin darüber sehr traurig ist und es ihr das Herz zusammenzieht. Derart geistige und seelische Anstrengungen führen nicht selten zu sogenannten psychosomatischen Reaktionen, wie in diesem Falle zu Herzbeschwerden. In der nächsten Szene wiederholt sich mit dem Erscheinen der zwei jungen Männer die Aufgabe und die Qual. Sie soll die Fragen beantworten und eine Art Geschichte zu ihrem richtigen Ende bringen. Da alles Gesagte nicht richtig ist, endet auch diese Szene für die Träumerin sehr schmerzlich.

Was in Gedanken und mit Worten nicht zu lösen ist, wird nun in der dritten Szene auf einer präverbalen (vorsprachlichen) Ebene einer Lösung entgegengeführt. Offensichtlich sind in der Traumseele das Wissen und die Weisheit gespeichert, daß sich manche Aufgaben und Probleme nur in Gesten und Symbolhandlungen lösen lassen. Dazu sagt die Träumerin: «Es bleibt mir nur noch, mich auf die Knie zu werfen, den Boden mit meinem Gesicht zu berühren und voll Demut zu hoffen, daß es eine Lösung gibt.» Während Frau Heer dies tut, weiß sie, daß es die richtige Lösung ist. Wie einstmals zu Jesu Zeiten eine Frau mit einem Gefäß voll wohlriechenden Öls von hinten an Jesus herantrat, «dabei weinte sie, und ihre Tränen fielen auf seine Füße. Sie trocknete seine Füße mit ihrem Haar, küßte sie und salbte sie mit dem Öl»[7], so netzte auch unsere Träumerin mit ihren Tränen die Füße Jesu. Diese Szene des Traumes hat eine gewisse Entsprechung in der zuvor vollzogenen Gebärde, sich nämlich auf die Knie zu werfen, den Boden mit dem Gesicht zu berühren und voll Demut zu hoffen, daß es eine Lösung gebe.

In der Bilderwelt der Seele ist offensichtlich die archetypische Symbolsprache aufbewahrt und einprogrammiert, daß ich als Mensch mich zuvor auf mein Angesicht werfen muß und zur

Erde beugen, wenn ich eine Gotteserscheinung sehen will. Diese Gebärdensprache ist auch aus zahlreichen biblischen Geschichten und insbesondere aus den Heilungsgeschichten bekannt[8]. Sollten manche modernen Theologen oder Vertreterinnen der feministischen Theologie diese Gebärdensprache als fragwürdige Unterwerfung und Unterdrückung der Frauen mißverstehen, so haben sie den tiefen Sinn einer derartigen Symbolhandlung nicht verstanden. Es geht hier nicht um Unterwerfung, sondern um den Entwurf eines neuen Lebensmusters, das meistens auf diese Weise in der Tiefe seinen Anfang nimmt. Bei derartigen Traumsymbolen habe ich gelegentlich in einem symbolischen Ausdrucksspiel die Szene nachvollziehen lassen und dabei sowohl bei Männern als auch bei Frauen ein tiefes Bedürfnis erfahren und eine bewegende Ergriffenheit miterlebt. Sollte jemand fragen, warum derartige Träume mit archetypischen Symbolhandlungen scheinbar selten vorkommen, so möchte ich dazu mit einer kurzen Episode antworten: Jemand fragte einen jüdischen Rabbi, warum die großen Träume so selten geworden seien. Er antwortete: Weil die Menschen sich nicht mehr tief genug bücken können!

Kommen wir abschließend noch kurz auf das Bild der Christus-Erscheinung zu sprechen. Die Träumerin sieht Jesus als eine helle Gestalt in einem strahlenden, leuchtenden Oval stehen. Auch dieser Bildtypus scheint wie zahlreiche andere archetypischen Bilder in der Seele einprogrammiert zu sein und kann in äußerst bedrängenden Situationen zum Trost und zur Hilfe erscheinen. Genauer müssen wir sagen, daß dieser Archetypus als Möglichkeit eingeprägt ist, sein tatsächliches Erscheinungsbild dagegen von zahlreichen äußeren Faktoren abhängt. Frau Heer begegnet bereits in der ersten Traumszene ein ähnliches Erscheinungsbild, nämlich das der heiligen Hildegard von Bingen, das sie in den Wochen zuvor wiederholt angeschaut und meditiert hatte. Doch der innere Traumregisseur stellt nicht dieses bekannte Bild vor Augen, sondern wählt für die Träumerin noch ein erschreckenderes und erschütternderes Christus-Bild. Der Religionswissenschaftler Rudolf Otto hat zur Beschreibung einer derartigen Gotteserfahrung den Begriff des Numinosen vorgeschlagen und wollte damit sagen, daß ein Mensch von dem Erscheinen eines Gottes- oder Christus-Bildes sowohl fasziniert als auch tief berührt und erschüttert werden kann[9]. Die Träumerin selber sah in diesem Erscheinungsbild vor allem eine Begegnung mit ihrem spirituellen Selbst, das ihre Ganzwerdung und SELBST-Verwirklichung entscheidend förderte.

Das Christus-Bild muß nicht immer in männlicher Gestalt erscheinen, sondern kann in Visionen auch als «Frau» (Anima) gesehen werden. Als Beispiel für diesen archetypischen Bildtypus möchte ich abschließend die wenig bekannte Vision der Mystikerin Elisabeth von Schönau (1129–1164) mitteilen[10]. Gerade bei dem gegenwärtigen Bemühen um ein ganzheitliches Gottesbild erscheint mir diese Vision von besonderer Wichtigkeit. Der Text lautet:

«Als wir die Vigil der Geburt des Herrn begingen, ungefähr zur Stunde der Eucharistiefeier, geriet ich in Geistesentrückung und sah etwas wie eine Sonne von wunderbarer Klarheit am Himmel erstrahlen. In der Mitte der Sonne war das Bild einer jungen Frau von ansehnlicher Gestalt und unvergeßlichem Anblick. Die Haare über die Schultern ausgebreitet und mit einer prächtigen Goldkrone auf dem Haupt saß sie da und hielt einen goldenen Becher in der rechten Hand. Sie trat aus der Sonne heraus, die sie von allen Seiten umgab, und der Glanz der strahlenden Helle dieser Frau verbreitete sich zuerst genau über unseren Wohnort, danach allmählich über andere Gebiete, so daß er sichtbar die ganze Erde überflutete. Neben dieser Sonne erschien jedoch eine große, äußerst dunkle, schrecklich aussehende Wolke. Und als ich dies sah, schob sich die Wolke plötzlich über die Sonne und verdunkelte sie und nahm der Erde eine Zeitlang ihren Glanz. Dann wieder entfernte sich die Wolke, und die Erde erstrahlte erneut im Licht der Sonne. Dies aber wiederholte sich sehr oft, so daß die Erde abwechselnd von der Wolke beschattet und dann wiederum von der Sonne beleuchtet wurde. So oft dies geschah, daß jene Wolke sich vor die Sonne schob, so daß das Sonnenlicht die Erde nicht erreichte, sah ich die junge Frau, die in der Sonne saß, gleichsam vor großem Leid über die Weltfinsternis heftig weinen. Diese Vision hatte ich unaufhörlich an jenem Tag und die ganze folgende Nacht hindurch, denn ich blieb stets wachsam im Gebet.

Am Festtag aber, als die feierlichen Messen gefeiert wurden, fragte ich den heiligen Engel des Herrn, der mir erschien, wie jene Vision beschaffen wäre und welche Bedeutung sie hätte. Und er antwortete mir auf die Frage nach jener jungen Frau, deren Identität ich vor allem aufzuklären begehrte: Jene junge Frau, die du siehst, ist die heilige Menschennatur des Herrn Jesus. Die Sonne, in der die junge Frau sitzt, ist die göttliche Natur, die sie ganz besitzt und die die menschliche Natur des Erlösers verherrlicht. Die finstere Wolke, die ab und zu das Sonnenlicht von der Erde fernhält, ist das Unrecht, das auf der Welt herrscht. Die Wolke beeinträchtigt die Güte des allmächtigen Gottes, die sich durch die vermittelnde Menschennatur des Herrn Jesus auf die Menschheit ergießen sollte. Die Wolke bedeckt die Welt mit dem Schatten des göttlichen Zornes. Daß du aber die junge Frau weinen siehst, ist gleichbedeutend mit dem, was geschrieben steht, daß Gott vor der Vernichtung des ersten Menschengeschlechts wegen des großen menschlichen Unrechts im Innersten seines Herzens schmerzlich berührt wurde und sagte: Es reut mich, den Menschen geschaffen zu haben. So wie in jenen Tagen, so wachsen auch in diesen Tagen die menschlichen Vergehen bis ins Unermeßliche, und die Menschen denken nicht daran, wie viel Gott für sie getan hat durch die Menschwerdung seines eingeborenen Sohnes, den sie mit Untaten entehrten. Sie traten die Gnade der Erlösung gleichgültig mit Füßen, anstatt ihm den würdigen Dank für alle seine Leiden zu zeigen, durch die er wegen ihrer Frevel zerrüttet wurde. Daher steht jetzt eine bittere Anklage gegen sie schrecklich vor den Augen Gottes. In dieser Generation der Frevler wird dem Menschensohn keine Freude zuteil; vielmehr ist es ihm leid, daß die Empfänger seiner Wohltaten nur Undank zeigen. Da ist das Wehklagen der jungen Frau, die über die Wolke weint. Weshalb du aber zuweilen siehst, daß die Wolke sich entfernt und die Erde von der Sonne beleuchtet wird, das zeigt, daß Gott durch seine übergroße Barmherzigkeit nicht völlig davon absteht, vom Himmel aus auf die Erde zu blicken wegen seiner gesegneten Nachkommenschaft, die ihm dort noch immer dient. Die Goldkrone auf dem Haupt der jungen Frau ist die Himmelsglorie, die durch Christi Menschheit all denen, die an ihn glauben, erworben wurde. Der Becher in ihrer rechten Hand ist der Quell des lebendigen Wassers, das der Herr der Welt reicht, indem er die Herzen derer, die zu ihm kommen, belehrt und erquickt. Er sagt: Wenn jemand dürstet, so komme er zu mir und trinke, und lebendiges Wasser fließt aus seinem Körper.

Am dritten Tag danach, als man wie üblich des Evangelisten Johannes Messe feierte, erschien mir der Erwählte des Herrn und gleichzeitig mit ihm die glorreiche Himmelskönigin. Und ich fragte ihn, wie ich ermahnt worden war: Mein Herr, warum wurde mir die Menschennatur des Herrn Erlösers unter der Gestalt einer jungen Frau und nicht in einer männlichen Gestalt gezeigt? Als Antwort auf meine Frage sagte er: Der Herr wollte, daß dies deshalb geschieht, damit die Vision umso passender auch seine selige Mutter bedeuten könnte. Denn sie selbst ist in Wahrheit die junge Frau, die in der Sonne sitzt, denn die Majestät des höchsten Gottes hat sie vor allen, die vor ihr auf der Erde waren, ganz verherrlicht, und durch sie stieg die Gottheit herab in den Schatten der Welt. Die Goldkrone, die du auf dem Haupt der jungen Frau gese-

hen hast, bedeutet diese, dem Fleische nach aus dem Königs-
geschlecht gezeugte, auserlesene Jungfrau, die mit königlicher
Macht im Himmel und auf der Erde herrscht. Der Trank aus
dem goldenen Becher ist die sehr süße und reiche Gnade des
heiligen Geistes, die in größerer Fülle als auf die anderen
Heiligen des Herrn auf sie herabkommt. Sie reicht auch anderen diesen Trank, da der Herr durch ihren Beistand seine Ge-
treuen in der heiligen Kirche an dieser Gnade teilhaben läßt.
Das Wehklagen dieser jungen Frau ist aber die unermüdliche
Eingabe dieser sehr barmherzigen Mutter, die sich bei ihrem
Sohn immer für die Sünden des Gottesvolkes einsetzt. Was
ich dir sage, ist wahr. Denn wenn sie den Zorn Gottes nicht
durch ihr unaufhörliches Bitten besänftigte, wäre die ganze
Welt schon durch die Überfülle ihres Verschuldens verloren
gegangen.»

Die Vision gliedert sich in drei Teile, nämlich in das Erscheinungsbild einer jungen Frau von ansehnlicher Gestalt und
unvergeßlichem Anblick, den ein Engel im zweiten Teil als
die heilige Menschennatur des Herrn Jesus deutet. Im dritten
Teil schließlich erfolgt eine dogmatische Umdeutung der Vision, vermutlich zu dem Zweck, daß sich das Erscheinungsbild in die kirchliche Tradition und das anerkannte theologische Gottesbild einfüge.
Zu dem breit ausladenden Text der Vision, die weitgehend
aus sich selber heraus verständlich ist und im zweiten Teil
durch den Engel gedeutet wurde, noch einige Anmerkungen:
Elisabeth schaute diese Vision am Heiligen Abend und in der
Weihnachtsnacht. Durch das strenge Fasten, das vor den hohen Festtagen üblich war, ergab sich eine besondere innere
Bereitschaft und eine seelische Disposition für das mystische
Erleben. Ähnlich wie bei zahlreichen anderen Mystikern
(Mystikerinnen) die Bilder und Symbole der Vision aus der
kirchlichen Liturgie oder aus der biblischen Überlieferung
entlehnt wurden, ist dies auch bei Elisabeth der Fall. Zu dem

bei dem letzten Traum von Frau Heer genannten Erscheinungsbild der Hildegard von Bingen besteht insofern eine besondere Beziehung der Vision Elisabeths, als Hildegard etwa ein Jahrzehnt zuvor die Lichtsymbolik zum Verständnis des Göttlichen besonders stark für die mystische Glaubenserfahrung bekanntgemacht hatte. Den Text der Vision und besonders das Bild der Frau im Zusammenhang mit der Sonne dürfte Elisabeth der Offenbarung des Johannes entlehnt haben[11]. Der Bedrohung durch den Drachen (in der Offenbarung des Johannes) entspricht in der Vision die «äußerst dunkle, schrecklich aussehende Wolke». Auch die Einführung eines Engels zur Deutung des Geschehens ist ein biblisches Stilmittel, wie wir es in den Ostergeschichten am Ende der Evangelien vorfinden.

Unsere besondere Aufmerksamkeit richtet sich nun auf den letzten Teil der Vision mit der dogmatischen Umdeutung. Vermutlich war es denn doch für die damalige Zeit zu kühn, sich Christus in Frauengestalt vorzustellen. Einige Forscher und Historiker nehmen an, daß Elisabeth besonders von ihrem Bruder und geistlichen Berater Ekbert, der ihre Visionen sammelte und niederschrieb, dazu gedrängt wurde, das Erscheinungsbild in das konventionelle Gottesbild einzufügen[12]. Indem das geschaute weibliche Jesusbild an Maria als der glorreichen Himmelskönigin angepaßt wurde, war damit das zu erwartende Ärgernis beseitigt[13]. Schließlich wird das fragwürdige Geschehen (vermutlich von dem geistlichen Berater Ekbert) noch mit dem göttlichen Willen legitimiert: «Der Herr wollte, daß dies deshalb geschieht, damit die Vision um so passender auch seine selige Mutter bedeuten könnte.»

Mit der geäußerten Kritik an der dogmatischen Anpassung sollte nicht der «moralische Zeigefinger» erhoben werden, sondern lediglich auf Erfahrungen aufmerksam gemacht werden, die sich ähnlich auch gegenwärtig wiederholen. Wenn Menschen von außergewöhnlichen Gottesbildern träumen, passen sie nicht selten aus Angst vor kirchlichen Autoritäten das Geschaute den traditionellen Vorstellungen an. Es ist manchmal schwierig und zugleich furchterregend, die aus dem Seelengrund sich offenbarenden Gottesbilder mit den anerkannten und kollektiven Gottesvorstellungen in Einklang zu bringen[14]. Dennoch sind diese Vorgänge nicht nur für den Glauben und das Heil von grundlegender Bedeutung, sondern auch für die Heilung in einem ganzheitlichen Sinne.

Christo-Therapie und Tiefen-Theologie

Für die folgende Zusammenfassung meiner Ergebnisse wähle ich aus der Fülle der Literatur, die sich mit dem Thema Tiefenpsychologie und Theologie befaßt, zwei Begriffe aus, die mein Anliegen richtungweisend widerspiegeln. Mit «Christo-Therapie» möchte ich zum Ausdruck bringen, daß eine christlich begründete Therapie für Christen und durch Christen sich an dem heilenden Christus orientiert. Er ist die heilende Gestalt und das ganzheitliche Symbol, das uns Orientierung und Heilung bringt. In Anlehnung an den christologischen Titel «Heiland», der sowohl im Neuen Testament als in der Theologie eine breite Verwendung gefunden hat, möchte ich hier die kürzere Bezeichnung «Heiler» vorschlagen. Die biblischen Quellen belegen, daß neben der Verkündigung vor allem die Heilung zu den ureigenen Taten Jesu gehörte[1].

Was ist Christo-Therapie?

Den eingangs genannten Begriff der Christo-Therapie habe ich bei dem amerikanischen Jesuiten Bernard J. Tyrrell kennengelernt und den Begriff der «Tiefentheologie», auf den ich später zu sprechen komme, bei Gerhard Wehr und einigen anderen Autoren[2]. Tyrrell versteht unter Christotherapie, «daß Therapie und Heilung durch Jesus Christus geschehen. In einem weiteren Sinn bedeutet Christotherapie das volle Heilswerk Jesu Christi in allen seinen Aspekten. Die spezifische Bedeutung der Christotherapie besteht darin, daß Heilung durch Selbsterfahrung und Erleuchtung geschieht und daß Christus uns seine Wahrheit und seine Lebenswerte offenbart, die uns als Menschen freimachen».[3] Als Ziele dieser speziellen Therapie nennt der Autor: «Ziel der Christotherapie ist die Ganzheit, die Heiligkeit und Fülle des Lebens, die wir durch gelebten Glauben an das Christusereignis und durch gelebte Liebe als Antwort darauf gewinnen können. Die Eigenart der Christotherapie besteht darin, daß sie die heilende Kraft der Sinnwelt des christlichen Glaubens ernst nimmt.»[4]

Durch die Ausrichtung und gläubige Hinwendung auf die Person des Heilers kommt der Mensch in eine ganzheitliche Beziehung zu dem, der wahrer Mensch und wahrer Gott in einem war. In dieser Beziehung erfährt der Mensch eine christlich-orientierte Selbsterfahrung, indem er sein wahres Selbstbild in Christus erkennt. Auf diesem Wege erlangt der Mensch ein Wissen über sich selbst und den Sinn seiner Existenz. Ähnlich wie das Leiden an der Sinnlosigkeit des Lebens den Menschen krank machen kann, worauf häufig der Logotherapeut Viktor Frankl hinweist[5], betont auch C.G. Jung nach vielfältigen Erfahrungen, daß der Sinnverlust und das fehlende Gottesbild sowie das unbewußte Selbstbild häufig die wesentlichen Ursachen für seelische Schwierigkeiten und psychoneurotische Verstrickungen sind[6]. Die Sinnfindung kann das chaotische Lebensgefüge ordnen und strukturieren helfen, und die an Christus orientierte Therapie vermag zur Ganzwerdung und Fülle des Lebens verhelfen.

Tyrrell spricht offen über seinen persönlichen Weg und seine seelischen Schwierigkeiten. Als er nach seiner Priesterweihe sich intensiv auf die vielfältigen Nöte und Erfahrungen der Mitmenschen einstellte, kam er dabei selber in psychische Schwierigkeiten, ähnlich wie es vielen Seelsorgern und Priestern geht, die sich auf die Nöte der anderen Menschen einlassen, ohne zuvor durch Selbsterfahrung die eigene Seele in Ordnung gebracht zu haben. Doch zahlreiche Theologen und viele Christen sind noch immer der Meinung, daß Psychologie, Therapie und Religion wenig oder nichts miteinander zu tun hätten. So breitet sich auch in diesen Kreisen zunehmend das Gefühl der Sinnlosigkeit und Depression aus. Für viele ist der Glaube nicht mehr die Quelle des Heils, geschweige denn der Heilung. Auf diese Schwierigkeiten sprach der New Yorker Psychiater Dr. Hora auch Herrn Tyrrell an und sagte ihm ungefähr folgendes: «Welche Ironie ist das doch: Sie als Priester und Jesuit kommen zu mir zur psychotherapeutischen Behandlung und suchen seelische Heilung! Wenn eine Religion wirklich authentisch ist und wenn Sie wirklich nach Leben und Licht suchen in der Religion, dann soll doch der Glaube die Quelle des Heilungsprozesses und der seelischen Ganzheit für Sie sein; der seelischen und körperlichen Heilung genauso wie der moralischen und geistigen.»[7] Was dieser amerikanische Psychiater zum Ausdruck bringt, ist auch meine alltägliche Erfahrung in der therapeutischen Sprechstunde mit Menschen aus dem christlichen und kirchlichen Bereich. Doch halten wir uns hier nicht länger mit der Analyse und Diagnose der Schwierigkeiten auf, sondern gehen den nächsten Schritt zu Heilung.

Der Heilungsprozeß beginnt nach Tyrrell damit, daß wir den Dualismus unseres Lebens und die leidige Subjekt-Objekt-Spaltung der Wirklichkeit hinter uns lassen «und uns der Realität der transzendenten Liebe und Weisheit aussetzen. Auf diese Weise geschieht Selbsttranszendenz: wir überschreiten unser empirisches Leben und unsere Erfahrungen. Liebe wird darin zu einer Weise der Erkenntnis, und die menschliche Person wird zu einem Bild der transzendenten Liebe und Weisheit.»[8] Die hier genannten Begriffe Liebe und Weisheit sind in den letzten zwei Jahrzehnten auch zur bestimmenden Grundhaltung meiner therapeutischen Arbeit geworden. Nicht allein die kunstgerechte Anwendung einer eingeübten therapeutischen Methode vermag die neurotischen Blockaden und die «Herzenshärtigkeit»[9] eines Menschen aufzulösen, sondern die liebevolle Begegnung, die Bestrahlung mit der Liebe, wie ich es gern nenne. Diese Liebe ist nicht eigenmächtig und nicht der Ausdruck unerschöpflicher eigener Potenz, sondern eine Widerspiegelung der Liebe Gottes. Weil ich mich von dort her geliebt weiß, kann ich auch die Ratsuchenden und Leidenden lieben. Die Bestrahlung mit Liebe ermöglicht vielen Menschen, daß sie wieder anfangen, sich selber als liebenswert zu sehen. Liebe ermöglicht, daß Menschen sich akzeptieren, wie sie sind.

Beachten wir auch besonders die genannte Weisheit, die im Christentum recht häufig stiefmütterlich behandelt wird. Obwohl der große Theologe Paulus schreibt, daß «in Christus verborgen liegen alle Schätze der Weisheit und der Erkenntnis» [10], ist in der überwiegend patriarchal geprägten christlichen Religion von dieser weiblichen und mütterlichen Seite des Glaubens manchmal wenig zu spüren. In der an Christus orientierten Heilkunst und Psychotherapie bildet die Weisheit ein wesentliches und grundlegendes Element. Diese Weisheit ist in Christus keineswegs nur verborgen, sondern wird in seinem Ruf zur Heilung öffentlich proklamiert: «Kommt her zu mir, alle, die ihr mühselig und beladen seid, ich will euch erquicken.» [11] In diesem bekannten und einladenden Spruch zur Therapie ist die tröstliche Zusage aus dem Propheten Jeremia enthalten, daß nämlich die müden Seelen erquickt und die bekümmerten Seelen gesättigt werden sollen [12]. Die genannte Ruhe für die Seele ist am ehesten mit «Friede» wiederzugeben, ein Zustand, den wir auch mit Heilsein und Ganzwerdung umschreiben können. Es ist ein Ausfluß und Geschenk jener Schätze, die als die Weisheit und Erkenntnis in Christus verborgen sind. In diesem Text werden die vielschichtigen Aussagen über die Weisheit und Sophia, auf die ich im Zusammenhang mit den einzelnen Heilungsgeschichten bereits eingegangen bin, auf einen Nenner gebracht und an Christus festgemacht [13]. Tiefenpsychologisch betrachtet können wir diesen sich vielfach ereignenden Prozeß auch als Projektion und Übertragung von vorhandenen Anschauungen und Erfahrungen auf Christus deuten, ähnlich wie die Beilegung der verschiedensten göttlichen und hoheitlichen Namen[14].

Aus der langen Wirkungsgeschichte der Weisheit und ihrem begrifflichen Erfassen können wir mit dem Theologen Gerhard von Rad[15] zwei ganz verschiedene Formen der Differenzierung erkennen, zum einen eine empirische in der Erfahrungsweisheit Israels und zum anderen eine philosophische und theologische Systematisierung. So gehört z.B. zur Weisheit das Wissen, daß «auf dem Grunde der Dinge eine Ordnung waltet, die still und oft kaum merklich auf einen Ausgleich hinwirkt. Diese Ordnung ist vorhanden und unter allen Umständen zu respektieren; aber sie ist gleichwohl eine verborgene und dem Menschen nicht verfügbare. Man muß also auch auf den Ausgleich warten können, und man muß ihn auch sehen können. Solche Weisheit hat etwas Demütigendes; sie wächst durch ein Achten auf das Gegebene, vor allem durch ein Achten auf die menschlichen Grenzen.»[16] Diese wie zahlreiche andere Beschreibungen der Weisheit lassen eine große Nähe erkennen zur tiefenpsychologischen Deutung der Seele als ein sich selber regulierendes System, das ebenfalls auf Kompensation und Ausgleich von Gegensätzen hin angelegt erscheint.

Nach dem alttestamentlichen Buch der Weisheit ist die Sophia jener besondere Anteil in der menschlichen Seele, der die Beziehung zu Gott vermittelt, «indem sie von Geschlecht zu Geschlecht in heilige Seelen eingeht... Denn nichts liebt Gott als den, der mit der Weisheit in vertrauter Gemeinschaft lebt.»[17] Diese Aussage bekräftigt auch, warum gerade für die christlich-orientierte Therapie die Weisheit so wichtig ist. Die folgenden Aussagen und Aufzählungen über die Eigenschaften und die Wirkungen der Weisheit lassen manche fließenden Übergänge zum tiefenpsychologischen Verständnis der Seele und ihrer wunderbaren Funktionen und Wirkungen erkennen: «In ihr ist ein Geist, gedankenvoll, heilig, einzigartig, mannigfaltig, zart, beweglich, durchdringend, unbefleckt, klar, unverletzlich, das Gute liebend, scharf, nicht zu hemmen, wohltätig, menschenfreundlich, fest, sicher, ohne Sorge, alles vermögend, alles überwachend und alle Geister durchdringend, die denkenden, reinen und zartesten. Denn die Weisheit ist beweglicher als alle Bewegung; in ihrer Reinheit durchdringt und erfüllt sie alles. Sie ist ein Hauch der Kraft Gottes und reiner Ausfluß der Herrlichkeit des Allherrschers; darum fällt kein Schatten auf sie. Sie ist der Widerschein des ewigen Lichts, der ungetrübte Spiegel von Gottes Kraft, das Bild seiner Vollkommenheit. Sie ist nur eine und vermag doch alles; ohne sich zu ändern, erneuert sie alles. Von Geschlecht zu Geschlecht tritt sie in heilige Seelen ein und schafft Freunde Gottes und Propheten; denn Gott liebt nur den, der mit der Weisheit zusammenwohnt. Sie ist schöner als die Sonne und übertrifft jedes Sternbild. Sie ist strahlender als das Licht; denn diesem folgt die Nacht, doch über die Weisheit siegt keine Schlechtigkeit.»[18]

Ich mache dem daran interessierten Leser jetzt den Vorschlag, den Text nochmals unter dem Gesichtspunkt zu lesen, für sich persönlich herauszufinden, welche Eigenschaften und Wirkungen er auf seine seelischen Erfahrungen und auf die von der Tiefenpsychologie beschriebenen Definitionen übertragen könnte. Bei dieser Arbeit könnte auch herausgefunden werden, welche Zuschreibungen zur Weisheit nicht ohne weiteres auf die Seele übertragen werden können. Bei der Anhäufung von den vielfältigsten Zuschreibungen scheint sich damals in der Religions- und Geistesgeschichte etwas Ähnliches abgespielt zu haben wie in den letzten Jahrzehnten mit dem Begriff der Seele bzw. Psyche, welche Worte ich stets synonym verwende. Wenn ein zentraler Begriff bei den stetig sich wandelnden Vorstellungen aus dem traditionellen Gefüge herausgelöst wird, wie es mit dem früher stark theologisch besetzten Begriff der Seele geschah, so kann er in einem neuen Kontext manches aufnehmen, für das es derzeit kein entsprechendes Wort gibt. Doch wesentlicher als die begrifflichen Definitionen erscheint mir die mit einem solchen Wort benannte Wirklichkeit und Erfahrung zu sein. Die Worte der Weisheit «sind Leben für jeden, der sie erfaßt, und heilsame Arznei für seinen ganzen Leib» [19]. Hier wird die Weisheit ausdrücklich auch mit der Heilung in Beziehung gesetzt. Es ist jene Kraft und jener anordnende Faktor, der dem Leben seine Ordnung verleiht oder diese im Prozeß der Heilung wiederherstellt. Selbst Gott hat am Anfang seiner Schöpfung und Weltordnung «durch Weisheit die Erde gegründet und den Himmel durch Einsicht festgestellt» [20].

Nach meiner Erfahrung könnte die Einbeziehung der Weisheit und ihre Berücksichtigung in der Therapie ein erweitertes und vertieftes Verständnis von Heilung ermöglichen. Heilung wird da nicht nur die Beseitigung von Krankheiten und Störungen sein, sondern darüber hinaus den Menschen eine ganzheitliche Beziehung zum Ganzen ermöglichen. Mit Hilfe der Weisheit und der Christotherapie können die Menschen ihr Schwarzsehen für eine ungewisse Zukunft überwinden und anfangen, weise und heil zu werden.

Die an Christus orientierte Therapie steht nicht in Konkurrenz zu einer der wissenschaftlich anerkannten Therapiemethoden unserer Zeit, sondern ist zum einen der Ausdruck für die religiöse Grundhaltung des jeweiligen Therapeuten und meint zum anderen die Orientierung am christlichen Menschenbild. Indem wir uns an Christus als dem Urbild des ganzheitlichen Menschen orientieren, der zugleich auch offen ist zu Gott hin, öffnen wir uns für die transpersonalen Heilkräfte. Es sind jene Energien, die nicht aus unserem Ich und dem Bewußtsein herrühren, sondern aus der «Tiefe des Seins» (Tillich) zu uns kommen. Mit diesem Exkurs über die Weisheit wollte ich deutlich machen, daß die Sophia auch ein wesentlicher Anteil des heilenden Christus ist. Dies sind bereits wesentliche Aspekte einer Tiefentheologie, auf die ich abschließend zu sprechen kommen möchte.

Anregungen für eine Tiefentheologie

Ich möchte meine Ausführung ausklingen lassen mit einigen Anregungen für erste Ansätze zu einer Tiefentheologie. Gerade in einer Zeit, in der viele Menschen nach persönlichen Erfahrungen suchen und viele psychisch Gestörte sowie psychosomatisch Kranke nach Heilungsmöglichkeiten fragen, könnte die Tiefenpsychologie und ihre Anwendungsmöglichkeiten im Bereich der Psychotherapie therapeutische Kräfte im Menschen freisetzen helfen. Diese bereitliegenden Lebenskräfte könnten sowohl das Glaubensleben ganzheitlich gestalten helfen als auch die geistige und seelische Gesundheit verbessern und das leibliche Wohlbefinden fördern. Damit würde nach meiner Überzeugung die seit Jahrhunderten bestehende Kluft zwischen dem geglaubten und gepredigten Heil und der Heilungsbedürftigkeit vieler Menschen überbrückt werden können. Wie einst der heilende Christus zu dem gefragten und vielbeachteten Symbol seiner Zeit wurde, so könnte nach meiner Auffassung auch eine heilende Kirche sowie eine «therapeutische Seelsorge»[21] wieder eine zentrale Bedeutung in unserer Zeit gewinnen.

Die Aufgabe einer künftigen Tiefentheologie sollte darin bestehen, die Beziehungen und die Zusammenhänge zwischen dem Heil und der Heilung des Menschen im Hinblick auf ihre Erfahrbarkeit, die Bildhaftigkeit und Symbolik sowie die Psychodynamik zu entfalten. Da die Theologie[22] sich bisher überwiegend mit dem angemessenen und richtigen Reden von Gott und dem «Zur-Sprache-Kommen» Gottes beschäftigt, wird hier vor allem das Verhältnis von Gott und Sprache bedacht und untersucht. Da es neben der Sprache jedoch unzählige Formen der präverbalen Kommunikation des Menschen gibt, sollte eine künftige Tiefentheologie auch den gesamten seelischen Resonanzraum des Menschen erforschen und damit zu einem ganzheitlichen Menschenbild beitragen.

Nach einer gängigen Formulierung heißt von Gott reden

auch zugleich vom Menschen zu reden. Doch was weiß die Theologie tatsächlich vom Menschen, seinen seelischen Bedürfnissen und Empfindungen, von den Tiefen seiner psychosomatischen Erregungen und Reaktionen und von seiner Sehnsucht, das Heil und vor allem die Heilung zu erfahren? Abgesehen von einigen Ansätzen in der Theologie, den Glauben und die Gottesbeziehung bis in die Erfahrbarkeit hinein auszugestalten, hat sie sich immer wieder auf die geistige Dimension des Menschseins begrenzt. Dadurch entstand nach meiner Auffassung im Verlauf der Jahrzehnte und Jahrhunderte ein großes Defizit im Hinblick auf die Erforschung des seelischen Resonanzraumes und der Tiefen der Person. Dieses Defizit trägt vor allem dazu bei, daß sich in der Gegenwart die Masse der Menschen der Esoterik[23] zuwendet, sich mit den verschiedensten Lehren von New Age beschäftigt und viele durch den Psychoboom unserer Tage[24] in die Irre geführt werden. Diese negativen Erscheinungsformen sollten die Kirche und die Theologie herausfordern, etwas Positives und Hilfreiches dagegenzusetzen.

Eine entscheidende existentielle Hilfe für den Menschen sehe ich darin, daß in dem befreienden und erlösenden Heilshandeln Gottes in Jesus Christus gezeigt werden könnte, wie dieses Heil auch in psychischen Therapieprozessen und in psychosomatischen Heilungen seinen Ausdruck und Niederschlag finden kann. In der therapeutischen Arbeit erfahren wir häufig, wie durch und nach Therapien Menschen auch wieder den Zugang zum verschütteten Glauben und zur Religion finden können.

Wenn der Glaube nicht nur theologisch gedeutet werden würde, sondern darüber hinaus auch tiefenpsychologisch in seiner seelischen Dimension und in seiner psychodynamischen Wirksamkeit erfahrbar gemacht werden könnte, dann würde er wohl für viele Menschen, die sich als Christen enttäuscht von der Kirche abgewendet haben, wieder attraktiver werden. Ähnlich wie es in den biblischen Heilungsgeschichten wiederholt heißt: «Dein Glaube hat dir geholfen und dich geheilt!», so könnten wieder mehr Glaubens- und Gotteserfahrungen auf dem vorgeschlagenen Weg zugänglich werden. Es sei in diesem Zusammenhang an die Gespräche mit Herrn Dr. Blome und Frau Dr. Gabriel erinnert, die in ihrem ärztlichen Tätigkeitsfeld von ähnlichen Zusammenhängen berichtet haben. Durch die Erschließung von gangbaren Wegen mit der Ermöglichung von Ganzheitserfahrungen durch die angewendete Tiefentheologie könnte auch die Definition des Glaubens von dem Theologen und Religionswissenschaftler Ulrich Mann «als ganzheitliche Beziehung zum Ganzen»[25] realisiert werden. In eine ähnliche Richtung weist die Beschreibung des Glaubens durch den Theologen G. Hummel[26] als «vertrauendes Sichgründen in dem anvertrauten Seinsgrund». Die für den durchschnittlichen Leser abstrakten und philosophischen Definitionen des Glaubens könnten durch bildhafte Beschreibungen und mit Hilfe konkreter Symbole sowie der Beschreibung der Psychodynamik als «Kraft Gottes»[27] erfahrbar gemacht werden.

Schließlich seien noch die Bedeutung und Funktion des Gottesbildes für die Entwicklung des inneren Menschen und sein Wertsystem sowie für das Wachstum des Glaubens angesprochen. Es werden hier die Vermittlung von vielfältigen Formen eines positiven Gottesbildes durch die religiöse Erziehung im Elternhaus, durch die Kirchen und den Religionsunterricht als gegeben vorausgesetzt. Im Bereich der Therapie jedoch werden wir häufig mit neurotisierten Gottesbildern konfrontiert, die durch eine zu kleinkarierte religiöse Erziehung und häufig auch durch zu rationalistische Theologen in einer zu einseitigen Form vermittelt werden. Die von mir an anderer Stelle ausführlich beschriebenen vielfältigen Formen von religiösen und kirchlichen Neurosen[28] führen häufig zu psychoneurotischen Störungen und beeinträchtigen damit das Wachstum und die Entwicklung der Persönlichkeit. Die Beziehung zu einem Gottesbild im Verlauf der menschlichen

Persönlichkeitsentwicklung ist kein beliebiger Faktor, der bei der ganzheitlichen Entwicklung eines Menschen ausgespart werden könnte, sondern ein sehr zentrales Symbol und ein archetypisches Bild, das für die Persönlichkeit von grundlegender Bedeutung ist. Aus der eigenen therapeutischen Arbeit kann ich bestätigen, was C.G.Jung recht häufig geschrieben hat, daß bei Menschen in der zweiten und in der dritten Lebenshälfte neben der Bearbeitung und Klärung der neurotischen Konflikte die Auseinandersetzung und die Beziehung zu einem Gottesbild ein sehr zentraler Faktor ist[29].

Die angemahnte Tiefentheologie könnte gerade bei dem Gottesbild dessen Bildhaftigkeit und Symbolik entfalten und konkretisieren helfen. Das traditionelle Reden von Gott mit Hilfe der Sprache könnte eine wichtige Ergänzung erfahren durch die Erforschung der Bilderwelt und der Symbolik des Gottesbildes. In der Theologie von Paul Tillich[30] und in den verschiedenen Ansätzen der heutigen Pastoraltheologie sehe ich viele hoffnungsvolle Bemühungen, die in die gewünschte Richtung einer Tiefentheologie weisen[31].

Anmerkungen

Abkürzungen

Biblische Bücher		Literatur	
Mt	= Matthäus	GW	= Gesammelte Werke
Mk	= Markus	RGG	= Die Religion in Geschichte und Gegenwart
Lk	= Lukas	ThWb	= Theologisches Wörterbuch
Joh	= Johannes		zum Neuen Testament
Ps	= Psalm	Bd.	= Band

Einführung und persönliches Wort
an die Leserinnen und Leser

[1] Unter dem Begriff der Tiefenpsychologie werden hier all jene Erkenntnisse und Erfahrungen verstanden, die auf die Freudsche Psychoanalyse und die analytische Psychologie C.G.Jungs als den zwei großen tiefenpsychologischen Schulen zurückgehen. Da ich in meiner psychoanalytischen Ausbildung eine Jungsche Lehranalyse absolviert habe, ist für mich diese Schulrichtung von grundlegender Bedeutung geworden. Die unzähligen Anregungen und Impulse C.G.Jungs für die Theologie zeigt eine umfassende bibliographische Abhandlung (442 Titel!) von J.W. Heisig in Analytische Psychologie, Vol.7, Nr.3 (1976). Siehe ferner auch das umfassende Standardwerk über die Einflüsse der Tiefenpsychologie nach Freud und Jung auf zahlreiche Wissenschaften in: «Die Psychologie des 20.Jahrhunderts» bei Kindler, Bd.II und III, hrsg. v. D.Eicke.

[2] Symbol wird hier im Sinne C.G.Jungs verstanden als ein «Gebilde höchst komplexer Natur, denn es setzt sich zusammen aus den Daten aller psychischen Funktionen» – also dem Denken und Fühlen, dem Empfinden und der Intuition, hier: Ges. Werke, Bd.6, 520, sowie in zahlreichen anderen Werken, siehe unter «Symbol» im Sachregister. – Auf die zentrale Bedeutung des Symbols für das Verständnis biblischer Texte ist Eugen Drewermann in seinem epochalen Werk «Tiefenpsychologie und Exegese» Bd.I und II, Walter-V., Olten 1984/85 (5. bzw. 4.Aufl. 1988) eingegangen (siehe dort im Sachre-

gister unter: Symbol). An dieser Stelle möchte ich Herrn Drewermann sehr herzlich danken für seine bahnbrechenden und grundlegenden Arbeiten zur tiefenpsychologischen Deutung der Bibel. Ich fühle mich in diesem Anliegen zutiefst mit ihm verbunden!

[3] Dieses Buch ist nicht geschrieben für jene Christen oder Theologen, die nur eine Bestätigung der traditionellen Sichtweise suchen oder eine ewige Wiederholung von hinlänglich bekannten Standpunkten. Ebensowenig für Rezensenten, die sich von vornherein gar nicht auf tiefenpsychologische Anschauungen und Deutungen einlassen (oder nicht können), sondern als einzigen Beurteilungsmaßstab ihre traditionellen exegetischen Meinungen und Methoden wiederholen.

[4] C.G.Jung: Die Archetypen und das kollektive Unbewußte, GW Bd.9/I. Ferner sei schon hier auf ein demnächst erscheinendes Werk zu den Jungschen Begriffen verwiesen.

[5] 1. Mose 1,27

[6] C.A.Meier: Antike Inkubation und moderne Psychotherapie, Zürich 1949

[7] H.Hark: Der Gevatter Tod. Ein Pate fürs Leben. Reihe: Weisheit im Märchen, Stuttgart 1986

[8] C.A.Meier: a.a.O., S.64, 116

[9] A.N.Ammann: Aktive Imagination, Olten 1978

[10] H.Leuner: Katathymes Bilderleben, Stuttgart 1981. V. Kast, Imagination als Raum der Freiheit. Dialog zwischen Ich und Unbewußtem, Walter, Olten 1988

[11] J.Achterberg: Die heilende Kraft der Imagination, Scherz, München 1987, S.16 f.

[12] Achterberg, S.16

[13] O. u. S.Simonton: Wieder gesund werden. Eine Anleitung zur Aktivierung der Selbstheilungskräfte für Krebspatienten. Rowohlt, Reinbek 1987. Larry Dossey: Die Medizin von Raum und Zeit. Vorwort v. Fritjof Capra. Reinbek 1987

[14] Götz Blome: Heilung kommt von innen. Briefe an Patienten, Herder Tb.1197 – Mit Blumen heilen. Die Blütentherapie nach Dr.Bach, Freiburg 1985 – Bewährung in der Krankheit, Freiburg 1986

Aspekte tiefenpsychologischer Deutung

[1] Nach dem Herkunftswörterbuch von Duden, Mannheim 1963, S.707, ist der Begriff Text von lateinisch textus abgeleitet und bedeutet «Gewebe, Geflecht, Verbindung, Zusammenhang». Das lat. Verb texere bedeutet «weben, flechten, kunstvoll zusammenfügen».

2 Unter Hermeneutik wird die Wissenschaft der Auslegung und Deutung von Texten verstanden. Einen guten Überblick über Geschichte und Methoden der Hermeneutik findet sich in dem Artikel in RGG Bd. III, 242–262 (dort Literatur).

3 Mt 13,24 ff.; zahlreiche weitere Belege findet der Leser, wenn er in einer Bibelkonkordanz unter dem Stichwort «gleich oder gleichwie» nachschaut.

4 Joh 17,18 ff.

5 Römer 6,3 ff.; weitere Belege in einer Bibelkonkordanz auffindbar

6 Jakobus 1,6

7 C. G. Jung: Gesammelte Werke Bd. 6, 518 (§ 901)

8 Ebd. 520 (§ 903)

9 In meinem Buch «Religiöse Neurosen», Stuttgart 1984, habe ich die vielfältigen Beziehungen zwischen den genannten Persönlichkeitsstrukturen und dem Glaubensleben untersucht und auch bei den vier Evangelisten Matthäus, Markus, Lukas und Johannes dargestellt.

10 C. G. Jung: GW 6, 477 ff. (Individuation)

11 C. G. Jung: GW 8, 90 (§ 145)

12 P. Tillich: Symbol und Wirklichkeit, Kl. Vandenhoeck, Reihe 151, Göttingen 1966

13 Für interessierte Leser(innen) möchte ich hier die Anregung geben, mit Hilfe der genannten Bibelkonkordanz unter dem Stichwort «Zeichen» einmal bei den ca. 100 Bibelstellen beliebig viele nachzulesen und dabei zu entdecken, daß die gegebenen Beschreibungen für das Symbol auch für «Zeichen» eingesetzt werden können. Diejenigen, die des Griechischen kundig sind, können die symbolische Deutung von «sämeion» mit Hilfe von Wörterbüchern (z. B. W. Bauer) oder dem bekannten Theol. Wörterbuch zum NT studieren.

14 E. Drewermann: Tiefenpsychologie und Exegese Bd. I, S. 376 ff. Auf die weiteren Gesichtspunkte dieses Regelkanons möchte ich mit ganz besonderer Empfehlung hinweisen.
Zu der «Streitschrift» von R. Pesch und G. Lohfink: «Tiefenpsychologie und keine Exegese», Stuttgart 1987: Nach der kritischen und aufmerksamen Lektüre dieses Buches muß ich leider sagen, daß die Kritiker an vielen Stellen den tiefenpsychologischen Ansatz weder ganz verstanden haben noch zutreffend beurteilen und daher bei ihren theologischen Urteilen viele bekannte Vor-Urteile zur Sprache bringen. Inzwischen ist die Gegenschrift von Drewermann erschienen: «An ihren Früchten sollt ihr sie erkennen», Olten 1988, in der dies im einzelnen aufgezeigt wird.

15 Jung: GW 6, 514 f. (§ 893)

16 Jung: Über die Beziehungen der analytischen Psychologie zum Dichterischen Kunstwerk: GW 15, 75 (§ 97)

17 Jung: Psychologie und Dichtung, GW 15, 119 (§ 160)

[18] Jung: GW 15, 112 (§ 152). Auch von psychoanalytischer Seite gibt es zahlreiche interessante Beiträge über das geheimnisvolle «Anregungspotential», wie es Frederick Wyatt nennt in: Joh. Cremerius (Hg.), Psychoanalytische Textinterpretation, Hamburg 1974, S.46ff. Ferner: Freiburger literaturpsychologische Gespräche, herausg. v. J.Cremerius u.a., Frankfurt 1981; J.Starobinski: Psychoanalyse und Literatur, Frankfurt 1973.

[19] Augustinus, Konfessionen, Buch IX, Kap.X, zit. bei Jung: GW 15, 109

[20] 2. Petrus 1,21

[21] Lk 5,17; 6,19; zahlreiche weitere Stellen in der Bibelkonkordanz, Stichwort «Kraft». Ferner Artikel «dynamis» in den Theolog. Wörterbüchern (z.B. W.Bauer) u. im Theol. Wörterbuch, hg. von Kittel, Bd.II, 286–318

[22] Mk 5,30, Lk 8,46, siehe Konkordanz

[23] 1. Korinther 1,24

[24] Jung: GW 8, 25 (§ 26)

[25] W.Bräutigam u. P.Christian: Psychosomatische Medizin, Stuttgart 1975; W.Bräutigam: Reaktionen – Neurosen – Abnorme Persönlichkeiten, Stuttgart 1978; J.Rattner: Psychosomatische Medizin heute, Zürich 1964

[26] Jung: GW 8, 28 (§ 33)

Krankheiten und Heilungen zur Zeit Jesu

[1] 2. Chronik 16,12

[2] 2. Mose 15,26

[3] 2. Könige 20,1–6. Alle folgenden Bibeltexte (wenn nichts anderes vermerkt) aus der evang. und kath. «Einheitsübersetzung der Heiligen Schrift – Altes und Neues Testament», Pattloch-Verlag 1987

[4] Ps 32, 38, 51, 88, 91, 107: K.Seybold: Das Gebet des Kranken im AT

[5] Jesus Sirach 38,1–15, in Auswahl nach der Übersetzung von V.Hamp, Echter Bibel 1951. Das Buch Sirach ist Anfang des 2.Jh. vor Chr. entstanden.

[6] H.Strack-Billerbeck: Kommentar zum NT aus Talmud und Midrasch, Bd.IV (Dämon), S.501ff. Ferner Art. «Daimon» (Foerster) in ThWB II 1–21 (dort weitere Literatur)

[7] Hennoch 15,11f.; Jubiläen 10,5; weitere Belege im gen. Exkurs bei Strack-Billerbeck; Berakh 54, b, bei Strack-Billerbeck S.523

[8] Josephus: Antiquitates 8,2.5 bei Strack-Billerbeck, S.534; Max Neuburger: Die Medizin im Flavius-Josephus, Bad Reichenhall 1919

[9] Im Alten Testament werden etwa 50 verschiedene Krankheiten genannt, für die vor allem Jahwe als Arzt angerufen wurde. Eine gute Übersicht bietet Henri Daniel Rops: Die Umwelt Jesu, S.309ff.

[10] Josephus: Bellum Judaicum (Jüdischer Krieg) 2, 121. Ferner auch R. und M.Hengel: Die Heilungen Jesu und medizinisches Denken, S.336f.

[11] Jubiläen 10,12 f., in: Apokryphen und Pseudepigraphen des Alten Testaments, 1900, II S. 58 bei E. Kautzsch. Ferner bei Strack-Billerbeck, Bd. IV S. 502

[12] Der genannte Jungsche Typentest, entwickelt von Gray-Wheelwright, findet sich samt einer Anleitung und Auswertungstabelle zum persönlichen Gebrauch in H. Hark: Religiöse Neurosen, Ursachen und Heilung, Kreuz, Stuttgart 1984, S. 257 ff.

[13] U. Mann: Einführung in die Religionspsychologie, Darmstadt 1973, S. 85; 165

[14] Mk 2,6 ff. (Parallelen Mt 9; Lk 5)

[15] Jeremia 31,33 f. (nach Zürcher Bibel)

Traum-Struktur und biblische Texte

[1] Joh. Cremerius (Hg.): Psychoanalytische Textinterpretationen, Hamburg 1974; Freiburger literaturpsychologische Gespräche, hg. v. J. Cremerius u. a., Frankfurt 1981; J. Starobinski: Psychoanalyse und Literatur, Frankfurt 1973; C. G. Jung: Psychologie und Dichtung (1930) GW 15 (Olten 1971)

[2] E. Drewermann: Tiefenpsychologie und Exegese Bd. I und II, Olten 1984/85, 4. bzw. 5. Auflage 1988

[3] H. Hark: Religiöse Traumsymbolik. Die Bedeutung der religiösen Traumsymbolik für die religiöse Erfahrung. PD. Lang, Frankfurt 1980

[4] Mt 14,22–36

[5] H. Hark: Relig. Traumsymbolik S. 99 ff. u. ö.

[6] J. Jacobi: Die Psychologie von C. G. Jung, Olten 1971

[7] E. Drewermann: Tiefenpsychologie und Exegese, Bd. I 239 ff. u. ö.

[8] Mt 7,3 f., Lk 6,42

[9] Der Begriff des Paradoxen ist bei Kierkegaard von besonderer Bedeutung und besagt, daß Gott als der Unmittelbare sich in vermittelten Existenzen offenbaren muß. Zur Würdigung der Paradoxialität als anthropologische Grundstruktur siehe U. Mann, Gottes Nein und Ja, Hamburg 1959, und H. Schröer, Die Denkform der Paradoxialität als theologisches Problem, Göttingen 1960.

[10] U. Mann: Einführung in die Religionspsychologie, S. 85, 165 u. ö.

Der Meerwandel als Traumgeschichte

[1] P. Davies: Die Urkraft, Rasch und Röhrig, 1987, S. 48

[2] P. Davies, S. 51; Larry Dossey: Die Medizin von Raum und Zeit. Ein Gesundheitsmodell, Reinbeck 1987

[3] Chris Griscom: Zeit ist eine Illusion, Goldmann Tb 11787 (1987)

[4] Verena Kast: Traumbild Auto, Olten 1987

[5] H. Hark, Religiöse Neurosen, Stuttgart 1984

[6] H. Hark: Vom Kirchentraum zur Traum-Kirche. Träume tiefenpsychologisch gedeutet, Olten 1987

[7] Das genannte «peran» als Ziel der Überfahrt steht in einem etymologischen Zusammenhang und in einem Bezug zur «Versuchung». Siehe Artikel «peira» in ThWb, Bd. VI, 23–37

[8] Die Ganzheit ist keineswegs auf das vierte Feld des hermeneutischen Schemas begrenzt, sondern bereits unter Ziff. 1.4, 2.4 und 3.4 finden sich weitere Aspekte der Ganzheitserfahrung.

[9] C. G. Jung: Über die Archetypen des kollektiven Unbewußten, GW 9/I, S. 26f. (S. 34f.)

[10] Zur Namengebung und zu Petrus als Fels, auf den die Kirche gebaut ist, siehe ThWb, Bd. 6, 103 f.

[11] Siehe dazu aus der Reihe: «Träume als Wegweiser» die Traumbilder: Fisch (M. Pouplier), Fuchs (I. Riedel) und Schlange (G. Sauer)

[12] I. Riedel: Formen: Kreis, Kreuz, Dreieck, Quadrat, Spirale (Reihe Symbole), Stuttgart 1985

[13] Siehe dazu den Schluß der eindrucksvollen Erzählung von Hartmut Gagelmann, Annas Tod. Briefe an das Leben, Walter-Verlag, Olten 1988

Die Heilung des Gelähmten

[1] Mt 11,5; Lk 7,22 u.ö.

[2] S. Freud: Studien über Hysterie, 1895, Ges. Werke (GW) Bd. 1

[3] S. Freud: GW 1,85

[4] Diese therapeutische Einfühlung und Wahrnehmung hat größte Ähnlichkeit mit den Erfahrungen, die die biblischen Zeugen beschreiben: «Jesus erkannte sofort, was sie dachten, und sagte zu ihnen: Was für Gedanken habt ihr im Herzen?» (Mk 2,8 und Parallelen)

[5] J. Laplanche, J.-B. Pontalis: Das Vokabular der Psychoanalyse (Konversion), Suhrkamp Tb W 7, S. 271 f.

[6] H. Stierlin: Von der Psychoanalyse zur Familientherapie, Stuttgart 1975; H. Stierlin, I. Rücker-Embden u.a.: Das erste Familiengespräch, Stuttgart 1977; I. Boszormenyi – Nagy: Kontextuelle Therapie in: Familiendynamik 6, S. 176–195

[7] F. Capra: Das Tao der Physik, Scherz 1984; L. Dossey: Die Medizin von Raum und Zeit. Ein Gesundheitsmodell, Reinbek 1987.

[8] C. G. Jung: Praxis der Psychotherapie: GW 16, 162f.

[9] Lk 5,17

[10] G. Ebeling: Die Bedeutung der historisch-kritischen Methode für die protestantische Theologie und Kirche. Zeitschr. Theol. und Kirche 47 (1950) 1–46; W. Kasch: Studien zum Problem der historisch-kritischen Auslegungen des Neuen Testaments; (Diss., Kiel) 1952; H. Riedlinger (Hg.): Die historisch-kritische Methode und die Suche nach einem lebendigen Verständnis der Bibel. Schriftenreihe d. Kath. Akademie Freiburg, 1985

[11] Mk 2,2

[12] M. A. Rihbany: Morgenländische Sitten im Leben Jesu, Basel 1927, S. 116 f., zit. bei R. Pesch, Herder-Kommentar zu Markus, S. 155 Anm. 12

[13] Mk 2,12; Lk 5,26

[14] Mt 9,8

[15] Sch. Ben-Chorin: Bruder Jesus. Der Nazarener in jüdischer Sicht, dtv-Tb 1253, S. 48

[16] Ben-Chorin, S. 50; H. Wolf: Jesus als Psychotherapeut, Stuttgart 1978

[17] E. Drewermann: Tiefenpsychologie und Exegese Bd. I und II, Register unter: Angst

[18] Joach. Jeremias: Artikel: «Grammateus» (Schriftgelehrter) in: ThWb zum NT, Bd. 1, S. 741

[19] Mk 12,40, Mt 23,5 ff., Mk 12,40 u. a.

[20] Lk 11,46 u. ö.

[21] M. Josuttis: Gesetzlichkeit in der Predigt, München 1966

[22] H. Hark: Religiöse Neurosen, Stuttgart 1984

[23] Lk 5,17; 4,36; 6,19; 8,46 u. ö.

[24] Grundmann: Artikel «Dynamis» (Kraft) in: ThWb., Bd. 2, 301, Zeile 35

[25] Lk 24,19 (nach Luther)

[26] Artikel und Fachliteratur in RGG Bd. IV, S. 587 ff. bes. 592 f.

[27] M. L. v. Franz: Die Passio Perpetuae, in: C. G. Jung: AION = GW 9/II

[28] Ramsay Mac Mullen: Christianizing the Roman Empire, New Haven: Yale 1984. Für diesen Hinweis danke ich meinem Kollegen Dr. David Jordahl recht herzlich.

[29] Es ist bekannt, daß Luther gelegentlich wichtige Träume von Melanchthon hat deuten lassen. M. hat zu dem damals weit verbreiteten Traumbuch des Artemidor von Daldis eine lesenswerte Einführung geschrieben, in: Corpus Reformatorum, Volumen XX, Braunschweig 1854. Darin im Appendix auch einige gedeutete Träume von Melanchthon persönlich, die die Situationen aus der Reformationszeit widerspiegeln. – Kritisch dagegen ist die abwertende und rationalistische Kritik von Dr. Karl Hartfelder zu lesen: «Der Aberglaube Philipp Melanchthons», in: Historisches Taschenbuch 1888, Sechste Folge VIII 231–269. – Hiermit danke ich der Melanchthon-Forschungsstelle in Heidelberg für die Hinweise.

[30] R. Herzog: Die Wunderheilungen von Epidauros, S. 23

[31] Zit. bei Herzog, S. 104

[32] Herzog, S. 33

[33] P. Fiebig: Jüdische Wundergeschichten des neutestamentlichen Zeitalters, Tübingen 1911

[34] E. Lohse: Artikel Wunder, in: RGG, Tübingen, 1962, Bd. 6, Sp. 1834 (dort weitere Literatur)

Die Therapie eines Besessenen

[1] Für die an diagnostischen und therapeutischen Fachfragen interessierten Leser(innen) möchte ich kurz anmerken, daß ich als nichtärztlicher Psychotherapeut auf dem Wege der Delegation mit Fachärzten und Psychiatern zusammenarbeite und die Patienten sich auch dort vorstellen. Danach war im genannten Falle eine Psychopathologie im engeren Sinne ausgeschlossen.

[2] Philosophisches Wörterbuch, herausg. v. G. Schischkoff, Stuttgart 1957 (14. Auf.), S. 92 f.

[3] Max Schur: Sigmund Freud – Leben und Sterben, Frankfurt 1973, siehe Sachregister: «dämonische Kräfte»

[4] C. G. Jung: Briefe I, S. 427

[5] Jung: Briefe III, S. 232

[6] Rollo May: Der verdrängte Eros, Hamburg 1970

[7] May, S. 139

[8] K. P. Fischer: Die Sache mit dem Teufel, Frankfurt 1980; H.-M. Barth, H. Flügel, R. Riess: Der emanzipierte Teufel, München 1971; H. Haag: Teufelsglaube, Tübingen 1974; J. Mischo: «Dämonische Besessenheit». Zur Psychologie irrationaler Reaktionen, in: W. Kasper und K. Lehmann (Hg.): Teufel, Dämonen, Besessenheit, Mainz 1978.

[9] Florian Langegger: Doktor, Tod und Teufel. Vom Wahnsinn und von der Psychiatrie in einer vernünftigen Welt, S. 879, Frankfurt 1983. – Eine Vielzahl von Büchern zur kritischen Auseinandersetzung mit der Psychiatrie findet sich meistens in jedem größeren Büchershop. Neuestes Werk: René Bloch: Führer durch Psychiatrie und Psychotherapie. Grundorientierung und Hintergrundinformation, Olten 1988.

[10] Ich bin mir bewußt, daß es äußerst schwierig ist, den Begriff des «Normalen» genauer zu beschreiben und zu definieren. Zum Normalen gehört für mich z. B., daß ein Mensch sich nach den derzeitig anerkannten geltenden Normen und Sitten seiner Gemeinschaft verhalten kann, hinreichend Selbstverantwortung trägt und sein Leben angemessen gestaltet.

[11] Lk 23,34

[12] H. Greeven: Artikel «proskynein», in: ThWb, Bd. VI, S. 759–767

[13] 1. Könige 17,18

[14] Mt 12,25 ff.

[15] Mk 3,6

[16] Mk 3,22

[17] Maria Kassel: Das Auge im Bauch. Erfahrungen mit tiefenpsychischer Spiritualität, Olten 1986, S.53

[18] Für die angesprochenen Zusammenhänge ist besonders lesenswert Otto Bauernfeind: Die Worte der Dämonen im Markusevangelium, Stuttgart 1927. Ferner Gerd Theißen: Urchristliche Wundergeschichten, Gütersloh 1974

[19] G. Benedetti: Psychodynamik der Zwangsneurose, Darmstadt 1978

[20] Martin Buber übersetzt die genannte Stelle in 1. Könige 17,18 so: «Sie sprach zu Ehlijah: Was haben ich und du gemeinsam, Mann Gottes! Gekommen bist du zu mir, meinen Fehl zu erinnern und meinen Sohn zu töten!»

[21] H. Hark: Neurose und Religion – Zur Korrelation zwischen Glaubensleben und seelischem Erleben. In: Archiv für Religionspsychologie, 17. Band (1985), S.21–73; ferner mein Buch «Religiöse Neurosen», Ursache und Heilung, Stuttgart 1984, bes. die Übersichtstabellen S.280ff.

[22] S. Freud hat mehrfach auf die genannten Zusammenhänge hingewiesen, z.B. (1907) «Zwangshandlungen und Religionsübungen», Studienausgabe Bd. 7

[23] Jeremia 29,27

[24] Richter 3,10; 1. Samuel 11,6

[25] Lk 13,32

[26] Schalom Ben-Chorin: Bruder Jesus. Der Nazarener in jüdischer Sicht, dtv. 1253 (1985), S.48f.

[27] Mk 1,24; Lk 4,34

[28] Siehe vor allem die Bücher des Theologen R. Bultmann u. a.: Jesus Christus und die Mythologie. Das Neue Testament im Licht der Bibelkritik, Hamburg 1964; M. Dibelius: Die Formgeschichte des Evangeliums, Tübingen 1971; R. Pesch: Der Besessene von Gerasa. Entstehung und Überlieferung einer Wundergeschichte, Stuttgart 1972.

[29] Lk 9,1f.; Mt 10

[30] G. Benedetti: Psychodynamik der Zwangsneurose, Darmstadt 1978; F. Riemann: Grundformen der Angst, München 1984

[31] Lk 8,37

[32] Mt 23,25ff.

Von der Blindheit zum ganzheitlichen Sehen

[1] Jesaja 35,5

[2] Jesaja 6,9.10 (Übersetzung v. M. Buber/Rosenzweig)

[3] E. Drewermann: Tiefenpsychologie und Exegese Bd. II, Olten 1985, S.213 (dort weitere Hinweise auf Fachliteratur)

[4] Die Erkenntnisse über die gen. Zusammenhänge gehen auf Freud zurück und sind häufig in der therapeutischen Praxis zu finden: S. Freud: Vorlesungen zur Einführung in die Psychoanalyse, Ges. Werke 11, S. 396 ff.

[5] J. Behm: Die Handauflegung im Urchristentum, Leipzig 1911 / Darmstadt 1968

[6] Zahlreiche Beispiele über die Symbolik des Baumes finden sich in H. Hark: Traumbild Baum, Walter, Olten 1986

[7] E. Drewermann: Tiefenpsychologie und Exegese, Bd. 1, Olten 1984, S. 218–230

[8] E. Drewermann: Das Markusevangelium, Erster Teil, Olten 1987, S. 529

[9] R. Herzog: Die Wunderheilungen von Epidauros, Leipzig 1931, S. 15 f.

[10] R. Herzog: a. a. O., S. 95

[11] Ebd.

[12] Ebd. S. 33

[13] R. Bultmann: Artikel «eleos» (Erbarmen), ThWb, Bd. II, S. 477, 20

[14] H. Schwarz: Mit Träumen leben. Einsichten, Darmstadt 1981. Ferner Jac. Lusseyran: Das wiedergefundene Licht. Die Autobiographie eines Menschen, den seine Blindheit sehen lehrte, Klett-Cotta, Tb. 39029, 1981

Die psychosomatischen Leiden einer Frau

[1] Mk 5,25–34; Parallelen Mt 9,20–22; Lk 8,42–48

[2] Lk 8,45–48

[3] Lk 8,45

[4] Mk 5,33

[5] Mt 9,20–22

[6] R. Pesch: Das Markusevangelium, I. Teil (Herder), S. 301

[7] Levitikus (3. Mose) 15,29–33

[8] R. Pesch: Markus, S. 302 Anm. 21

[9] Lk 1,3

[10] Lk 8,42–48

[11] G. Theißen: Urchristliche Wundergeschichten, Gütersloh 1974, S. 100

[12] W. Schmauch: Das Evangelium des Matthäus, Göttingen 1956, S. 177

[13] Lk 8,48

[14] W. Bauer: Wörterbuch zum Neuen Testament, 5. Aufl. 1958, S. 1579 f.

[15] Rud. Otto: Das Heilige, 1917/1936

[16] Mt 13,15; Mk 16,14

[17] Marie Cardinal: Schattenmund. Roman einer Analyse. Rowohlt 4333, S. 9

[18] Jean Achterberg: Die heilende Kraft der Imagination, München 1987. Siehe dazu die Ausführungen in der Einleitung dieses Buches.

[19] H. Roemer: Gynäkologische Organneurosen, Stuttgart 1953

Die Heilung von Aussatz und Hautkrankheiten

[1] Levitikus 13

[2] Numeri 12,10ff.

[3] Th. Dethlefsen, R. Dahlke: Krankheit als Weg, Bertelsmann 1986

[4] Hebräisch «baheret», Lev 13,4ff.

[5] W. Bunte: Art. Aussatz, in: Bibl.-Historisches Handwörterbuch, hg. v. B. Reicke und L. Rost, Bd. I (1962) S. 167. – Ferner Strack – Billerbeck: Kommentar zum NT aus Talmud und Midrasch, Bd IV, 745ff. Ferner L. Köhler: Aussatz, in Zeitschr. Alttest. Wiss. 67 (1955) S. 290f.

[6] Duden-Fremdwörterbuch, Bd. 5 S. 744: Trophoneurose, Mannheim 1974

[7] W. Bunte, a. a. O. S. 168

[8] W. Bunte, ebd.

[9] F. Vester: Unsere Welt – ein vernetztes System, dtv 10118, München 1983, S. 144. Auch im Bereich der Neurolinguistik wird das Erkennen und Sehen von Lebensmustern erforscht.

[10] Als Beispiel für das angenommene esoterische Wissen der biblischen Schriftsteller werde ich später aufzeigen, daß die Symbolik des jüdischen Sefiroth-Baumes das verborgene Grundmuster dieser Geschichte wie aller Heilungsgeschichten ist.

[11] Mk 1,10.12. In der Einheitsübersetzung ist dieser besondere zeitliche Augenblick sprachlich total verwischt. Im Luther-Text heißt es an diesen Stellen: «alsbald». Gemeint ist mit dem griechischen Adverb «euthys» = sofort, sogleich – weil es ein göttlicher Augenblick ist.

[12] Mt 13,20; 14,27; Apg 10,16

[13] Joh 13,30.32

[14] E. Drewermann: Tiefenpsychologie und Exegese, Bd. I, 380

[15] Lk 17,11ff.

[16] H. Stierlin, I. Rücker-Embden u. a.: Das erste Familiengespräch, Stuttgart 1977

[17] Eine gute Übersicht zu den speziellen exegetischen und historisch-kritischen Fragen zu der Erzählung von der Heilung eines Aussätzigen bietet Rudolf Pesch: Jesu ureigene Taten? Ein Beitrag zur Wunderfrage, Freiburg 1970

[18] G. Stählin: Artikel «Zorn» in ThWb, Bd. 5 S. 428,13

[19] J. Schniewind, Markus (NT Deutsch), Vandenhoeck & Ruprecht 1977, zur Stelle

[20] Joh 11,33.38

[21] R. H. Fuller: Die Wunder Jesu in Exegese und Verkündigung, Düsseldorf 1967, S. 106. Andere Theologen dagegen, wie zum Beispiel R. Pesch, meinen, daß derart «inhaltlich-psychologische Überlegungen fehl am Platze sind» (S. 64).

[22] Zu diesem Zusammenhang erinnere ich an das Kapitel «Krankheiten und Heilungen zur Zeit Jesu».

[23] C. Bonner, Traces of Thaumaturgie Technique in the Miracles, 1927, S. 171

[24] F. Mussner: Die Wunder Jesu, München 1967, S. 40 f.

[25] R. Greenson: Technik und Praxis der Psychoanalyse, Stuttgart 1975, S. 163 ff., M. Jacoby, Psychotherapeuten sind auch Menschen. Übertragung und menschliche Beziehung in der Jungschen Praxis, Olten 1987

[26] R. Spitz: Die Entstehung der ersten Objektbeziehungen, Stuttgart 1957.

[27] W. Bräutigam und P. Christian: Psychosomatische Medizin, Stuttgart 1975, S. 276 (dort weitere Fachliteratur)

[28] Bräutigam und Christian, S. 274

[29] Th. Dethlefsen, R. Dahlke: Krankheit als Weg, Bertelsmann 1983, S. 237

[30] Artikel «Weisheit», in RGG, Bd VI, S. 1574 f.

[31] F. Christ: Jesus Sophia, Zürich 1970

[32] Lk 2,40

[33] Lk 2,52

[34] Mk 6,2 ff.

[35] Mt 11,28 ff. Weitere Belege bei F. Christ. Ferner: Christa Mulack: Die Weiblichkeit Gottes. Matriarchale Voraussetzungen des Gottesbildes, Stuttgart 1983

[36] Mt 8,1–4

[37] F. Melzer: Das Wort in den Wörtern, Tübingen 1965, S. 106 f., Art. «Erbarmen»

[38] F. Melzer, a.a.O., Art. «Barmherzig». Deutlich erkennbar ist in dem Wort sowohl «arm» als auch «Herz» zusammengefügt.

[39] R. Bultmann: Art. «eleos» (Erbarmen) in: ThWb, Bd. II, 474–483; dort Bibelstellen

[40] Ps 103,8

[41] G. Scholem: Von der mystischen Gestalt der Gottheit, Suhrkamp 1973

[42] Wilkens / Fohrer: Art. «Sophia» in: ThWb, Bd. VII, 465–529, bes. 483 ff.

[43] Lk 17,17

[44] Mk 1,45

[45] Mk 1,41

[46] Mt 4,23

[47] Mt 10,1; Lk 9,1

Glaubensheilung durch Imagination

[1] Lk 10,27; Mt 22,37, Mk 12,30 f.

[2] Mose 1,26

[3] G. v. Rad u. a.: Artikel «Eikon» (Bild) in ThWb., Bd. II, 386, 33

[4] G. v. Rad: a.a.O., S. 389, 21. Ferner sei auch auf Psalm 8 verwiesen, wo es heißt, daß der Mensch wenig niedriger als Gott geschaffen und mit «Herrlichkeit und Hoheit gekrönt» sei.

[5] G. v. Rad: 390,30

[6] Kolosser 1,15; 2. Korinther 4,4

[7] Mt 22,37f.

[8] Mt 9,4ff.

[9] Dave Hunt/T. A. McMahon: Die Verführung der Christenheit, Bielefeld 1987

[10] Hunt/Mahon, S. 162

[11] O. Carl Simonton, S. M. Simonton: Wieder gesund werden. Eine Anleitung zur Aktivierung der Selbstheilungskräfte für Krebspatienten und ihre Angehörigen, Reinbek 1987.

[12] Simonton, S. 199f.

[13] A. N. Ammann: Aktive Imagination. Darstellung einer Methode, Olten 1978

[14] Die Anwendung dieser Methode in einem längeren Therapie-Fall schildert H. Maass: Der Therapeut in uns. Heilung durch aktive Imagination, Olten 1981; ferner in: Der Seelenwolf. Das Böse wandelt sich in positive Kraft, Olten 1984. Weitere Fallbeispiele in: Verena Kast, Imagination als Raum der Freiheit. Dialog zwischen Ich und Unbewußtem, Walter, Olten 1988.

Die heilende Wirkung des Christus-Bildes

[1] Es wäre ein hochinteressantes Unterfangen, die Namenliste der Zeugen, die den auferstandenen Jesus «gesehen» haben (1. Korinther 15), bis auf die heutige Zeit zu vervollständigen. Auch Paulus beruft sich zu seiner Legitimation als Apostel darauf, Christus «gesehen» zu haben (1. Kor 9,1, ferner Apg 9,1–22; 22; 26,9–23). Eine besondere Fundgrube sind die sogenannten «Märtyrer-Akten» der ersten nachchristlichen Jahrhunderte.

[2] In den berichteten Beispielen ist eine psychiatrische Diagnose im Hinblick auf eine Psychose mit einer Wahnvorstellung von Christus ausgeschlossen.

[3] Beispielhaft sei dazu auf folgende Literatur verwiesen: C. G. Jung: Der Mensch und seine Symbole, Walter, Olten; P. Schwarzenau: Das göttliche Kind, Reihe «Symbole», Stuttgart 1984; H. Hark: Traumbild Baum, sowie weitere Symbole in der Reihe «Träume als Wegweiser», hg. v. H. Hark, V. Kast und I. Riedel, Walter, Olten.

[4] Es sei in diesem Zusammenhang erinnert an die beschriebenen therapeutischen Wirkungen in Epidauros, wenn der Heilgott Asklepios einem Kranken im Traum erschien.

⁵ Genesis 1,27, worauf schon in anderem Zusammenhang eingegangen wurde.

⁶ Die Erfahrung lehrt, daß nicht zwangsläufig in jeder Not ein Engel oder Gott erscheinen muß. Wir Menschen können Gott nicht zur Hilfe und Heilung zwingen, aber wir können uns offenhalten für sein Erscheinen.

⁷ Lk 7,37f.

⁸ Mt 17,14, Mk 5,22 u. a.

⁹ Rudolf Otto: Das Heilige, 1917; ferner Balthasar Staehelin: Der psychosomatische Christus, Novalis, Schaffhausen 1980; F. Nötscher: «Das Angesicht Gottes schauen» nach biblischer und babylonischer Auffassung, Darmstadt 1969. Weitere Traumbeispiele mit Gottesbildern in: Helmut Hark: Der Traum als Gottes vergessene Sprache, Olten 3 1988, und in: H. Hark: Vom Kirchentraum zur Traum-Kirche, Olten 1987, S. 139ff. und 190ff.

¹⁰ G. J. Lewis: Christus als Frau. Eine Vision Elisabeths von Schönau, in: Jahrb. f. Internat. Germanistik, Jg. XV, H 1. (1983), S. 70ff. (dort die weitere Fachliteratur).

¹¹ Offenbarung 12

¹² Lewis: Christus als Frau a.a.O., S. 79. Ferner Kurt Köster: Das visionäre Werk Elisabeths von Schönau, in: Archiv f. mittelrhein. Kirchengeschichte 4 (1952), S. 79–119.

¹³ Eine ähnliche Anpassung und dogmatische Glättung beschreibt C. G. Jung bei der Vision des Nikolaus von der Flüe: GW, 350f. (§483ff.)

¹⁴ Vgl. H. Hark, Von Kirchenträumen zur Traumkirche. Träume tiefenpsychologisch gedeutet, Walter, Olten 1987

Christo-Therapie und Tiefen-Theologie

¹ Zur Deutung der verschiedenen christologischen Titel und Würdenamen (wie z. B. Heiland, Messias, Menschensohn, Hoherpriester, Prophet, Herr, Logos, Gottessohn) siehe: O. Cullmann: Die Christologie des Neuen Testaments, Tübingen 1958. Auch wenn dieser Theologe den Zusammenhang zwischen den Heilungen Jesu und dem Titel «Heiland» bestreitet (S. 248f.), so läßt das Quellenmaterial den umgekehrten Schluß zu. Das griechische Verb «sozo» (= retten, heilen) erscheint 16mal in den synoptischen Evangelien, «therapeuo» (= heilen) 33mal und «iaomai» (= heilen) 15mal. Siehe ThWb, Bd. 7, 966–1024 (bes. 990). Dort alle Fachliteratur. Ferner: W. Wagner: Über «sozo» und Derivate im Neuen Testament, ZNW 6 (1905), 205–235.

² G. Wehr: C. G. Jung und das Christentum, Olten 1975 (S. 207ff.); S. Hiltner: Tiefendimensionen der Theologie, Göttingen 1977.

[3] B.J. Tyrell: Christo-Therapie: Selbsterfahrung und Heilung, Graz 1978, S. 15

[4] Tyrell, a. a. O., S. 15 f.

[5] V. E. Frankl: Der Mensch auf der Suche nach Sinn, Herder Tb. 430, 1972

[6] C. G. Jung: GW 11, 362 (§ 509); 16, 49 (§ 99)

[7] Tyrell, S. 8

[8] Tyrell, S. 33

[9] Mt 19,8; Mk 10,5; 16,14

[10] Kolosser 2,3

[11] Mt 11,28 ff.

[12] Jeremia 31,25

[13] Einen Überblick über die Verwendung dieses Begriffs von der griechischen Frühzeit bis zum philosophischen Gebrauch in der Spätantike, im Alten Testament, im Judentum, im Neuen Testament, in der Gnosis und bei den Apostolischen Vätern findet der wissenschaftlich interessierte Leser im ThWb, Bd. VII, S. 465–528. Dort auch zahlreiche weitere Fachliteratur.

[14] O. Cullmann: Die Christologie des Neuen Testaments, Mohr 1975

[15] G. v. Rad: Theologie des Alten Testaments, Bd. I, Mohr 1962, S. 430 ff.

[16] G. v. Rad, S. 441

[17] Weisheit 7,27 nach Menge-Übersetzung

[18] Weisheit 7,22–30 nach Einheitsübersetzung

[19] Sprüche 4,22 nach Menge

[20] Sprüche 3,19 nach Menge

[21] D. Stollberg: Therapeutische Seelsorge, Kaiser, München 1969

[22] Unter Theologie wird hier verstanden, was begriffsgeschichtlich und als evang. sowie kath. Theologie beschrieben wird, in: RGG, 3. Aufl., Tübingen 1962, S. 754–830

[23] Unter Esoterik verstehe ich hier nicht eine theoretische Abgrenzung und Definition des «geheimen Wissens», sondern alles, was in einer größeren «Esoterischen Buchhandlung» angeboten wird.

[24] «Psychoboom» meint ein übermäßiges Anschwellen von psychologischer Literatur und Selbsterfahrungsgruppen mit mehr als 400 verschiedenen Methoden. Wobei oftmals fragwürdig ist, ob hier noch von Methoden gesprochen werden kann.

[25] U. Mann: Einführung in die Religionspsychologie, Darmstadt 1973, S. 85, 165 u. ö.

[26] G. Hummel: Theologische Anthropologie und die Wirklichkeit der Psyche, Darmstadt 1972 (dort Fachliteratur)

[27] Der bibl. Begriff «Kraft Gottes» könnte mit Hilfe einer schon öfter erwähnten Bibelkonkordanz nachgeschlagen werden. Für den (die) wissenschaftlich interessierten Leser(in) sei auf den Artikel «dynamis» verwiesen in: ThWb Bd. 2, 286 ff.

[28] H. Hark: Religiöse Neurosen. Ursachen und Heilung, Stuttgart 1984

[29] C. G. Jung: GW 11, 362 (§ 509); 16, 49 (§ 99)

[30] P. Tillich: Gesammelte Werke, 14 Bde., hrsg. v. R. Albrecht, Ev. Verl. W. Stuttgart. Bes. Bd. 9: Die religiöse Substanz der Kultur; Bd. 10: Die religiöse Deutung der Gegenwart

[31] J. Scharfenberg: Einführung in die Pastoralpsychologie, UTB 1382; Praktisches Wörterbuch der Pastoralanthropologie. Sorge um den Menschen, Göttingen-Freiburg 1975; Pastoraltheologie in 4 Bdn., Düsseldorf 1987; E. Drewermann, Psychoanalyse und Moraltheologie, 3 Bde., Mainz 1982–84; Tiefenpsychologie und Exegese, 2 Bde., Olten 1984 (5. Aufl. 1988), 1985 (4. Aufl. 1988); Das Markusevangelium, 2 Bde., Olten 1988.

Literatur

Titel, die nur einmal oder wenige Male zitiert werden, erscheinen nur in den Anmerkungen. Da diese Bibliographie keine Vollständigkeit anstrebt, sei dazu auf die bibliographische Abhandlung «Jung und die Theologie» von J. W. Heisig verwiesen, in: Analytische Psychologie Jg. 7 (1976) 177–220 (442 Titel!).

Achterberg, J.: Die heilende Kraft der Imagination, Scherz, München 1986

Adams, Jay E.: Handbuch für Seelsorg. Praxis der biblischen Lebensberatung, Gießen – Basel 1976.

Arnold, F.: Der Glaube, der dich heilt. Zur therapeutischen Dimension des christlichen Glaubens, Regensburg 1983. Reihe Engagement.

Barth, H. / T. Schramm: Selbsterfahrung mit der Bibel, Göttingen 1977

Barz, H.: Selbst-Erfahrung. Tiefenpsychologie und Christlicher Glaube, Stuttgart 1973

– Stichwort: Selbstverwirklichung, Stuttgart 1981

Bauernfeind, O.: Die Worte der Dämonen im Markusevangelium, Stuttgart 1927

Bayer, F. W.: Artikel: Aussatz, in: Reallexikon für Antike und Christentum, I 1023–28

Beck, H.; Der Kosmische Rhythmus im Markusevangelium, 1960

Behm, J.: Die Handauflegung im Urchristentum, Leipzig 1911/Darmstadt 1968

Berger, K.: Exegese des Neuen Testaments. UTB 658, Heidelberg 1977

Blome, G.: Heilung kommt von innen. Briefe an Patienten, Herder TB 1197 (1985)

– Bewährung in der Krankheit, Freiburg 1986

– Mit Blumen heilen. Die Blütentherapie nach Dr. Bach, Freiburg 1985

Boecher, O.: Das Neue Testament und die dämonischen Mächte, Stuttgart 1972

Bomann, Th.: Das hebräische Denken im Vergleich mit dem griechischen. 7. Auflage, Göttingen 1983

Borelli, S.: Psyche und Haut. In: Handbuch der Haut- und Geschlechtskrankheiten, Berlin 1967

Buber, M.: Erzählungen von Engeln, Geistern und Dämonen, Berlin 1934

Busse, U.: Die Wunder des Propheten Jesus, Stuttgart 1977

Cardinal, M.: Schattenmund. Roman einer Analyse. TB 4333, Rowohlt 1987

Christ, F.: Jesus Sophia, Zürich 1970

Cremerius, Joh.: (Hrsg.) Psychoanalytische Textinterpretationen, Hamburg 1974

Daniel-Rops, H.: Die Umwelt Jesu. Der Alltag in Palästina vor 2000 Jahren, München 1980

Deutsch, H.: Psychologie der Frau, Berlin 1948, Bern, 1954

Diaz Y Diaz, J.: Die Wortgruppen «sozein», «sotätia», «sotär» in den neutestamentlichen Briefen, Diss. Heidelberg 1965

Dolto, F.: Dynamik des Evangeliums. Evangelientexte im Gespräch zwischen Theologie und Psychoanalyse, Olten 1980

Dongier, M.: Neurosen. Erscheinungsformen und Beispiele aus der psychotherapeutischen Praxis, Olten 1971

Drewermann, E.: Tiefenpsychologie und Exegese I und II, Olten 1984/85, 5. u. 4. Aufl. 1988

Fenner, F.: Die Krankheit im Neuen Testament, Leipzig 1930

Fiebig, P.: Jüdische Wundergeschichten des neutestamentlichen Zeitalters, Tübingen 1911

Freiburger literaturpsychologische Gespräche hrsg. v. J. Cremerius, W. Mauser et al., Frankfurt 1981

Freud, S.: Gesammelte Werke, neue Ausgabe, 17 Bde, 1938–52

Fuller, R. H.: Die Wunder Jesu in Exegese und Verkündigung, Düsseldorf 1967

Gnilka, J.: Das Evangelium nach Markus (EKK), Neukirchen 1979
– Das Matthäusevangelium (Herders Theol. Komm.), Freiburg 1986

Greenson, R. R.: Technik und Praxis der Psychoanalyse, Stuttgart 1975

Greeven, H.: Die Heilung des Gelähmten nach Matthäus, Jahrb. Th. Sch. Bethel NF 4 (1955), S. 65 ff.
– Krankheit und Heilung nach dem Neuen Testament, in: Lebendige Wissenschaft, Heft 8, Stuttgart 1948

Grundmann, W.: Das Evangelium nach Lukas (Theol. Handkomm. zum NT), Berlin 1964, 2. Aufl.
– Das Evangelium nach Markus (Theol. Handkomm. zum NT), Berlin 1965, 3. Aufl.

Hark, H.: Religiöse Neurosen. Ursachen und Heilung, Stuttgart 1984
– Der Traum als Gottes vergessene Sprache. Symbolpsychologische Deutungen biblischer und heutiger Träume, Olten 1988, 4. Aufl.

Heidland, H. W.: Die Bedeutung der analytischen Psychologie für die Verkündigung der Kirche. In: C. G. Jung und die Theologen, Radius Projekte 49, Stuttgart 1971

Held, H.J.: Matthäus als Interpret der Wundergeschichten, Neukirchen 1965

Hempel, J.: Heilung als Symbol und Wirklichkeit im biblischen Schrifttum, NAWG I (1958) 1965

– «Ich bin der Herr dein Arzt» (Exodus 15,26), Th.LZ 82 (1957) Sp. 809f.

– Licht, Heil und Heilung im bliblischen Denken, Antaios 2 (1961) S.375ff.

Hengel, R. und M.: Die Heilungen Jesu und medizinisches Denken. In: Medicus Viator. Fragen und Gedanken am Wege R.Siebecks, Tübingen 1959, S.331–361

Henninger, P.: Der Buchstabe und der Geist. Unbewußte Determinierung im Schreiben Robert Musils, Frankfurt 1980

Hoch, D.: Offenbarungstheologie und Tiefenpsychologie in der neueren Seelsorge, München 1977

Hoeller, Stephan A.: Der gnostische Jung und die «Sieben Reden an die Toten», Calw 1987

Hummel, G.: Theologische Anthropologie und die Wirklichkeit der Psyche, Darmstadt 1972

Jahn, E.: Die Heilungskräfte Jesu, 1951

Jung, C. G.: Gesammelte Werke, Walter-Verlag, Olten 1971ff.

Kasper, W., K. Lehmann (Hrsg.): Teufel – Dämonen – Besessenheit. Zur Wirklichkeit des Bösen, Mainz 1978

Kassel, M.: Das Auge im Bauch. Erfahrungen mit tiefenpsychologischer Spiritualität, Olten 1987, 3.Auflage

– Biblische Urbilder. Tiefenpsychologische Auslegung nach C.G. Jung, München 1980

Kerényi, K.: Der göttliche Arzt. Studien über Asklepios und seine Kultstätte. Hrsg. v. d. Ciba AG, Basel 1948, Darmstadt 1975

Kertelge, K.: Die Wunder Jesu im Markusevangelium. Eine redaktionsgeschichtliche Untersuchung, München 1970

Koch, D.A.: Die Bedeutung der Wundererzählungen für die Christologie des Markusevangeliums (BZNW 42), Berlin 1975

Köhler, L.: Der hebräische Mensch, Darmstadt 1953

Leibbrand, W.: Der abendländische Priesterarzt als geschichtliche Idee, in: Arzt und Christ 2 (1956) 24–32

Maderegger, S.: Dämonen. Die Besessenheit der Anneliese Michl im Lichte der Analytischen Psychologie, Wels 1983

Maisch, I.: Die Heilung des Gelähmten, Diss. Freiburg 1970

Mann, U.: Theogonische Tage, Stuttgart 1970

– Einführung in die Religionspsychologie, Darmstadt 1973

Mischo, J.: Parapsychologie und Wunder, in: Zeitschr. f. Parapsychologie, H. 2–3 (1970) u. H. 1 (1971)

Mussner, F.: Die Wunder Jesu (Schriften zur Katechetik X), München 1967

272

Mühlen, H.: Einübung in christliche Grunderfahrung (Topos TB 49), Mainz 1979

Nagera, H.: Psychoanalytische Grundbegriffe. Eine Einführung in Sigmund Freuds Terminologie und Theoriebildung (Fischer Tb. 6331), Frankfurt 1976

Neubauer, M.: Die Medizin im Flavius Josephus, 1919

Niederwimmer, K.: Jesus, 1968

Nutt, F. M.: Die Kraft zu heilen, 1976

Pesch, R.: Der Besessene von Gerasa. Entstehung und Überlieferung einer Wundergeschichte, Stuttgart 1972

– Das Markusevangelium, I. und II. Teil (Herder Theol. Kommentar), Freiburg 1976 und 1977

– Jesu ureigene Taten?, Freiburg 1970

Pflüger, P.-M. (Hrsg.): Tiefenpsychologische Ansätze zur Theologie (Psychologisch gesehen 22), Fellbach 1975

Praktisches Wörterbuch der Pastoral-Anthropologie. Sorge um den Menschen, hrsg. v. H. Gastager, K. Gastgeber u. v. a., Göttingen-Freiburg 1980

Prill, H.-J.: Psychosomatische Gynäkologie, München 1964

Psychoanalyse und Religion (Wege der Forschung), hrsg. v. E. Nase und J. Scharfenberg, Darmstadt 1977

Reisner, Erwin: Der Dämon und sein Bild, Berlin 1947

Religion in Geschichte und Gegenwart. Handwörterbuch für Theologie und Religionswissenschaft, hrsg. v. K. Galling, Tübingen 1957, 3. Auflage

Riedel, I.: Marc Chagalls Grüner Christus. Ein ganzheitliches Gottesbild – Wiederentdeckung der weiblichen Aspekte Gottes, Olten 1985

Riemann, F.: Grundformen der Angst, München 1984

Roemer, H.: Gynäkologische Organneurosen, Stuttgart 1953

Rössler, D.: Der «ganze» Mensch, Göttingen 1962

Rýzl, Milan: Jesus – Gottes Medium aller Zeiten, Genf 1974

Schenke, L.: Die Wundererzählungen im Markusevangelium, Stuttgart 1974

Schmauch, W.: Das Evangelium des Matthäus (Kritisch-exeget. Komm. über das NT), Göttingen 1956

Schrage, W.: Heil und Heilung im Neuen Testament. In: Evangelische Theologie 46. Jg., 197–214

Schubart, W.: Religion und Eros, hrsg. v. Fr. Seifert, München 1978

Schuchardt, E.: Krise als Lernchance. Eine Analyse von Lebensgeschichten, Düsseldorf 1985

Schürmann, H.: Das Lukasevangelium. Erster und zweiter Teil (Herder Theol. Kommentar), Freiburg 1969

Seifert, Th.: Bild und Psyche, in: Theorie und Praxis der Psychoanalyse, Fellbach 1979

– Lebensperspektiven der Psychologie, Olten 1981

Seng, H.: Die Heilungen Jesu in medizinischer Beleuchtung, in: Arzt und Seelsorge, Heft 4, 1926

Silberer, H.: Über die Symbolbildung, in: Jahrbuch für psychoanalytische und psychopathologische Forschungen, III 661–723 und IV 607–683, Leipzig und Wien 1912

Spiegel, Y.: Psychoanalytische Interpretation biblischer Texte, München 1972

- Doppeldeutlich. Tiefendimensionen biblischer Texte, München 1978
- Glaube wie er leibt und lebt, München 1984

Sybold, K.: Das Gebet des Kranken im Alten Testament. Untersuchung zur Bestimmung und Zuordnung der Krankheits- und Heilungspsalmen, Stuttgart-Berlin 1973

- / *U. Müller:* Krankheit und Heilung, Stuttgart/Berlin 1978

Starobinski, J.: Psychoanalyse und Literatur, Frankfurt 1973

Steege, G.: Mythos – Differenzierung – Selbstinterpretation, in: Theol. Forschung, Hamburg 1953

Stein, E. V.: Schuld im Verständnis der Tiefenpsychologie und Religion, Olten 1978 (Walter)

Stollberg, D.: Wenn Gott menschlich wäre... Auf dem Wege zu einer seelsorgerlichen Theologie, Stuttgart 1978

Strack-Billerbeck, H.: Kommentar zum NT aus Talmud und Midrasch, München, Bd. IV 745–763, Exkurs 27 über Aussatz

Suhl, A. (Hrsg.): Der Wunderbegriff im Neuen Testament (Wege d. Forschung Bd. 295), Darmstadt 1980

- Die Wunder Jesu. Ereignis und Überlieferung, Gütersloh 1968

Tanfik, C.: Dämonenglaube im Lande der Bibel, Leipzig 1929

Heißen, G.: Der Schatten des Galiläers. Historische Jesusforschung in erzählender Form, München 1986

- Urchristliche Wundergeschichten, Gütersloh 1974

Tochtermann, W.: Das Wort als Arznei, Stuttgart 1952

Tournier, P.: Bibel und Medizin. Heilung und Heil aus biblischer Sicht, Bern 1982 (6. Aufl.)

Trüb, C. L. P.: Heilige und Krankheit, Stuttgart 1978

Tyrrell, B. J.: Christotherapie, Selbsterfahrung und Heilung, Graz-Wien 1978

Wehr, G.: Wege zu religiöser Erfahrung. Analytische Psychologie im Dienst der Bibelauslegung, Darmstadt 1974

- C. G. Jung und das Christentum, Olten 1975
- Rosenkreuzerische Manifeste, Schaffhausen 1980

Weinreich, O.: Antike Heilungswunder, Gießen 1909

Werbick, J.: Heil und Heilung, in: Kerygma und Dogma, 18. Jg. (1972) 215 ff.

Westermann, C.: Heilung und Heil in der Gemeinde aus der Sicht des Neuen Testaments, in: Wege zum Menschen (1975) 1–13

White, V.: Gott und das Unbewußte, Zürich 1957

Wilber, K.: Wege zum Selbst. Östliche und westliche Ansätze zu persönlichem Wachstum, München 1984

Wolff, H.: Jesus als Psychotherapeut. Jesu Menschenbehandlung als Modell moderner Psychotherapie, Stuttgart 1983

– Jesus der Mann. Die Gestalt Jesu in tiefenpsychologischer Sicht, Stuttgart 1983

Zweig, St.: Die Heilung durch den Geist, 1952

– Lebensperspektiven der Psychologie, Olten 1981